中国电视纪录丛书编委会

中国电视
纪录丛书

一个人的电视史

TV Producer's Growth
The Story of
Chen hong

欧阳宏生　学术指导

刘川郁　肖尧中　著

中国发展出版社

图书在版编目（CIP）数据

一个人的电视史/刘川郁，肖尧中著. —北京：中国发展
出版社，2012.2

ISBN 978 - 7 - 80234 - 687 - 1

Ⅰ. 一… Ⅱ. ①刘… ②肖… Ⅲ. 电视史—中国—
现代 Ⅳ. G229.297

中国版本图书馆 CIP 数据核字（2011）第 122516 号

书　　　　名：	一个人的电视史
著作责任者：	刘川郁　　肖尧中
出 版 发 行：	中国发展出版社
	（北京市西城区百万庄大街 16 号 8 层　　100037）
标 准 书 号：	ISBN 978 - 7 - 80234 - 687 - 1
经 　销　 者：	各地新华书店
印 　刷　 者：	北京科信印刷有限公司
开　　　　本：	700 × 1000mm　　1/16
印　　　　张：	23.25
字　　　　数：	380 千字
版　　　　次：	2012 年 2 月第 1 版
印　　　　次：	2012 年 2 月第 1 次印刷
定　　　　价：	39.00 元
咨 询 电 话：	(010) 68990642　　68990692
购 书 热 线：	(010) 68990682　　68990686
网　　　　址：	http://www.develpress.com.cn
电 子 邮 件：	fazhanreader@163.com
	fazhan02@drc.gov.cn

中国纪录片人宣言

我们中国纪录片人,今天相聚北京,在这里郑重地向社会发出我们的宣言——

我们是纪录片人,是时代大潮中的普通一分子。面对经济全球化浪潮和日新月异的中国社会,我们积极地投身到时代建设的洪流中去。我们是时代的观察者、纪录者,也是时代的参与者,是用镜头语言去构建时代大厦的勤奋劳动者。

我们有冷静的头脑,因为冷静,我们才站在历史的至高点上,看清自己在历史长河中的位置,用宏大的人文历史观、先进的科学发展观来丰富我们的世界观,透彻地认识正在剧烈变革的当代社会。

我们有热忱的心灵,因为热忱,我们才义无反顾地投身到记录时代这一平凡而又艰巨的工作之中;才在时代的洪流中发现更多让我们感动的故事感动的人,才向观众展示我们为之热爱、为之伤痛的人和故事。我们要用这样的人和事,来回应澎湃着激情的、浩荡推进的、充满着血与火的传奇时代。

我们了解良知对一个纪录片人的重要性。纪录是记录者的生命存在形式。纪录片的品格即是记录者的品格。我们纪录片人将时刻保持着真实的道德底线,常怀着追求真理的使命。我们不媚俗,不趋炎,独立思考,真实记录。我们用良知与勇气铸造坚强的人格,然后从容不迫地记录这个变革时代中的伤痛与忧思、光荣与梦想。

我们纪录片人深知自己担当的责任,我们将为实现自己朴素而善良的愿望努力地工作,那就是:记录我们民族波澜壮阔的复兴历程,记录我们国家构建和谐社会的真实轨迹,记录我们人民奔上小康大道的动人故事。

为时代立传,为历史存真;传承文化,连接未来;生命不息,使命不止。

中国纪录片人

2005年12月18日于中国纪录片发展战略论坛

序一：胸有豪情　肩有责任

赵化勇

　　读罢《一个人的电视史》书稿，我再一次确认：一个成熟的纪录片人，一定是胸有豪情、肩有责任，否则其艺术生命是不会长久的。

　　老实说，对这本书的主人公——陈宏，我并不是十分了解。认识他，还是10年前。当时，我在中央电视台工作，台里正在组织关于建党80周年的献礼片，台内相关部门负责人带着他到我办公室谈论一部反映康乾盛世之后、鸦片战争以来中国人救亡图存，特别是中国共产党带领中华民族踏上现代化征途的艰苦历程的大型纪录片《潮涌东方》。当时还有该片的总顾问刘吉同志及总策划吴红同志。刘吉同志热情洋溢，畅谈他关于中国现代化的若干设想，而陈宏同志较少语言，但我还是感觉得到这位朴实的小伙子有干劲、有想法。

　　从后来的成片看，在《潮涌东方》这部纪录片中，陈宏和他的团队，以其广阔的国际视野再现了中华民族追求和探索伟大复兴的艰难历程，强有力地展现了伟大的中国共产党为民族独立和国家富强所作出的不懈探索，形象反映了新中国几代领导人对中国现代化进程的宏伟战略构想和卓越实践。该片融文献性、思辩性与可视性于一炉，采用历史随笔的叙事手法，大开大阖，亦古亦今，力求创造出具有史诗品格的文献纪录精品。操刀的纪录片人对这个伟大的民族历史豪情与责任感，跃然画面。《潮涌东方》在中央台黄金时段播出收到了较好反响。

　　离开中央电视台后，我在中国电视艺术家协会工作，参加各种论坛、研讨、评选，也多次见到陈宏。我感觉这个小伙子更成熟了。从他在各种论坛的演讲、发言或参与讨论的思想内容看，能感觉到他对纪录片的如火热情以及沉甸甸的责任感和使命感。陈宏，他是一个有思想的人，也是一个有理想追求的人。

　　《一个人的电视史》这本书，证实了我的这些感觉和判断。纪录片应当传承文明，

赵化勇，男，全国政协常委、中国文联副主席，中国电视艺术家协会主席。原任中央电视台台长、总编辑。

开启民智，沟通世界，愉悦大众。陈宏从一个成熟纪录片人成长为国家级电视台的高层管理者，从而有了更多的机会和资源与广大纪录片工作者一起来光大纪录片的价值。

这本书，让我不由自主地想起50多年前的中国第一代电视人，他们以高度的事业心和责任感，凭借简陋的设备，艰难起步、无私奉献，不仅为中国电视的大步迈进打下了坚实基础；更为重要的是，他们为此后的每一代电视人，树立了不朽的精神标杆。勇于担当，勇于探索，对民族、对国家、对人民一往无前的责任感和使命感，就是这个精神标杆的永恒内涵，而这些品质，在陈宏们新一代电视人身上得到了传承。

生命有限，纪录无疆。置身这个伟大时代的纪录片人，家国道义、人文情怀、时代责任、职业良知缺一不可。当下中国的电视人都应具备这样的精神特质，这对整个中国电视业的繁荣、发展和走向世界，有着至关重要的意义。

2011年12月

序二：真实的纪录：电视史可以鲜活

司徒兆敦

读完这部名为《一个人的电视史》的书稿，感到意外的欣喜。两位年轻作者，把"历史"折射进一个电视工作者的成长历程中，而他又自觉地顺应了历史的潮流，成为运用电视作品成功塑造国家形象的重要作者之一。

这本书记述的主体，是我的"忘年交"、资深传媒人士陈宏。14年前的冬天，经朋友介绍，认识了这位初踏纪录片创作之门的朋友，他带着他拍摄的《重走长征路》的素材来请我为他的作品作艺术指导。时值中国工农红军长征胜利60周年纪念，围绕这一重大题材创作的作品很多。初看素材，就对这小伙儿印象深刻。第一是胆大，属于认准一个目标就死往前冲的那号人，颇有点"大跃进"年代"人有多大胆，地有多大产"的遗风，带了几个外国年轻朋友，重走长征路，边走边拍，希望通过他们的眼睛（即镜头）和耳朵（即话筒），去看去听，去思考，去实现现实与历史的对话，用新的视角重新阐释长征的意义。素材拍摄问题不少，但这群年轻人的创作激情和吃苦精神还是让我感动了，决定要和他们一路坚持下来。特别是我发现陈宏很好学习，愿意听批评意见，待人诚恳，有思辩精神，甚至有诗人的气质——这些，都是优秀纪录片的创作者应有的素质，他几乎都具备了。只是一点，他落回到"地上"，回到以"事实立论"，而不是以"观念立论"上，他就会成功的。

那段时间，受到他和他的团队感染，我每天骑着自行车到机房和他们一起选择和编辑素材，结构作品，也和他们谈艺术，谈纪录片，当然也一起吃盒饭。

初编完成后，我回去教学了。未久，陈宏告诉我这部作品在全国获奖了，还把完成片交给我，算是一个交待。对自己参与了劳动而获奖的作品，我没有特别高兴，毕竟作品的成功主要归因于陈宏的团队。我高兴的是，陈宏的完成片（最后定名为《新西行漫记》）在我离开之后，又作了很大改动，并且改得更好了。从这点看，陈宏是

司徒兆敦，北京电影学院教授，中国传媒大学凤凰学院教授。1964年毕业于北京电影学院导演系，从事科教片、故事片、纪录片教学和创作，是中国早期纪录片拍摄的倡导者。

既尊重专家意见，又不就此止步的。

此后，他的创作我再也没有过问，但我每年都会听到他的捷报。从获得"五个一工程奖"的《新中国外交》到《海峡风云》，从《国事亲历》到《潮涌东方》，从《西部的发现》到《长江大桥》，再到《陈毅》，到《重托》……一部部沉甸甸的作品，都与气势恢弘的大时代紧密相连，激情四射。

经过多年的成长和磨砺，陈宏完成了从一个纪录片人向一个高级电视管理者的转型。不过，我坚信，不管他"转"到哪里，纪录片曾给他的滋养都将始终影响着他。

我一直希望陈宏能对自己多年的创作有一个总结，用他的实践经验来推动中国纪录片创作。现在有了这本书，多少能帮助我们了解一些关于时代、纪录片作者成长史、纪录片作者及其作品系列的关系。

陈宏的成功，首先在于他赶上了一个好的时代。作为一个纪录片人，作为一个以纪录片人的基本精神为本色的高层电视管理者，他的成功，是与选准了"纪录片"这个突破口密切相关的。因为正是这个突破口，优化了他自身的各种特质——毅力、阅历、爱好、才情、知识、性格等各方面，也通过不断的学习，弥补了自身的不足。所以，我认为，他的成功在于他清醒地了解时代，了解生活在发生着什么，时代和生活以及人民需要他做什么，在于他坚持实事求是，坚持追求真实、真相和真理的"纪录"精神。

这一点，相信读者们从书中可以作出自己的判断。

正如作者所说：这本书既是关于陈宏个人的电视人生纪录，也是中国电视在市场经济时代披荆斩棘、锐意进取的一个标本式缩影。本书的写作框架很有创新性，结构编排本身就像一部"纪录片"。特别是对具体作品的解析，仿佛在和陈宏交谈中解构作者的心灵，历史和人物都显得生动和亲切。

任何鲜活的历史，都是由创造了和创造着她的鲜活的人书写的。这句话，在本书中得到了很好的诠释。

是为序。

2011年12月

序三：一个电视人的中国梦

张同道

1976年以来30多年的中国社会发展历程宛如美国200多年历史的摘要，浓缩了激情、思考与希望：一声政治霹雳之后，迅速出台的高考制度唤醒几代人荒废的青春，农民在土地上播下了第一粒变革的种子，工人转动体制改革的轮子，知识分子睁大天真而充满问号的眼睛思考着、探索着——一代人的中国梦就从这里起航，《一个人的电视史》书中主人公陈宏也正是在这一语境中追寻自己的梦想。

从某种意义上说，每一个中国人的成长历程都是一部中国当代史，他（她）的每一步都连接着时代的信息，宛如所有地球生命都映射着太阳的光辉。从放牛娃到军人再到著名电视人，陈宏成长的历程不仅是一部个人史，也映射了一个时代的缩影：出生于一个物质贫瘠的年代，成长于一个精神丰裕的年代，成就于一个沧海横流、英雄辈出的创业年代，这是一代人的命运。他们为改变命运而胸怀理想、搏击人生的生活态度与改革时代的精神内在契合，汇成生生不息的人生动力，这就是中国梦。

人生动力源自梦想，正如美国黑人领袖马丁·路德·金的著名演讲"我有一个梦"。从文学梦、记者梦到电视梦，梦想是一直激励着陈宏的生活原动力，引领着他寻求最契合心灵的人生道路。"理想让痛苦光辉"（诗人舒婷语），现实的困难变成人生的必要磨炼，他不断搏击，提升自我，直到遭遇纪录片——一种充盈生命质感的媒介形式。在这里，他找到了理想的价值和生命的意义。从制作《新西行漫记》、《新中国外交》、《潮涌东方》到《国事亲历》等纪录片作品，他一次又一次体验真实的力量和纪实的魅力，从此发现一条与生命契合的人生道路。然而，这仅仅是开始。一旦发现纪录片的力量，陈宏就不再满足于个人的成功，而是希望把纪录片变成媒体的事业——纪录片为他的人生注入新动力。

当然，这并不是陈宏甚至某一个人的力量就能完成的。事实上，进入2000年后的

张同道，北京师范大学艺术与传媒学院教授、博士生导师，纪录片中心主任，著名纪录片学者和制作人。教育部"新世纪人才"计划入选者，北京市2009年电影十佳人物，曾任中国金鹰电视节、四川国际电视节、加拿大班夫电影节、美国ReelChina电影节评委。

中国纪录片正处于最艰难的时刻：收视率评估体系把纪录片从黄金时间挤到深夜甚至凌晨，不少卫视频道撤消了纪录片栏目，纪录片从20世纪八九十年代的电视主流退守荧屏边缘，成为电视媒介的文化装饰。局部试验还停留于探路阶段，前途渺茫：开办于2000年、以纪录片为主的阳光卫视市场反应冷淡；开办于2002年的上海纪实频道当时还在亏损；开办于2004年的深圳电视台纪实频道半年之后就改弦更张。

就在纪录片普遍遭遇收视冷遇的时候，中国教育电视台却要发展纪录片，陈宏为此从北京电视台调到中国教育电视台，筹划纪录片项目。

假如说北京电视台为陈宏提供了一个事业的起点，那么中国教育电视台则为他提供了一个实现理想、施展抱负的平台。康宁博士出任台长之后，提出把中国教育电视台创建成"全球最大的学习平台"的战略定位，并明确提出发展纪录片的规划，而陈宏的加盟则把纪录片规划变成现实。2005年，《我的太阳》纪录片项目尝试成功，也找到了教育与电视的最佳结合部。"多年来，中国教育电视台一直在探讨这样一个问题，是做教育节目还是电视节目？通过《我的太阳》找到最佳节目形态——纪录片。这是《我的太阳》品牌运作的重大价值和重要发现。"陈宏后来这样总结。

《我的太阳》项目品牌的直接延续是，2007年中国教育电视台第三频道改成教育人文纪录片频道——这是逆中国电视潮流而动的市场冒险行为，也是文化担当之举。在娱乐成风、电视剧当家的媒介生态里，北京地区纪录片栏目节节退缩，中国教育电视台坚持文化理想固然值得赞许，但开办纪录片频道未免理想主义色彩过于浓重，而作为频道总监的陈宏甚至为这一决策拍板的康宁台长仿佛挑战风车的唐吉诃德，人们的担忧超出了希望，毕竟生存是多么现实的问题！然而，令人意想不到的是，教育人文纪录片频道当年就赢利3000万元。更重要的意义在于，在媒介生态恶化的语境里，北京地区终于出现了一家市场化生存、守望文化位置的纪录片频道。

中国教育电视台何以开办纪录片频道？一无雄厚财力，二无人才团队，这在许多业界人士看来不可思议。可是，奇迹正是在不可能的地方创造可能。教育台采用了"项目管理模式"和"开门办台"这一机制，把全国纪录片精英转化为自己的人才，保证了节目制作的品质和数量。同时，这种管理方式化弱势为优势，降低了成本，便于市场转型，为中国纪录片发展提供了一种可资借鉴的模式。在陈宏的主持下，中国教育电视台纪录片频道不仅收视率不断攀升，收入年年递增，而且成功地为教育台品牌形象注入了新内涵。

作为一个电视人，陈宏的中国梦不再仅仅是个人人生目标，更包含了大众媒体的道义担当和文化情怀。正像他在《中国纪录片产业化发展乱弹》中所说的："蓬勃发展的中国当代社会，需要纪录片去刻录其进程；弘扬民族精神，展示民族气魄，需要纪录片去宣示其内涵；纪录片在构建和谐社会的电视话语中，起着无可替代的作用，对推动民族复兴具有强大的精神感召力。"

2010年，中国教育电视台又迈出制播分离的跨越性一步，成立中线传媒有限公司，陈宏出任总经理。

人到中年，梦想依然；心怀朝阳，激情不减。我期待着这位过从多年的朋友。

2011年12月

目　录

电视史年度大事

电视史年度大事

电视史年度大事

2009年红色之年：建国60年电视"经典"频出 / 289

引子：一个人，也是一群人

大江流日夜，浪淘英雄谱。

历史的宏观，在哲人沉甸甸的思想之光中高踔；历史的微观，在所有不懈奔忙的个体中隐卧。

一轮月照一切水，一切水映一轮月。

没有哪一个时代，不把自己的烙印注入属于这个时代的个体并以此寻求意义的永恒；没有哪一个个体，不在自己的额角镌刻时代的印痕并以此寻求心灵的依归。

时代在更迭，岁月在流变，镌刻的印痕在风化、在叠加、在九九归一。

然而，一个人与一群人的辩证，却在风云激荡的现实中越走越高远。

一个人，一群人；

一个人简约成符号，就是一群人的公约数；

一群人简约为符号，就是一个人的群际标识。

第一篇 风起云涌 (1993~1997年)

四季交替，风必先行。有风，才有风情摇荡，万物绰约。

大社会亦如大自然，东风漫卷，必有岁月激荡。

激荡之处，或迎风而歌，咏壮怀激烈；或意气勃发，碎旧立新，展昂然胸臆。

这是天风吹我上高岗的豪迈，是乘风波浪的果敢。

敢立风口浪尖，敢劈风斩浪、顺风飞扬的人们，都有这样的豪迈和果敢。

长歌浩漫，长风猎猎；

云涌天际，云帆高悬。

天，还是这方浩阔幽深的天；地，还是这方亘古温暖的地。

千万年的浩然日月，在风云奔涌的天际，光芒万丈。

数百代的风流人物，在风云奔涌的时空，熠熠生辉。

芸芸人世间，正是那些风起云涌中的俊杰，在不断营造着生命的激情。

因为他们的存在，大社会的变革之劲风，才越吹越朗润；我们脚下的路，才越走越宽广。

1992：春风起南国

站在岁月之外看岁月，岁月如河，浪涌波翻，尽在眼底。

置身岁月之内看岁月，岁月如春草，不见其变，而时时在变。

谁都知道，20世纪80年代，改革开放的雨泽已经浸透中国的每一寸土地，进入90年代以后，"对外开放"的举措也更加鲜明。开放，不仅是一种经济举措，它同时也是一种文化姿态、一种文化意指。而且，遍及全球的交通网络的改善、电子通信技术的广泛使用、电视的普及以及互联网用户的快速增长，都在不断地改写着中国老百姓的世界图景，建构着中国老百姓新的时空关系，从而暗换着人们沿袭已久的日常生活方式。开放与各种交往技术的合力，使人的生活前所未有地横向扩展。于是，我们生活直感中的共时性超越了历史性。而中国，也正向着地球村，加速前进。

曾几何时，大师海德格尔就神谕一般地宣称：即使人类到了最危险的时刻，还有一个上帝能够拯救我们，那就是美和艺术。然而，进入90年代的中国知识分子们，仿佛就在一夜之间，猛然惊诧地发现，这被视为"上帝"的美和艺术，正在一日千里地"堕落"——它们或显现为电视广告，以美轮美奂的视觉姿态，极尽诱惑之能事；或显现为其他电视节目，在声情并茂、流光溢彩的感官消遣中，心甘情愿地充当"商品"。而这些景象，在10年前，仅仅只是10年之前，是绝对不能想象的。

10年前，也即80年代初，出于高度一致的政治主张和文化态度，中国知识分子，在整体上有着同质化程度颇高的精英意识。在这一意识的支撑下，它们坚守着理想主义的激情，怀抱着重返真理故乡的热望。在新时期的地平线上，他们标举世纪初新文化运动的精神，期盼能从灵魂的最深处抚触这个受难民族的伤痕，进而承续和重塑这个古老民族的文化自信和文化辉煌。从舒婷的《祖国啊，我亲爱的祖国》到海子的《亚洲铜》，从罗中立的《父亲》到张艺谋的《红高粱》，无不映照出中国知识分子这种执着于思考和批判现实、返观历史与文化的家国忧思。

然而，斗转星移，当历史的脚步进入90年代，市场经济体制建构，使得所有那些在80年代舞台上以精英姿态出现的启蒙之音、探索之弦，很快就成为一种对于激情与诗意年代的缅怀与绝唱。从此，"黑色的眼睛"不再去"寻找光明"；从此，爱，也不再是永远"不能忘记"。整个时代，高唱着"一无所有"，从曾经盛大的、乌托邦的幻想转向"市场"。

市场，以其自有的逻辑和价值标准，修正着先前的文化取向。于是，具体而现实的世俗欲望的满足、愉悦感官的"文化"表达，也就逐渐成为文化在市场取向之中的必然抉择；于是，固守精英意识的中国知识分子，遭遇到了市场商业体制主导下的文化行程的巨大挑战。在市场经济的主战场，他们宿命般被边缘化。

曾几何时，人们试图把坚守精英精神的希望寄托在先锋小说的身上。从马原、莫言、残雪到苏童、余华，他们对人类的生存和灵魂的叩问、探索和感悟，使人们似乎看到了现实主义的厚重光影。然而，人们很快发现，"时不我待，岁不我延"的历史魔咒，在任何时候都是有效的。文化精英们自许的启蒙和救世的责任，从历史的这个节点，已经开始受到普罗大众的怀疑和拒绝。文化精英们企图以启蒙者、救世者的身份去影响人们的生活，收获的却是冷漠和尴尬。于是，文化精英及其所代表的文化，在市场主导的商业文化语境下，日渐式微。从此，大众欲望之神在集体狂欢之中纷纷登场；大众文化，向这块古老土地上的人们快步奔来。

毫无疑问，由大众媒介主导的大众文化的勃兴，在20世纪90年代初的中国，乃是一道光芒日盛的风景。在这道风景中，人们对日常生活的诉求逐渐从以往的桎梏中解脱出来，凸显出对幸福本身的认识和追求。以幸福的名义，人们开始理直气壮地强化文化作品、文化活动的商品化及相关的消费娱乐功能；以满足人们需求的名义，文化以其多元的面貌、姿态和方式，迎合人们的世俗欲望。当然，在这多元之中，更多的文化精英，重新调整自己在新的文化空间中的位置，履行着现实中国文化转换的伟大实践。在这伟大的实践过程中，广义的、大写的文化——表现为或渗透在新闻、广告、影视节目等大众化、商业化形式之中的文化，在市场化的大潮中，一往无前。

市场化，其实也就是全球化。在这种条件下，国际交通、卫星网络、跨国公司，都可以把文化传递到地球的最远处；在这种条件下，人们的世界图景、观念世界，也都自觉不自觉地在不断改变。所以，市场，其实也是一种观念——一种足以改变诸多观念的观念。

不过，很实在地说，市场更是一种体制。

在20世纪90年代之初的中国，市场作为一种体制的引入，对包括电视在内的传媒来说，也就具体表现为所谓"事业单位、企业管理"。在社会主义市场经济条件下，大众传媒注定要肩负双重任务：为政府、为国家的传播需要服好务；为单位、为职工创造更好的经济效益。尤其是这后一点，直接推动了传媒机构对激励和竞争机制的引入和对用人与分配制度的改革。以央视为例，1993年，央视早间新闻杂志栏目《东方时空》诞生，新生的这个栏目，率先进行了具体运作上的探索。市场，作为一种体制安排，在这个栏目得到了较为具体的体现。比如，在经费上，栏目实行经费承包制和制片人制，用栏目的广告收入办节目；在用工制度上，栏目面向社会招聘人才，实行第二用工制度。客观地说，这一改革举措，在当时的电视人圈，以至整个传媒界，都引起了不小的震动。市场的风，吹进了传媒行业的大门。虽然，对有的传媒人来说，这风还不完全是吹面不寒的杨柳风。

青山遮不住，毕竟东流去。

往事不可谏，来者犹可追。

起于南国的那一阵春风，重新组装了大江南北的锦绣年华。中国传媒，引领着时代文化的大火车，在观念、市场、体制这三套动力系统的驱动下，轰隆向前。前方，是五彩斑斓的全世界。

我们在此叙写的这一段电视史的主人公——陈宏，也正是在这个时候，从首都北京，踏上了这列缓缓驶向世界的列车。

1993年《东方时空》栏目诞生

电视史年度大事

1992年国际视域：央视四套国际频道开播

长期以来，因为特殊的国际和国内环境，我国的外宣工作一直左右徘徊。直到改革开放伊始，作为电视传媒"一哥"的央视才渐渐将目光抬高望远，学习如何眺望世界，以及在眺望世界中学习。

从1980年起，随着改革开放的顺利进行，央视先后同美国的纽约宏声传播事业公司、旧金山华声传播公司、洛杉矶斯扬传播公司、加拿大的世界电视公司、华侨之夜传播公司、多伦多中文电视台、温哥华国泰华语电视台签订了购片合同，向他们提供电视节目。同时，央视还委托香港东明企业公司复制和出售《中国电视》专题节目录像带，以期望通过合作的方式来向世界宣传中国，这也许就是央视外宣的发轫了。

1983年1月，央视参加了亚洲太平洋广播联盟成员国电视台之间通过国际通信卫星进行的新闻交换试验活动。借用这个与其他国家电视台交流的大好机会，央视主动出击，到1984年止，央视已先后同69个国家的86个电视机构恢复或建立了业务联系。

随着改革开放的不断深入，1984年，央视于将国际部改为对外部，并在次年召开了驻外使节座谈会，就加强电视外宣的针对性、提高输出电视节目的质量以及扩大宣传效果等问题，提出了具体要求和措施。

1986年，央视对外部开办了《英语新闻》，同时办起一批栏目，如《FOCUS》、《CHINACHINA》等。为了适应形势发展的需要，对外部翻译组又增设了阿拉伯语种，并开始向国外发送阿拉伯语节目，收效一般，仍需要国家扶持。

从当时的情况可以看出，在我国综合实力不断增强的过程中，电视外宣工作却并没有同步获得相应的提升，西强我弱的力量对比十分明显。纵然央视与世界多个国家的多个电视台有合作协议，但综观这期间的发展，双赢的局面并未形成。两相对比，其他国家电视在飞速前进，我国电视却原地打转。事实上，政府注意到这个问题已有很久，但限于国际国内复杂的政治形势，央视始终无法借助到幕后的力量来武装自己。

正是认识到了传媒"一哥"——电视在外宣工作中的优势以及强化外宣工作的迫切性，在中央外宣办与原广电部的直接领导下，央视海外中心经过一年多的紧张筹备，终于在1992年10月1日——国庆43周年之际，央视国际频道（即CCTV-4，以下简称国际频道）择吉亮相。国际频道在整体设计上便与央视其他频道有所不同，成为了一个以中文节目为主体，以海外华人华侨为主要收视对象，以新闻信息类节目为主体，同时包含专题服务类节目、文艺类节目的综合电视频道。

伴随着国际频道的顺利开播和向好发展，央视的目光也变得更加国际化，而不再拘泥于国内这块相对封闭的空间。一方面，国际频道要向世界宣传中国，另一方面，又要向国人介绍世界。在今后很长一段时间里，国际频道都充当着"窗口"的角色。在网络还未大盛的时代，国际频道对于国际舆论的引导，有着超越自身角色的影响力。

电视传媒的国际视野还直接影响到各个省级电视台。与央视国际频道开办同时，很多省级电视台也加紧成立自己的"对外部"。北京电视台当年组建对外部的人员名单中，共有6个人，而其中有一个，是还未到岗的现役军人，他就是陈宏。

电视牛人原是"放牛娃"

不知是谁，让这个世界不知不觉有了无数的"门"。

门总是引人注目的。门占尽了出入口的"区位"优势。门文化也是一个出入口，它是中国建筑文化中最为色彩纷呈的篇章。中国的门文化博大精深，由一"门"而窥全豹。

中国的门，创造出"禹凿龙门"、"鲤鱼跳龙门"和"七夕天门开"等神话传说。前两者反映了探索者的精神需求，而后者则表现了超越自我的渴望和对美好生活的企盼。无论是对历史，还是对个人，"门"都包蕴了无尽的玄妙。"玄之又玄，众妙之门。"门里门外，在我们的眼里和心里，也就是全部的世界。每一扇门的开启或关闭，也就意味着一个时代的开始或结束。有的人，穷尽一生，也没能走近和走进一扇放置自身理想的"门"；有的人，在其前进之路上，总能于有意无意间，叩开人生之门的万紫千红。

1964年的2月5日，中国西南腹地一隅的重庆铜梁一家乡村小院，陈宏，这个地道的农家子弟，呱呱坠地，在一阵婴儿的啼哭声中，也步入了自己的人生之门。

他是这个家庭的第一个孩子。根据星相学，这个孩子应该是水瓶座，长大之后应该具有更强烈的宇宙观和前卫的思想，可以带领别人超越既有的物理形态，拓展出无限宽广的视野。不但有接纳所有不同观点的气度，而且在思想和行动上，与生俱有如宇宙般广博的智能。从后来陈宏的成长看来，这样的阐释惊人般的贴切。

陈宏出生的这一年，中国大地上，数十万城市知识青年正响应伟大领袖毛主席的指示，忙着上山下乡，参加农村社会主义建设；这一年，中国大地上，伴随着对吴晗《海瑞罢官》的批判，史无前例的"文化大革命"的大幕正在悄然开启。不过，这些激荡泱泱中国的岁月洪流，对地处重庆市西北部的这个小山村，似乎并没多大影响。山村、山村的岁月、山村的人们，依然是晨兴夜寐、凿饮耕食。

铜梁，这个置县历史长达1300多年的地方，因为蜚声中外的铜梁龙和国际主义战士邱少云而闻名。

铜梁龙，有"中华第一龙"之称。铜梁龙舞，名列国家民族民间文化保护工程，曾两度进京，参加共和国35周年和50周年庆典，曾参加亚洲AAPP会议、中法文化年、东亚运动会等国内外重大展演活动100多次，在国家级比赛中荣获金牌20余枚。

行家认为，铜梁龙包含着精致和细腻，贯穿着灵动与轻捷。集南北龙舞之所长，既体现出北方龙的浩大和豪放，又同时具有南方龙的精美与灵巧特征；既有北方龙舞刚猛有力、激烈奔放、浑朴昂扬、表意直接的"刚"，又有南方龙舞柔缓细腻、轻捷矫健、活泼灵巧、变化有致的"柔"；从而能够集高、难、精、美于一身，用丰富的动作和套路来有声有色地展现出巨龙翻滚腾飞的意蕴与雄姿。正是这种兼收南北龙舞之所长而形成的刚柔相济的风格特征，规定了铜梁龙所具有的不同凡响的特殊美学品格——磅礴与细腻共存，浩大与精美同辉。这品格的背后，就深蕴着铜梁人的精神内蕴。

与铜梁龙一样被铜梁人引以为自豪和骄傲的，是战斗英雄邱少云。

邱少云是在抗美援朝战争中，在391高地战场上，为了顾全整个战局，视纪律重于生命而勇于献身的中国人民志愿军"一级英雄"、"特等功臣"。他的英雄事迹和感人精神，在中国，可谓家喻户晓，以至于在共和国60周年之际，他被评为100位新中国成立以来感动中国的著名人物之一。

少为人知的是，闻名遐迩的黄埔军校，也曾经在西迁途中停驻陈宏的老家——铜梁。

铜梁县城东北5里的罗睺山捧云石正面，现存有一块残缺的碑刻，碑文还依稀可辨，可知其为国民党中央军校学员在重庆作为国民政府陪都时，到此游历所镌，当中隐隐透出战败的沮丧和对前途的绝望。立碑人我们已无从考寻，但它却吸引我们去追寻铜梁这片热土在中国革命史上曾经有过的辉煌……

1935年10月1日，国民政府在成都设立军校，称为黄埔军校成都分校，1936年4月15日正式开学，1938年1月改称黄埔军校第三分校。有趣的是，这成了后来黄埔本校"长征"西迁的"根据地"。

1937年"七七事变"后，国民党政府从南京大撤退，黄埔军校校本部奉命西迁成都。西迁途中，曾设校在铜梁！

据资料介绍，在铜梁整训的在校学员为第十三期第一总队、第十四期第一、第二总队和第十五期第一总队。后又有第十六期第二总队、第十七期第二总队学员受训于铜梁。因抗日急需人才，三年学制缩短而为两年甚而几个月。1938年9月16日，黄埔军校第十三期学生于铜梁毕业时，还有1412人，毕业后即赴抗日前线。11月，第十四期第一总队毕业，计有669名学员。

1939年初，军校迁至成都市区，原有成都分校即第三分校并入本校。

1939年9月，第十四期第二总队1510名学员在铜梁毕业，10月，第十六期第二总队学员毕业（为期10个月），计有1629名人。

第十七期第二总队于1940年5月6日开学，计1374名，毕业于1941年11月20日。

这样，在铜梁毕业的五批黄埔学员共达6594人。他们一毕业就到抗日前线冲锋陷阵。

和陈宏同村的郭汝瑰就是黄埔骁将。郭汝瑰原名郭汝桂，1926年考入黄埔军校学习，1927年春受吴玉章指派前往四川，在其堂兄郭汝栋军中任排、连、营长，1928年加入中国共产党。1930年失去与党的联系后赴日留学。抗战时期，参加淞沪及武汉战役、长沙第三次会战，立有战功。1945年12月和1946年3月，两次在重庆密见董必武，为中共中央提供重要情报。1949年任叙泸警备司令和国民党第22兵团司令，12月11日起义。这位常在蒋介石身边参与指挥作战的国民党国防部中将作战厅长，在国共两党的大决战中，为中国共产党提供了许多重要的军事情报，最后在中共地下组织的指引下，以国民党二十二兵团司令兼七十二军军长的身份，率部在四川起义，被退踞台湾的国民党称为"最大的共谍"。甚至有人极言：国民党败退台湾，"祸"在郭汝瑰。1997年10月23日，因车祸辞世，享年90岁。中央军委在为他举行的追悼会上，赞颂他的一生是"惊险曲折、丰富深刻的一生"，"为抗日战争的胜利和人民的解放事业作出了重大贡献"。

铜梁属于渝西片区，这是一块英雄辈出的土地，与铜梁相邻的江津是聂荣臻元帅的故乡，而隔壁的潼南则是原国家主席杨尚昆同志的故乡。

植根于英雄的土地，在英雄的故事里渐渐长大，耳濡目染，陈宏幼小的心灵中也就植入博大的英雄情怀，这对他成年以后的生活与创作有着巨大的影响。

幼年的陈宏，是在艰苦的环境中长大的，但乡间纯朴而浓厚的亲情和优美而宁静的风景却滋养了一个孩子纯真的心性和艺术的灵气。

陈宏1岁那年，父亲参军入伍。此后的日子，陈宏与母亲相依为命。6年后，牵着母亲的手，陈宏在军营见到梦里依稀曾出现过的父亲。

在父亲不在家的岁月，母亲既要种地又要操持家务，日子过得很是艰难。在村里，陈宏家的房子是最小也最破烂的两间茅草屋。陈宏至今还记得，一个雨夜，他们睡觉的那一间房子垮了一堵墙，风雨交加、电闪雷鸣，在这样的夜晚，母子俩感到了从未有过的恐惧和凄凉。听着在耳畔边肆虐的风雨声，陈宏在母亲的怀里熬过了一个刻骨铭心的夜晚。第二天一早，母亲便开始修补房子，好在两位伯伯来帮忙，房子很快就修好了。多年后，陈宏回忆说，也正是这件事，他看到了母亲，这位中国传统农村女性的坚强与忍耐。在最艰难的日子里，母亲从不叫苦。有人劝她改嫁，甚至以重金相诱惑，都未动摇过一个农村军属的担当与坚守。她总是说：哪怕是在自己手上咬一口，也要挺过去。母亲的这种精神，对陈宏后来的人生影响颇大。

穷人的孩子早"当家"。陈宏6岁就开始帮母亲煮饭，但也添了不少乱。那年冬天，陈宏端了一盆水，踩在小木凳上向灶上的锅里倒，一不小心脚下没踩稳，举过头的脸盆反转过来，浇了自己一身冷水，棉衣棉裤都湿透了，结果母亲帮他烤了一周才烤干。

因为缺少劳力，陈宏家自留地里的很多活儿都没法干。在这样的时候，陈宏的大伯二伯总是会来帮忙耕地犁田。只要季节到了，他们都会像对待自家的田地一样帮陈宏家耕作。这既是亲人间的帮衬，也是乡里人的纯朴本性使然。在陈宏的记忆中，二伯不仅经常帮他家下地犁田，还给了他很多温暖的照顾。因为母亲照料不过来，陈宏便经常在二伯家吃饭，二伯抓到黄鳝泥鳅，舍不得给自己的5个孩子吃，给他吃。

这样温暖的记忆不仅仅在二伯家里，也在陈宏的外婆家。父亲当兵在外，母亲一个人担当持家的重任。下地干活，家里没人照看年幼的陈宏，母亲便用背带把陈宏绑在饭桌腿上。等母亲下地回来，经常看到陈宏靠着桌腿歪着头睡着了——小脸上还挂着两行泪珠儿，而裤子也早就尿湿了。这样的情景，总让母亲心疼。于是，母亲便常把陈宏送到外婆家去。外公外婆没有儿子，妈妈又是家里的老大，作为老大的儿子，陈宏特别受到外公外婆的宠爱。

外婆家所在的地方，叫刘家老院子，距离陈宏家有20多华里。外婆家旁边有个水库，水美鱼肥，有成片的栀子花和很大的柑橘园，四周群山万壑，林木茂盛，风景非常优美。

陈宏的外公虽然是个农村人，不认识字，肚子里却装着很多历史故事。外公长得高大魁梧，胡子、头发是金黄色，往人群中一站，颇具领袖气质和智者风范。

外公年轻时候做生意，走南闯北，后来因为身体不好，既无法出远门，也干不了重活儿，只能做放牛这样的轻活。每当陈宏过来住，外公便带着他一起放牛。在水库边，在果园旁边的草地里，一个又一个故事便在陈宏的脑海里留下了深深的印记。在这些故事中，既有惩恶扬善的民间传说、因果报应的神鬼故事，也有正气洋溢的历史典故。懵懂少年陈宏在外公讲述的故事中，听到了诚实与正义，也渐渐明白了一些人情世故与生活哲理。外公常常对陈宏说，为人为官为事，根本在于善良与正直。

与外公的满腹"经纶"不同，陈宏的外婆总是默默无语地做事。她一个人操持着家里家外，有着中国农村传统女性最伟大的品格。家里来客了，外婆总是默默地做好饭菜，让客人吃，自己却从来不上桌子。在那个粮食稀缺的年代，有时候，客人吃完了，连剩饭也没有，外婆便喝洗锅水。

在陈宏记忆里，外婆不仅善良能干，还会一些乡野间世代流传的技艺。有一次他打摆子（患疟疾），医了几天不见好转，外婆急了，便背着陈宏走到家后面的一个小山梁上，不停地转悠，一路上是绚烂的黄花槐，外婆嘴里则念念有词，似乎在和哪位"神仙"对话，然后她摘了一把黄花槐塞进陈宏嘴里，有几瓣掉在地上，她也捡起来自己吃了。陈宏说，长大了吃过无数山珍海味，却仍能清晰记起当时外婆塞进他嘴里那把味道酸甜酸甜的黄花槐。不知是因为生命力顽强，还是黄花槐有活血止咳治疗感冒的功效，后来他的病居然奇迹般好了。

老家的人和事回忆起来，让陈宏总是觉得暖暖的。他说，农村老家人与人之间毫无隔膜的挚爱以及铺洒在乡野间的人性光辉总是让人心怀感激、充满感动，似乎现在也能触摸得到。

人言"三岁定终身"。如果从凸显少时岁月对人一生的影响上看，这句话或许有些偏颇，但如把它放在少时言行对一个人性格基本倾向的决定度上看，确也有几分道理。少时陈宏，每每表现出的勇敢和果决，也许正是他日后成为军人的一种向度上的暗示。陈宏至今还记得，在一个放学后的下午，他们班的同学和另外班的同学在两个小山丘之间打泥仗，中间隔着一块水田。由于陈宏所在班的地势低一些，所以泥块总是扔不到对方的阵地上去，而自己这方却总遭对方火力打击。很快，对方成员个个欢呼雀跃地高呼："胜利了！胜利了！"一看情势不妙，陈宏大喊一声："抵拢打！"话音一落，他便自个冲上去。顺着稻田埂，冒着对方雨点般的泥巴团，飞一般地跑到对方阵地上去近距离对打。在他的带动下，同学们也都纷纷冲过去，加入战斗。很快，对方便溃不成军，迅速作鸟兽散，——跑了！满身泥巴、头上还有青包的陈宏，回到家便被父亲一顿狠打。但陈宏一点也不觉得痛，直到躺在床上，还在一个劲地回味自己的勇敢果决和激烈的战斗场面。

陈宏8岁时，父亲退伍回乡，先是到一个煤矿当会计，后来又到学校当老师，又刚好是陈宏班的全科老师。

父亲对陈宏的严厉，在那个小山村，可谓家喻户晓。小学的时候，他数学成绩不好。父亲刚接手的时候，陈宏读三年级。有一次，父亲在课堂上讲应用题，念完后就问陈宏："看懂了吗？再看一遍，该乘还是除？"陈宏不语，父亲催问："乘还是除？"陈宏只好猜测："乘。""乘！怕你'乘'不起！"话音未落，一个耳光打过来。也就是那天，陈宏放学回家，细心的母亲看见儿子脸上的印痕，便一个劲地追问原因。陈宏支吾着不敢说，母亲心里也就明白了八九分，便找丈夫"理论"，实在"理论"不过，只好做些让步，说："要打就打背，别打在娃儿的脸和头！"后来，父亲在课堂上打儿子就会不经意地带一句："你妈叫我打背！"再后来，这句话成了同学间的一句玩笑常用语："你妈叫我打背"。

其实，在村里，陈宏的父亲几乎就是乡亲们眼里的青年领袖，他对周围的人都非常友好和善，就是陈宏的弟弟妹妹都可以在父亲怀里撒欢撒娇，唯独陈宏，在父亲面前总是害怕得连头都不敢抬。

父亲为什么那么严厉，陈宏至今也不知道。"也许，多少有几分恨铁不成钢吧！"陈宏回忆说。不过，父亲有一次对陈宏的惩罚，倒似乎使我们看出一些名堂来。那是一个极其平常的上午，院子里的孩子们围在一起砸火炮。火炮很小，是豌豆大的一小粒火药凝固在纸皮上的那种。石头砸在上面，啪啪作响。围堆的孩子太多，陈宏努力了半天也都没能凑上去亲自砸一下，心头很有些不平衡的他，便说了一声："妈哟，我去整个大的！"说完，转身回自己家里去了。他说话声音小，孩子们又都只顾抢着砸火炮，所以大家也都没在意。

陈宏回到家，翻出父亲用于从河里炸鱼剩下的雷管，取出一枚，然后剪了一小截导火索，拿上火柴，一个人悄悄走到院子侧边，一会儿又若无其事地回到孩子堆。不一会，只听"砰！"，平地一声惊雷般地炸响，顷刻间，满院孩子也都惊叫着往家里跑。巨大的响声，连河对面的孩子都吓哭了。中午，父亲回来，阴沉着脸，一进屋，二话不说，抓起一张凳子，对陈宏说："跪上去！我没回来不许下来！"说完又出门下地去了。过了许久，母亲回来了，见他还跪在凳子上，心疼地说："又做坏事了吧？快下来！"陈宏却说："爸爸说的，他没回来不能下来。"母亲一把把他扯下来。"傻宝，跪坏了腿啷个办嘛！"从这件不大不小的事儿可以看出，父亲的严厉不是没有道理的；当然，还可见少年陈宏的"使坏"也是不同凡响的。

经过父亲严厉得近乎残酷的教育，五年级升学考试的时候，陈宏语文、数学都考了满分。

刚上初中，父亲花60元钱买了头牛犊交给陈宏，并对他说："好好放牛，等它长大长好了，卖了好给你娶媳妇。"就这样，陈宏当起了地道的放牛娃——上学读书，放学回家就放牛。不过，也许是冥冥中就有某些注定：这头貌似不错的牛犊，不管陈宏如何照料，总是不长个儿；很奇怪的是，虽然不长个儿，却越来越通人性，与陈宏越来越有"感情"。陈宏每天傍晚放学回家都要牵牛出来喂水吃草。有一天陈宏放学回家很晚，小牛等不及了，挣脱绳子跑出了牛圈。院子上的人帮忙去追，但追赶到天黑，也没把小牛追回来。小牛在水田里、在河堤边疯狂愤怒地连冲带撞，任十几个人围追堵截都抓不住。天已黑了，陈宏回来时远远地听到一群人吵吵嚷嚷在追赶什么，就随意打听似地喊了一声："你们在追啥子嘛？"这一喊不要紧，他的话音刚一落，只听见小牛叫了两声，便发疯似地向陈宏的方向跑去，直到停在陈宏身边，喘着粗气跟着陈宏回家了。

养了两年，几乎一点没长，父亲最后只好以62元的价格卖了。

放牛娃，却不是放牛的命呀，陈宏的母亲曾如是说。

童年的记忆，美好而温暖。就像山林间欢快跳跃的小鸟和它们清脆响亮的啼鸣，多年以来，仍久久回响在陈宏的心底，给疲惫的身心奏响一曲田园牧歌，让人神清气爽；又像一股流淌过竹林中、青石间的清泉，澄澈明净，在月上山垭、万籁俱寂的夜晚，让一位山村孩童的思绪穿越时空，多年以后，在城市的喧嚣与繁华中仍心如明镜，宠辱不惊。

记忆中的家园，总是一座宁静的小院。小院门前，是一片四季不得闲的田地。田地的那一边，一条翠竹掩映的溪流，蜿蜒向东而去。小院旁边，是一片童年视界里的无边松林。多少个日出日落，多少个寒来暑往，陈宏与他亲爱的小牛早出晚归。夏天，他在河里摸螃蟹，被螃蟹钳住了手指，一阵大哭大喊之后，泪水还未干，又把手伸进石缝，直到把螃蟹抓出来为止。每每这时，被他的哭喊声所惊骇的小牛，总会抬起头来，怔怔地望着他。冬天，陈宏与小牛流连于松林。在松林宽大平整的石坝上，在暖烘烘的冬阳的照晒下，他脱下破旧的棉袄抓衣缝里的虱子，而小牛在一旁自由自在地啃草。

那时候的陈宏，时常透过树梢，仰望天空。他总是望着漫无边际的天空，痴痴地想，想着那么多怎么想也想不懂的事。

松林周边，总有无数的小草。一到季节，小草开出繁茂的野花。

少时陈宏，也像那些小野花那样，悄悄地呆在不起眼的林子小径的一旁，慢慢地感觉身边这些绿色萌发的声音和内心不安的游动情绪。少年，胡思乱想，又低唱浅吟，这岁月，这时节，不知沉下了多少心境。

文学少年14岁离家远行

　　也许，是外公讲的那些神奇故事的启发；也许，是这片英雄土地的孕育和滋养。不知从什么时候起，少年陈宏，爱上了文学，而且是一发不可收拾地爱。

　　他立志当作家。可生在小山村的他，不可能遇到名师高人，下一步该怎么做，他不知道。他爱诗歌、爱小说，爱那些斑斓五彩的梦想。从文学中，他记得了屈原，记得了陶渊明，记得了李白、杜甫、白居易，记得了苏轼以及他的父亲和兄弟，记得了曹雪芹和蒲松龄……在通往世界的窗口，他还认识了巴尔扎克、认识了雨果、认识了托尔斯泰……

　　兴趣是最好的老师。当陈宏把这种兴趣化为自己的梦想和行动后，第一次体会到了成功的喜悦。五年级的时候，陈宏的写作水平在班上已是鹤立鸡群。有一次老师布置作文，他一口气就把一本崭新的作文本写完了。老师很惊异，把陈宏的这篇作文作为范文在课堂上念了些片段。从那个时候开始，陈宏便尝试写长篇小说。谈起那时对文学的痴迷，陈宏回忆说：一本《水浒传》，在放学回家的路上，躺在草丛中，看到天黑才回家；晚上，在煤油灯下挑灯夜看，直到第二天，把这本书翻到了最后一页。

　　接下来陈宏顺利考上了初中。母亲很高兴，为了让儿子穿上体面的衣服进学校，母亲利用整整一个暑期的早晨早起拾狗屎，卖了钱给陈宏买了一套秋衣秋裤。每天早晨拾10斤左右，每斤卖两分钱，一个暑期下来卖了6块多钱，正好买一套当时中学生流行的秋装。陈宏至今还记得那套秋装的款式和颜色，也记得母亲早起忙碌的身影。

　　读初中时，陈宏的文学梦更加强烈。他听母亲说，有一个堂舅在上海宝钢工作，于是，少年那颗天真的心，就开始想象上海，想象上海的复旦大学。他想，如果自己能去复旦大学旁听，那对自己所珍爱的文学，绝对是一件无比美妙的事情。这个想法，萌生在少年陈宏的心中，而且是越来越强烈，让他食不甘味、坐卧不安。

　　实在是忍不住了，陈宏就把自己的这个想法告诉了母亲，哀求她借点钱，让自己去上海找舅舅。从来不找邻居借钱的母亲，拗不过孩子的苦苦央求，还真从一位石匠邻居那里借了35元钱交给陈宏。母亲叮嘱他，这事先不要给父亲说，不然会遭到阻拦。现在想起来，一位母亲对儿子的爱是何其伟大，又是何等的细腻！

14岁，从未出过远门的陈宏，怀揣妈妈借来的35元钱，孤身一人，走到重庆。在重庆火车站，不谙世事的陈宏排队买火车票时，却被一个看似和蔼的"老干部"骗走了这些钱。身无分文、举目无亲，陈宏到上海的梦破灭了，他只好爬货车返回家里。父亲知道了他的出走经历，十分生气，不仅狠狠地追着打他，而且晚上也不让他回家。陈宏穿着短裤，蜷缩在一块岩石的下面，不敢见人。晚上，消息传到姨父家里去了，他来向陈宏的父亲说情。后来这事还惊动了乡武装部部长，他也来劝陈宏的父亲，陈宏才得以回家。善良的石匠邻居也没有追着他还钱。那35元钱，一直到几年后陈宏进了部队，有了津贴，几个月省吃俭用，才最终还上。

离家不远，有个永嘉果园，那是少年陈宏的天堂和乐园，也装储着他无数的理想和梦幻。或许就是这片果园的熏染，初中毕业之后，陈宏考入了铜梁农技校的果树班。

农技校所在的安居镇，位于铜梁县城西17公里左右，琼江和涪江在这里交汇之后蜿蜒南去。得山水灵气，安居镇风景优美、历史悠久。这个点缀在渝西大地的古镇，距今已有1500多年的历史，自古便有"安居依山为城，负龙门，控铁马，仰接遂普，俯瞰巴渝，涪江历千里而入境"的说法。这里景色清幽，风光旖旎，既有别具特色、错落有致的古镇建筑（传统街区），又有遍布古镇的历史遗迹（九宫十八庙、历代名人手迹）；既有赏心悦目的山水美景（特色生态农业），又有独具韵味的传统风情（龙舟竞渡、民间彩扎、名特小吃）。铜梁人文地理中著名的"安居八景"和"九宫十八庙"便出于此。

安居中学果树班82级，在风景优美的南风区。不过那时候的陈宏没有多少闲暇去欣赏美景，而是一头扎进了果树种植技术的学习中，因为他有一个单纯的梦，就是让家旁边的果园里结出更多更大的果实，让父母、乡亲一起品尝美味。因此，对待每一堂课，陈宏总是很认真。在他的记忆中，至今仍记得老师讲的第一堂柑橘课。老师姓廖，走进教室，廖老师没有说话，而是用粉笔在黑板上写下了这一行字——柑橘：芸香科、柑橘属，常绿小乔木或灌木，花黄白色，果橙红色，耐寒。

接着他又在旁边画了一个橘子，然后才开始讲解："同学们，剥开橘子皮，我们看到橘子是由多个月牙型的肉瓣组成，这方便于把这些肉瓣分给若干人吃。知道吗，橘子的内部结构包含了一个当今世界共同发展的深刻道理：分享。同学们今后要学会共处，懂得分享，学习柑橘的风格。"

这种独到的讲课方式，让年幼的陈宏听得入迷，也对这位廖老师肃然起敬。而第一堂课所获得的柑橘原理，也让陈宏铭记在心，并在后来的实践中得到了发扬。

说到柑橘，陈宏还有另一个深刻的记忆。

那是一年暑假，几位同学到陈宏家里去玩。陈宏父母杀鸡宰鹅热情款待了他们。席间，陈宏的父亲随口说了一句："你们是学柑橘的，要是我这院子里种上几棵橘子树就更好了！"说者无意，听者有心。当天晚上，几位同学背着陈宏，翻了几座山，悄悄摸到十几里路外的果园里，去偷柑橘苗。因为没带铁镐锄头，大家只好用手刨，有位同学的手指都刨出血了。弄了大半夜，才刨出五六棵苗来。大家正在庆幸得手，要离开时，突然听见有人大声喊叫："捉贼！"几位同学拔腿慌忙逃窜，喊"捉贼"的人一会儿就招来几个可能是看守苗圃的人，举着火把穷追不舍，吓得大家满坡跑。还好，一个都未被"捉住"。天快亮时，都从不同方向回到了陈宏家门前的院子里，虽然惊魂未定，还是决意把橘苗种上后才去睡。陈宏的父亲早晨起来，推开房门，发现院子里奇迹般地长出了几棵橘子树苗，非常高兴却又有些奇怪，便追问大家是咋回事。同学们按事先编好的答案说是从朋友那里要的，趁晚上地气好没跟他说就种上了。还加了一句："满足他人的愿望是我们最大的幸福！"全家为此都非常感动，只有陈宏半信半疑，但也不便多说什么。

然而没想到，这样的一件"好事"后来却让大家付出了一周无菜下饭，只能干咽白米饭的代价。原来，就在同学们离开陈宏家不久，看守果园的人竟摸到陈宏家的院子里，发现了这几棵柑橘，便要求陈宏的父亲赔偿。陈宏的父亲这才明白那些柑橘苗的来历。想到同学们的好意，陈宏父亲只好卖了两只鸡补上了柑橘苗的钱。后来，这事传到同学们耳朵里，都觉得好心办了坏事，心里很不是滋味，于是大家一合计，便各自把一周的菜票卖了，凑齐了钱，硬着头皮跑到果园里，向果园的主人诚恳道歉，把钱补上，并请他把钱还给陈宏的父亲。果园的主人听了同学们的讲述，很是感动，非但没要他们的钱，而且还把钱退给了陈宏的父亲。

在果树班学习的日子里，最让陈宏感怀的，是语文彭老师带着他，去了一趟波仑寺。

波仑寺位于波仑山顶。山势巍峨秀丽，寺庙也是依山傍石而建。这个寺院，据称是建于唐初，明、清两代，多次扩建。在所谓的"安居八景"之中，"波仑捧月"名列第一。古往今来，游人不绝。历代名人学士，骚人墨客，只要有机会，都要到此游一游。寺院旁边有个"点头石"，壁上刻有唐代著名文学家韩愈书写的"鸢飞鱼跃"，有宋代书法家米芾书写的"第一山"，有明代铜梁知县胡秉书写的"波仑捧月"。在大雄宝殿正中横匾上，有"顶上圆光"四个大字，传为清代铜梁籍翰林吴鸿恩所题。

寺旁石壁上，一句"乾坤古今柱，日月往来舟"的石刻，让青年陈宏迷醉许久。显然，这十个字里面，沉淀着古往今来的大智慧。

宇宙无限地延伸，无所谓终始；生命不断地消散与重组，也没有所谓的终始。有的，只是从混沌到圆觉的跋涉。在这过程中，因为有苦，所以有乐，因为有乐，所以知苦，不为苦乐所扰，便是觉。机缘的聚合生成着如今的一切，也将生成将来的一切。人所能为者，便是在这或险或安的机缘中走向心魂的安宁，走向圆成，也走向所谓的幸福，这是否就是来来往往的"舟"？

岁月与一时的纷扰都会随风远去。总有些东西，是只有岁月才能给予的。只有经历岁月的人才能坦然面对人生，只有历经沧桑的人才能自由享受人生。向着至境的前进，也只是在经历这不断的轮转中，不断地从无知到知，再到新的无知。在此，生命便是一个走向更高的觉的过程。死物无觉，生物有觉，觉少者为造化之刍狗，觉多者做造化之朋友，觉圆满者则以自身同于造化。在圣人那里，这也许就是中正。守中得正，即是任万变而致安然。在超脱的庄子那里，这也许就是逍遥无待，是无待，无待于物，自然无牵缠而常自在。这是否也就是人生一世的"柱"？

愉快的岁月总是异乎寻常的短暂。似乎还未来得及细细消化种树育果的系列诀窍，果树班的日子就结束了。

为了学有所用，农技校快毕业的时候，陈宏与几位同学承包了一个柑橘园。毕业后，又经常在县内几个乡镇办农业培训班。彼时，在陈宏的内心深处，所有这一切，其实也都是走圆文学之梦的必要积累。毕竟，有且只有尽可能丰富的生活阅历，才能孕育出尽可能精彩的文学作品。

18个新兵哭了，他没哭

青春是有力的，青春是梦幻的，青春是自由的。青春就像是一次漫长的奔跑，每当我们改变一次方向，就会看见一个新的起点。就在果园的树梢长满无限希望的时候，1983年，陈宏决定去当兵，当年征兵时也顺利被录取。

1983年，对于中国电视是一个具有里程碑意义的一年。这一年3月，第11次全国广电工作会议在北京召开，提出要以新闻改革为突破口，带动整个广播电视宣传改革，并提出实行中央、省、有条件的地（市）和县"四级办广播、四级办电视、四级混合覆盖"。即除了中央和省一级办电视台，在具备条件的地方，允许省辖市、县两级办电视。于是这才有了全国各地大大小小的各级电视台如雨后春笋般出现。

不过，当时心中只有文学梦的陈宏，对这些并不知晓，也从未想过这会与自己若干年后的人生有着重要的联系。此时的他，正沉浸在类似《高山下的花环》的军旅作品中。

到部队去，体验军旅生活，写出漂亮的军旅作品——这个大胆的念头在陈宏内心越来越强烈。

于是，踏着邱少云当年参军的那条路——这条路，也是父亲走进军营的那条路——陈宏离开铜梁，成了一个新兵。

许多成功者都曾有过从军的经历，这绝非偶然。军旅生涯，深深地影响着一个人的信念并锻造了他们的钢铁意志、执行力和社会责任感。这些收获，在以后的工作中一旦派上用场，就将迸发出意想不到的威力。

华为的任正非、联想的柳传志、海尔的张瑞敏、华润的宁高宁、万科的王石、杉杉集团的郑永刚等，都曾在不同的场合感慨过军旅生涯对人生的意义。

在广播影视界的佼佼者行列中，行伍出身的也是举不胜举。

著名导演翟俊杰，叱咤影坛几十年，多次获得金鸡奖、百花奖，7次亲赴长征路拍摄电影，执导的电影《血战台儿庄》、《共和国不会忘记》、《大决战》、《长征》、《惊涛骇浪》、《我的长征》几乎都是大手笔。如今已身为将军的他，最初曾是中国人民解放军西藏军区政治文工团演员、步兵一营机枪连列兵。

在一次做客央视《艺术人生》时，翟俊杰说，他17岁去西藏高原喜马拉雅山下。高原缺氧，风雪高寒，但不管多高，他从来没有吸过氧气。在西藏战斗了四年，硬是连氧气什么味儿都不知道。当时，开荒种地，骑马行军，押送俘虏，如此磨炼，如此生活，使得所谓的生活之苦，似乎已经算不得什么。翟俊杰说，当时条件相当艰苦，但是今天回想起来，不知道为什么，觉得一点也不苦，还挺怀念的。那样一段时光，对自己的为人从艺，受益无穷，受益终身。

央视的著名主持人朱军，大学毕业即当兵，由于在部队表现出色，转业时被分配到兰州军区战斗歌舞团做了一名演员，同时兼任甘肃电视台的主持人。

著名导演冯小刚竟有两次当兵经历。冯小刚曾说，部队生活对他的人生影响非常大，包括创作、导演、统领摄制组。部队的一专多能，让人学到了很多的东西。从某种意义上讲，导演在一个摄制组是领军人物，要有吃苦耐劳的精神，要有集体责任感。他说："从部队出来以后，也可能是我的性格决定的；还有就是，在部队生活过的人，都不是那种自私自利、冷漠的人。"

最初部队来重庆招兵的时候，大家听说是北京来招兵，战友们都很高兴。北京，祖国的首都啊！说不准还能到天安门站岗呢！——不少战友开始憧憬着未来。陈宏也一样，沉浸在对未来的莫名兴奋中。火车从山城出发，一路向北飞驰。

第一次坐上火车，第一次离开家乡看到外面的世界，陈宏和战友们望着车窗外不断变幻的风景，虽然离家远行的惆怅仍偶尔掠过脑海，但还是掩不住年轻人对陌生世界的兴奋与向往。几天的颠簸之后，终于到了大家向往已久的北京。然而让大家没有想到的是，北京在他们的这次旅途中仅仅是一个中转站。稍事停留，在留下一张天安门前的照片后，他们登上了另一趟开往西北的列车，目标——内蒙古。深夜，下着雪，列车抵达内蒙古乌兰察布旗的首府集宁市，然后转乘几辆"东风"车进入一个山沟。对于越来越荒凉的前路和刺骨的冰雪，战友们再也没有来时的兴奋，只有满脸的沮丧和抱怨。而陈宏却没有更多心情来关注这些，在报名参军的那一刻，他已经有了应对一切艰苦环境的心理准备。

汽车到达目的地，19个新兵，18个哭了，陈宏没哭——不是不想家，是因为内心世界里，有比想家更重要、更具诱惑力的东西。

这里叫老包山，离集宁市有100多公里之遥。

西北高原的雪夜，让这些来自南方的新兵倍感寒冷。看到部队为新兵们特别准备的"好吃饭菜"——汤不是汤，面不是面，在大铁锅里黏在一起的东西——大家都发了怵。

后来，陈宏才知道，看到他们的发怵，老兵们心里很不是滋味：这么好的东西，这些新兵蛋子还嫌弃？要知道，在这个地方，这样的面条，只有过年才能吃到。

对于这些刚离开家的新兵来说，军营生活，尤其是这里的军营生活，确实是以"艰苦"打头的考验。但陈宏不怕，因为在他看来，这样的生活，在以后的日子里，就是自己人生阅历中最为宝贵的部分，都是难得的文学素材。

他需要有更多丰富的生活体验，需要有更多深刻的人生感悟，那样才写得出好文章。

多年之后，陈宏还在说，那时的他，想的是：如果这里和家里一样，那我才会哭。因为，我就等于白来了。好在这里与家乡迥异，非常适合磨炼自己。

与其他人进入部队的目的有所不同，自打参军那一天起，陈宏就给自己确立了目标：到军营，体验生活，写出最好的文学作品。

正是因为如此，到部队的时候，和所有人都不一样的是，陈宏是挑了一担书进的部队。他所在的连队，也就是凭着这一担子书，开了一个"馆存"图书100多本的图书馆。

全新的生活，在营房的号角声中开始了。

第一次站岗，算是真真切切地体味了北疆凛冽的冬夜和狂吼的北风。对此深受震撼的陈宏，写下了当兵以来的第一篇文章——《第一班岗》。

或许是异域风情给了陈宏以灵感，抑或是全新的军旅生活触发了陈宏累积多年的文学蕴藏，不久，陈宏的1000字小小说，在乌兰察布广播电台播发了，广播电台还给他寄来6元稿费。

拿着汇款单，陈宏异常激动——这可是他人生的第一笔"文学收入"呀。他万分珍惜这个"第一"，也暗暗发誓要好好留存这个"第一"。就这样，6元钱的稿费，一直静静地躺在那一张汇款单上，直到有一天，汇款单在辗转中不慎丢失。

人们常说，机会只给有准备的人。这句话，在陈宏身上可谓得到屡次验证。

一个很平常的日子，团政治处董副主任到各连检查新兵训练，看到陈宏"挑"来的书切实丰富了连队文化生活，很是高兴。又得知他能写东西，便跟随同的政治处宣

1986年，石家庄陆军学院读书时留影（左上）

1988年国庆，在新华社北京军区分社工作时于天安门城楼采访英模（右上）

1989年与战友聚会在大同云岗石窟（左下）

1990年与时任中央人民广播电台新闻部副主任胡占凡于部队大院合影（右下）

传股报道组长肖志刚说，希望能推荐这个同志到报道组当报道员。一向少言寡语且异常冷峻的肖干事欣然答应了！新兵尚未训练完毕就要调动，这事必须经团领导特批。报告打到政委王永茂那里，也很快就得到了批复。不久，陈宏就被挑选到团政治处宣传组当报道员。这是他第一次干上与写作紧密相关的工作。也正是这份工作，让他更坚定了自己的文学理想。为了迅速提升自己的写作水平，很好地展现工作业绩，陈宏更加刻苦，也更加努力地阅读和写作。他千方百计找名著来读，买心仪的书来看。为了获得更新的理论和观点，他用自己微薄的津贴，订阅了《文史哲》《哲学研究》《文学评论》《小说月报》等多种刊物。

在报道组的日子很快就结束了。随着团队工作重心的转移，报道组解散，陈宏又回到原来的连队，当了班长。短短的报道组经历，让陈宏的阅读和写作上了一层楼，他看到了更为辽远的世界。

第二年，陈宏萌生了考军校的想法。因为他知道，只有考上军校，自己才能留在部队，继续写作。经过积极争取，陈宏获得了报名机会。

然而，这一次，他遇到了拦路虎。不是别的，只因为原来读的是农技校，高中知识功底非常欠缺。

陈宏知道自己别无选择——只能比别人更加用功地补课。他很珍惜这来之不易的考试机会，拼命地挤时间学习。部队每天的训练是高强度的，而训练之余陈宏还要投入高强度的学习。最初，他真担心自己会累趴下，可没想到的是，高强度的训练之后，学习并没有觉得有什么不舒服，相反还挺有劲头。这种现象，让他自己都觉得惊奇。多年之后，陈宏说，现在想来，一来可能是年轻人精力充沛，二来可能是心里怀有强烈梦想的人，精神面貌也会焕然一新。

回想那时候夜深人静的学习细节，确实是感慨良深。为了不影响同寝室的战友们休息，每天晚上，陈宏都是用报纸给电灯戴顶帽子，自己就用帽子边上那个小孔射出来的光，心无旁骛地看书。

距离考试还有3个月的时候，所有通过初试的士兵到山西朔县集中培训。刚到集训队，同住一室的战友杨光辉在陈宏的记事本上很郑重地写下了"莫愁前路无知己，天下谁人不识君"这句话，作为临别赠言，送给陈宏。岁月辗转，曾用这句话给陈宏莫大鼓励的战友杨光辉后来考上了南京炮兵学院。

在山西朔县，集训刚刚开始，由于过度劳累，陈宏病倒了。看着陈宏苍白的面容，集训队队长很关切地问："是送你回部队呢？还是继续留在集训队里学习呢？"陈宏毫不犹豫地说："报告队长，我坚决要求留下来学习！"为着这个"留下"，陈宏每天打两针，吃不下饭，就强迫自己喝点战友们送来的奶粉，以尽可能维持自己基本的身体需求。也就是在如此境况下，陈宏不仅学完了高中三年的数理化，而且还考了全团第一名。

陈宏说，自己能考到第一名，除战友们的热情支持外，还靠自己发自内心深处的意志力，一种强烈的愿望支配下产生的自我控制能力。在那3个月里，自己大部分时间都是卧病在床，所以也就只能趴在床上看书作业。就这样，靠自学和请教同学，陈宏很漂亮地完成了自己的学习任务。多年之后，他回忆说，自己是把对文学的强烈渴望，转化成了读书学习并突击考上军校的巨大动力。

功夫不负有心人。1985年，21岁的陈宏如愿以偿，考上了石家庄陆军学院。

石家庄陆军学院，位于河北省省会石家庄市西郊，是中国人民解放军培养陆军基层指挥官的一流院校。学院占地360公顷，一个操场就有36个足球场那么大。这里环境优美，气势宏大，教学严谨，被誉为亚洲的"西点"军校。2003年，该校与原装甲兵指挥学院合并组建为机械化步兵学院。

1985~1987年，陈宏在这里度过了磨炼意志与提升写作能力至关重要的两年。

军校训练严格，要求严谨。开始的时候，要求学员立正站2小时，起初有不少学员站着站着就倒了，后来逐渐就习惯了。学院一般不允许学员走出大院，如果出院上街，也必须两人成列，三人成行，目不斜视。

由于训练太严格，时有学员因为受不了这份严格而退学。

训练是艰苦甚至残酷的，比如夜间野营训练，学院用车把大家拉到距离学院60公里的野外，让三人分成一组，自己找回来。漆黑的夜晚，没有电话，也没有指南针，学员们只能利用自然条件辨别方向，摸回来。

理论总是需要回到实践的，军事理论更是如此。

一次，陈宏所在的中队要求学员自己组织演习。140多位学员，分成"红军"和"蓝军"，共同制定了进攻和防守路线、步兵和炮兵的协同方式以及集结地点等一系列战术方案。但是，这个夜晚进行的演习，在进行到一半时，红军、蓝军全乱了套。到天亮回校的时候，东一个、西一个，散乱归队——活脱脱一支溃败之师。中队总结的时候，吵成了一锅粥！红、蓝双方互相指责、埋怨，几近辱骂，军事教员很是为难。

这时，陈宏站起来说："我认为这一次演习圆满完成了任务！"此语一出，举座皆惊，霎时间一片安静。"通过这次演习，我们看到了纸上谈兵和实际行动的差距，这不就是我们这次演习的目的吗？目的达成，任务完成！接下来应该把这次演习作为一个典型案例进行研究，如何缩小计划和实际操作之间的距离。从这个角度讲，这次演习出现的问题越多越全也就越好，因为日后研究的方面就越全。事实上，这次演习该出的问题也都出了，因此我们完全可以说这是一次'成功'的演习！"陈宏说完，全队都笑了。责骂、埋怨声再也没有了，军事教员很认真地说了一句："这人日后要当将军！"大家一起鼓掌。

非常之人，必有非常之思维。自由思维的本质是不走寻常路，如此，人生之路才有别样的风景和精彩。大家的这些掌声，似乎穿透时空，在印证若干年后的某些细节和细节中的成就。

学院的校报，是陈宏的另一个战斗阵地。艰苦训练中，他仍不忘自己的文学梦，因为这才是激励他不断前行的动力。为此，他坚持边训练边看书写文章，学院的小报上面，陈宏也就成了常客。当时，他的一篇小说《酸枣酸》一登载，便在校内引起了很大反响。这是一篇军旅爱情小说，大致写的是：太行山脚下的一个军营中，一名战士在训练之余去摘酸枣，想起远在家乡的姑娘，酸枣之酸与相思之酸交融出一个纯真的军地爱情故事。后来陈宏坦言，这篇小说里面有他初恋的影子。当时他正和老家的一位姑娘热恋，每周都要寄出带着饱含相思之苦的书信。那是个感情纯净而美好的年代，虽然后来由于种种原因陈宏没能和那位姑娘走到一块儿，但那段纯真的恋情与部队的严格训练给他人生带来了不尽的前进动力。

军校毕业后，陈宏回到内蒙古当排长，没几天又抽调到原来的团部，到政治处代替已调走的肖干事，当宣传干事兼报道组长。也就是在这期间，陈宏被来部队基层采风的著名军事记者赵苏"发现"。赵记者多次和团领导协商，硬是把陈宏借调到了新华社北京军区分社。两年后，陈宏又被抽调到当时全军唯一的一个装备最现代化的部队——北京军区直属电子对抗团政治处，担任新闻干事兼报道组长。

扎实的文学功底加上不断勤奋地写作，陈宏的文章频频在《人民日报》《解放军报》亮相，年年被评为军区先进新闻干事。不过，有得就有失。相对于内蒙古、相对于军校，这里没有激越的号角，没有紧张的训练。习惯于生活在紧张与忙碌中的陈宏，习惯于把青春和激情置于岁月怀中烈烈燃烧的陈宏，很快就厌倦了这比较悠闲甚至可以说是比较散漫的生活。看报、读书、写作，这也许是工作，是生活，但绝不是青春。

面对自己眼前的生活，渴望拼搏、渴望战斗甚至是厮杀的陈宏，不由自主地发出了"青春能否存储"的屈原式的天问。

正在迷惑中，一位颇为欣赏陈宏文章的领导，建议陈宏考虑到地方电视台工作，也许会更有用武之地。

陈宏欣然接受了这个建议，他要尝试另外的方式来继续自己的文学梦想。

此时，正是1993年的初春。望着田野里正在返青的麦苗，陈宏不由自主对自己说："我的春天也来了！"

时空是前进的，驻不住脚步。不在新的时空中收获些什么，时空成旧后，一切的东西也要流逝。我们唯有在时间到来的那一刻，把它变现，才不会任它流逝。实际上，在时代变迁的历史长河中，无论是哪个年代都属于历史的一圈微不足道的年轮，我们属于哪个年代就会有哪个年代的欢乐、幸福、忧伤和恐惧，不同年代的人也不可避免地打上时代的烙印。

恍然间，在部队那一段岁月，似乎只剩下记忆深处的一个个片段，黑白和彩色的

1991年，当部队新闻干事时与特型演员王仁合影

镜头交相辉映，在一片纯蓝色的幕布上不断闪现。这让陈宏的脑海呈现出仿佛昨日才发生的景象，细细品来，枯涩、火热、激奋、高昂……一不小心，就跌落到记忆的漩涡之中。

在部队，尤其是在军校，你能感受到一种顽强的斗志、一种青春的强悍和一种不断奋斗的拼搏精神。"在一个集体里，视纪律甚于生命，这是军营生活教给我的信念和追求；而在我之前，已有人践行过这一信念和追求，他就是我的老乡邱少云。"即便是多年之后，作为资深电视人的陈宏，还时常想起自己总结军营生活时说的这句话。在一个一个意气昂扬、朝阳似火的战友身旁，你能强烈地感受到一种灵魂的美感和震撼，你会觉得他们心中仿佛都有一道灿烂的彩虹在闪烁。而在那彩虹的深处，最耀眼的，便是光芒永恒的英雄情怀。

军旅生涯的点点滴滴，在此后的岁月里，时常会在有意无意间碰触陈宏的灵魂。军队生活虽然单调，但总是充满激情，让人振奋。蒙古高原的浩瀚与苍茫，蒙古民族的豪情与奔放，在不经意之间，都已化成生命的阅历，融进了陈宏的胸襟。

从此，陈宏，这个生长于西南一隅的放牛娃，在自己性格的行囊中，兼收并蓄了来自大山的雄与厚和来自草原的豪与广。也正是这样的兼收，使陈宏在往后的人生旅途上多了无尽的力与缘。

比《东方时空》还早的"早间节目"

起点，决定眼界的高度；土壤，决定种子的未来。

就在陈宏初进电视之门的那一年，小平同志"改革开放的步子要大一点"的吁劝之声激荡整个神州大地。这一年，媒体探索市场的步子迈得更大、更快。

这一年的年初，京城诞生了国内第一份生活服务类报纸——《精品购物指南》。在报纸大面积都是素面朝天的时候，《精品购物指南》一亮相，就是璀璨夺目的全彩豪华版；

这一年，由国家旅游局主管的《时尚》杂志在北京创刊，如风的潮流与如浪的符号化消费，在此找到了标杆；

这一年，中央电视台早间节目《东方时空》开播。白岩松、敬一丹、水均益、崔永元等一大批在此后几年红得发紫的明星电视人，当时也就在这个栏目，跟着栏目的起步而起步；

这一年，电视剧《北京人在纽约》热播。虽然，作为观众的绝大多数没有机会像剧中人那样去美国闯荡，但他们可以在中国的大地上闯荡；

这一年，《过把瘾》热播，其主题歌中的一句"过上一把瘾"，暗合了腾跃在各个领域的人们那股内心的浮躁。

而对于陈宏而言，他内心充满的，不是浮躁，而是激情。进入北京电视台，从爬格子到扛镜头，一切都是那么的新奇，一切都是那么的充满活力。

双脚踏进北京电视台，陈宏就被分配到《北京您早》这个栏目——这可是一档比《东方时空》还早的早间节目啊。

早间电视节目，在90年代初期的中国，还比较新鲜；但在西方国家，却早已家喻户晓。早在1952年，美国的NBC就开办了首个早间节目 *Today*。这个节目，一年的广告收入一度高达4亿美元，其火爆程度可想而知。在美国整个电视新闻节目中，早间新闻节目一度是电视网所有播出的新闻节目中屈指可数的、观众人数处于上升趋势的强档节目之一。在这种情形下，CBS、NBC、ABC这三大电视网，为了争夺更大的早间市场份额，就一直没停止过对早间新闻节目的定位探索。比如，节目内容是要以新闻报道为主，还是以服务性和娱乐性较强的"软"新闻信息为主，节目以何种形式和特色来吸引观众，用什么样的主持人，以什么风格主持才能充分带动并激活早间新闻节目，早间新闻节目与其他时段播出的新闻节目又该有何差异等等问题，在欧美国家的电视界中，早就有比较充分的讨论。

早起，这在中国百姓，俨然已是千百年来的传统。古训即有"黎明即起，洒扫庭除"之说。不过，早起就看电视，看电视新闻，这确实有些新鲜。

在21世纪已经走完一个10年的今天，每天清晨5点到8点的电视荧屏，确乎一派生机盎然的景象。大家常见的早间新闻节目，有央视一套和新闻频道的早间新闻节目《朝闻天下》、二套的《第一时间》、上海东方卫视的《看东方》、北京电视台的《北京您早》、广东卫视的《朝看新闻》、吉林卫视的《早安吉林》等，还有凤凰卫视的长度为1个小时的《凤凰早班车》。

但在当时，电视界普遍认为，早间时段是垃圾时段。没有经过市场实践的电视人想当然地认为，大清早的，大家忙于梳洗，哪还有时间坐下来看电视？显然，电视人似乎忘记了，看电视的环境是很自由的，一边梳洗一边看或者是听电视，有何不可呢？

更何况，此时的中国，社会变革的大幕正在徐徐开启。大幕之下的国人，正在争先恐后地刷新自己的头脑和视界。信息和资讯，对于老百姓，或为财富的生成之门，或为观念的更新之道，或为行为的指导之师。一句话，信息就是时代最大的民生、最大的启蒙。

1991年7月30日，北京电视台15分钟的早间综合节目《北京您早》开播。自此，每日清晨7时整，《北京您早》就会给住在首都的人们送来一天最早的问候。如果说，广东的珠江电视台是我国开播早间综合节目的第一个弄潮儿，那么，在相隔4年之后，在京城的晨光中回荡着的《北京您早》之声，就是我国电视界天空中一颗闪亮的晨星。

《北京您早》的创办不能不提到她的"掌门人"江洁红女士。

在她看来，陈宏因为此前阅历、功底比电视台的年轻人们都要扎实，应是《北京您早》依赖的大将。陈宏也从江主任身上学到了许多电视新闻工作者的秉赋及素养。3个月后，他创办了《社会大观》日播专题栏目，不到一年晋升为《北京您早》负责人之一，成为江洁红的左膀右臂。

作为北京电视台端给住在首都的人们的一份资讯早餐，《北京您早》给首都电视观众带来了许多欣喜和惊喜。节目播出1个多月，就收到了100余封热情洋溢的观众来信。收视统计称，每日清晨，至少有10万首都人在倾听《北京您早》的心曲。

电视界和新闻界的同行们，也以敏感的嗅觉，对《北京您早》的初步成功给予了许多肯定和关注。

市场的肯定、观众的肯定、同行的肯定就是最好的肯定。

为使观众能在晨间争分夺秒的生活节奏中获取尽可能新、尽可能多的新闻资讯，《北京您早》的全体"厨工"力求做出的是一份"色味俱佳的早餐"。

在15分钟的综合节目中，新闻性小栏目《北京早新闻》与《国内外大事》占了七八分钟，把首都及全国、全世界最新最重要的变动讯息，以简明扼要的标题新闻形式编播出来，使北京市民每天"看早间新闻，能知天下大事"。而《您早信箱》《求医问药》、《为您指南》《行车指路》和在15分钟里争分夺秒重播几次的天气预报，犹如一个最早出现在千家万户面前的生活顾问，提示观众注意饮食冷暖、卫生保健以及购置什么生活用品等等。这些贴心的栏目"大厨"们，希望能尽快告诉观众：秋冬季节买什么样的皮鞋好；冬天如何储存大白菜最好……

在短短15分钟里，《古都新事》是固定栏目。这也是早间节目组精心构思、精心制作的一个小栏目。采编们从千姿百态、日新月异的都市生活海洋中寻觅出的崭新而独特的新人新事，在两三分钟内生动形象地介绍给首都市民。如传统的花扣工艺、家政学校吸引首都的年轻人，也吸引着有成就的企业家。这个节奏明快、短小精悍的栏目，似乎在时时告诉着人们："生活每天都是新的！"每逢周末，早间节目就把首都的文体活动动态与假日旅游好景提供给观众，方便市民们安排周末的美好时光。另外，"健美一分钟"与"外汇牌价"作为每天的固定栏目，同样也是早间节目利民服务的版块。这样，在涓涓细语启迪着人生真谛的"晨光语丝"串接中，《北京您早》融知识、信息、娱乐、服务为一体，万花筒般地变幻着。世界、市场、岁月、生活也就在这万花筒般的早间节目中走进首都人民的心里。

电视史年度大事

1993年民生电视：《东方时空》开播

这年，"市场"的脚步，在中华大地铮铮作响；"市场"带来的迷茫，在百姓心中涟漪阵阵。用信息去拨云见日，用资讯去释疑解惑，电视义不容辞。

1993年5月1日，在中央电视台方楼B204房间，《东方时空》跌跌撞撞迈开了成长的第一步。孙玉胜和他那30来人的"临时工"队伍，集聚在机房，忐忑不安地观看这个新生儿的第一步。当时，他们并未预料到这个新生儿会成长为一个巨人，并开始改变母体的面貌。

作为中国第一档早间杂志新闻栏目，《东方时空》对中国电视的影响很难用一句话概括。它催生了《焦点访谈》、《新闻调查》，派生出《实话实说》，导致全国"南方之子北方之子人丁兴旺，小焦点小调查遍地开花"的现象。至此，中国观众普遍开始改变早晨不打开电视的习惯，而《东方时空》为中国电视新闻带来的，远不止是收视时间的改变，它开启了一个改革的时代。

1992年10月，结束了充满兴奋、争论的《广东行》摄制组生活，孙玉胜回到了北京。时任央视新闻中心主任章壮沂交给了孙玉胜一个改变他人生轨迹的任务："台里决定把早间时段开发出来，已经物色了几个人，由你来牵头负责。"带着一个巨大的问号，孙玉胜开始了对早间节目的设计。

"最初的设想是在早间新闻之后安排一个40分钟的节目重播，把央视磁带库里积攒多年的经典节目盘活。"但是，这个想法很快就被否定了。因为，再受欢迎的电视节目，也会随时间的递增而价值递减。接着，筹备组又把节目定位在了服务性，但是这个方案再次被推翻，因为服务节目"很难产生轰动效应"。

最后的突破，是从检索当时的电视栏目还缺少什么开始。这个突破口，在后来几乎成为所有新栏目创办之时的必修课。最终，首先确定下来的是一个新闻人物专栏，其次是关注社会的现场报道专栏，第三是生活服务专栏，第四是一个音乐电视点歌专栏。这些确定下来的时候，已是1992年12月，离预定的播出时间——1993年3月1日，还有3个月。

集结精英电视人才，被孙玉胜视为迈出步子的关键。时间、王坚平、童宁、梁晓涛、张海潮……即使有了这些后来在电视界赫赫有名的精英加盟，早间节目依然"缺人"。孙玉胜说："当时，事业单位的体制，决定了我们只能在编制内考虑，而大家都有自己所属的栏目，能集中起来做早间节目的人很少，能集中起来制作我们想要的节目的人更少。"

于是，更多的人员物色开始瞄向台外。"办法不是我们拍脑袋想出来的，是形势逼出来的。"《东方之子》制片人时间，动员当时背着中央人民广播电台领导在电视台打工的白岩松上屏幕播出新闻，白岩松很有顾虑。时间说："早上7点，谁看你啊？"于是，正是抱着这种不相信早上有人会看电视的预期，电台记者出身的白岩松成了主持人，他和《东方时空》一起在早上出了名。无论是节目制作还是用人标准，《东方时空》的"不拘一格"，使之成为当时的"理想部落"；孙玉胜的"理想主义"，更像一个黑洞，吸聚了越来越多的、有着各种背景的体制外的文化电视人。

最初，按照财政部的相关规定，凡聘用工作人员，中央电视台每月只发给280元人民币的工资，而且没有工作证、没有医疗保险、没有住房，以至于杨伟光对提出政策的人事处开玩笑说：你们这是招清洁工吗？我们请来的可都是高档次人才。

必须想办法提高待遇，留住他们。

从《东方时空》开始，中央电视台对人事制度进行了比较大的改革，开始实行第二用工制度：聘用人员可以入党、提干、评先进、分房，奖金甚至可以超过正式员工的工资。一种新的用人模式就这样诞生并逐步得到了推广和普及。

1993年5月1日，"晚产"的《东方时空》一晨之间跳跃在观众面前：《东方之子》是人物专访，号称"浓缩人生精华"；《东方时空金曲榜》以推广流行音乐和吸引青年和观众为要务；《生活空间》后来发展为很有纪实特色的纪录片栏目，尤其是一句"讲述老百姓自己的故事"，语言凝重，含义深远；《焦点时刻》则是在针砭时弊中颇有锋芒，它的成功直接导致了《焦点访谈》的诞生。

刚刚起步的《东方时空》，将"平视"作为自己的态度。孙玉胜甚至将"平等"列入央视新闻评论部的部训之中。在当时乃至如今，这都是一种非常珍贵的姿态。

10年之后，孙玉胜在接受媒体采访时说："也就是从《东方时空》开始，我们实验了一种新的表达方式。比如表达的态度是真诚的，表达的内容是观众关心的，表达的语言是鲜活的，表达的手段是符合电视规律的，表达的效果是有吸引力和感染力的，等等。"

一句"真诚面对观众"，是《东方时空》开创之初最简约的理念概述。真诚面对观众，不仅仅是一个口号，首先是"要像说话一样地说话"。1993 年 5 月 1 日，中国观众第一次发现，原来新闻不仅仅是《新闻联播》那样威武严肃。新闻也可以像很普通的交流一样，"说"出来，"评"出来，而不仅是复读式的"播"出来。老百姓第一次觉得，电视新闻开始像邻居唠嗑一样与生活贴近起来。

《东方时空》的成功，本就在于对原有形态的突破，它的跌跌撞撞恰巧迎合了 90 年代初期，观众业已觉醒的对文化、对信息、对文化信息的强烈需求。

在《东方时空》之前，中国电视荧幕上几乎只有播音员，没有新闻主持人。白岩松的成名，让《东方时空》继续在旧规则旧制度中破冰，对传统的"外形优先"主持人选拔提出了新的标准。

而今，这一选拔标准在当前的电视主持行业依然站列前沿。若是按照主持人"试镜制度"惯例，背诵一篇别人代写空洞无物的开场白，相比长期训练出的"录音机"式播音员，只怕白岩松也难以比肩。可惜的是，《东方时空》对央视主持必定帅男靓女的惯例破冰仅仅是打开一个容身缺口，而并未对其产生根本影响。它的破冰之勇，成就了白岩松、水均益、崔永元等一批"至今无人超越"的新闻主持人，尔后则像《东方时空》栏目本身一样青黄不接。

在历经初生辉煌之后，2009 年 8 月 3 日，在各界质疑与期待中，《东方时空》进行了第六次改版。曾经以跳跃、新鲜著称的杂志新闻栏目告别了一曲高唱的时代，这被一些人称作是"一个栏目唱响天下的时代过去了"。

翘首前程，回溯来路，我们也就不难发现，在共和国这块土地上，关注民生、传播民生、思考民生，的确堪称传媒人，乃至整个传媒业的立身之本、发展之基。这一点，我们从《北京您早》这段经历之于陈宏这个电视人的重要性，也就足以管中窥豹。

1994 年传媒经济：上海东方明珠股份有限公司上市

在现代中国的传媒经济史上，曾有相当长的一段时期，传媒被完全置于与经济规律无关的地位。当然，也没有传媒经济这种概念。

肯定地说，在我们中国，充分认识到并广泛承认广播电影电视业是与市场高度相关的一个"产业"，实际上是与建设社会主义市场经济的时代律动相一致的。

1994年2月，中国第一家具传媒性质的股份有限公司——上海东方明珠股份有限公司挂牌上市。公司由上海广播电视发展总公司、上海电视台、上海人民广播电台、上海《每周广播电视报》报社组建而成，最初的主要业务是旅游业，并非传媒。不过，在此后很短的时间内，东方明珠理智地转变了业务，进而全力投身于传媒业中。上市之初，公司共发行股票4.1亿元，发起人认购了3.7亿元，共计占资本总额的90.24%，另向社会法人和社会个人各公开发行2000万元，其中还包括了公司内部职工认购的400万元。

作为中国第一家上市的传媒股份有限公司，东方明珠的成长之路上烙有十分明显的时代印记。传媒研究名家陈力丹曾说，在1984年的时候，上海市通过了一个对后世影响巨大的项目，那就是建造400米高的广播电视塔。这个项目预算达2亿元（后来实际用去了8.3亿元）。当时的上海，市政建设的资金每年总共才十几亿元。1991年，经过近八年的筹建，44家国内金融机构联手组成银团为东方明珠贷款，项目才正式启动。同年9月1日，在浦东陆家嘴，东方明珠广播电视塔打下了第一根基础桩，似乎也预示着东方明珠股份有限公司全新的开始。

为了能迅速融资，东方明珠毅然决然地在1994年挂牌上市。

最初，公司发行股票的目的主要是为东方明珠电视塔的建设筹集资金。随着芝麻开花节节高式的稳步成长，公司于1996年进入了"上证30指数"的成分股，并在多年后的"上证50指数"的评选中入选，而这也是唯一入选此类的传媒业的上市公司。

在中国证券十余年的发展历史里，上市公司资产重组的历程也被东方明珠赫然影印其中。许多上市公司都经历过大规模的资产重组，名称也多少有过变更，甚至业务也可能与当初大相径庭。然而，东方明珠上市以来，不但名称没有变更，而且主营业务也没有过重大的变化，只是由原来的广电行业衍生业务逐步进入到了广电行业的核心业务，渐渐形成了以传媒业为核心的多元化并举的格局，公司由原来的旅游业为主已扩展至目前的旅游、传媒广告、传输、房地产多业并举。

回顾东方明珠一路走来，这应该算是中国传媒业第一件成功运用市场经济规律发展壮大的个案。在这个传奇故事里，有一个无可奈何的碰巧，那就是公司的意向起因竟然是因为建造电视塔，银行贷款不敷使用才求助于股份制的。另外，还有一个鲜为人知的细节：起初曾经设想将上海的电台、电视台等合并组建公司，后来改为电台、电视台等联合投资办公司，这在很大程度上是得益于当时上海市宣传部门一位官员的一句话：公司办媒介，不行；媒介办公司，可以。

深谙此道的东方明珠创始人们通过股份制形式，成功实现了媒介与资本市场的联姻，并在几年内都独一无二。直至1999年3月，湖南电广实业股份有限公司才在深交所挂牌上市，成为"中国电视传媒第一股"；同年6月，《成都商报》间接控股上市公司四川电器，成为"中国报业第一股"；两年后，北京歌华有线电视网络股份有限公司在上交所上市，这是全国首家上市的有线电视网络公司。随后，中视传媒、北青集团、上海新华传媒股份有限公司等陆续挂牌上市，传媒业与资本市场的联系愈发紧密了。

曾有人认为，这一系列的行为，不仅在改革开放前无法想象，甚至也是改革开放初期也难以接受和实现的。即使社会主义市场经济地位得到了进一步确立，但传媒自身强烈的意识形态色彩以及"党的喉舌"的基本职能，以及同时肩负着更为重要的社会责任，承受着比一般企业更为严格和繁琐的政策约束，都使传媒上市只能停留在理论上的可能和实践中的想象。然而，东方明珠的成功上市，却带来了影响深远的"资本创新"。传媒挣脱了众多不应有的束缚，呈现出"资本宠儿"的特性，展示了中国传媒市场与传媒经济的独特魅力。

正所谓兴废由人事，山川空地形。对于中国传媒业而言，是否能够牢牢抓住资本市场伸出的联姻之手以及如何与之共振，还存在很多变数。产业与资本，合则兴，分则衰，这也是世界范围内传媒业的普遍规律，中国不可能例外。中国传媒业的终极目标，应当是建具有国际水准的大传媒集团，而利用资本市场扩充自己，不过是一种恰逢其时的方式而已。然而危机常在，转机不常在。在享受资本市场带给自己的无比愉悦外，是否也要提防资本突然退出形成真空所带来的阵痛呢？

距东方明珠上市这一标志性事件已过去10多年，至少目前几大传媒集团仍娴熟地利用资本市场给予的便利在发展着自己。盲目乐观是毫无道理的，如今的资本市场，暗潮汹涌，国内外经济形势都不太利好，中国的传媒行业到底会不会出现"航空母舰"，迄今也还只是不知端倪在何方。要让这端倪早日现于人们的视界，那确实就要看传媒集团们的内功是否练足了、练好了。

培根有言：读史使人明智。东方明珠的成长之路，对当下中国传媒业，尤其是那些包括本书主人公在内的执颇具规模的传媒集团之牛耳的运营者们的教科书意义，至今仍未过时。

1995年广告发飙：央视"炒"标王

1994年11月，首届央视广告竞标活动启幕。孔府宴酒一举击败自家兄弟孔府家酒，以3079万元的价格夺得名曰"标王"殊荣。很快，标王尝到了甜头——夺标当年，实现销售收入9.18亿元，利税达3.8亿元，主要经济指标跨入全国白酒行业三甲，成为国内的知名品牌。

作为第一个"吃螃蟹"的孔府宴酒，所获得的回报在业界引发了模仿效应。

1995年，第二届央视广告竞标，众商家纷纷拳擦掌，准备投入激烈的战斗中。而孔府宴酒和孔府家酒的实力明显胜于其他竞标者。就在这兄弟相争达到高潮的时候，一匹黑马突然杀出，以高于第二名几乎一倍的价格——6666万元抢摘了"王冠"。这匹黑马，就是秦池酒。一时之间，几乎所有人都在纳闷，这秦池到底是何方神圣？

秦池酒业，山东临朐县一个年产不足一万吨的小酒厂，年销售额不足2000万元，员工500多名，只是山东无数个不景气的小酒厂之一。从90年代初起，产品就没有卖出过潍坊地区。

1993年，正营级退伍军人姬长孔来到这个酒厂担任经营厂长。天生具有商人头脑的姬长孔，在接管秦池之前，曾接管过两个食品公司，并用了半年的时间使两家公司起死回生。随后他被调任到秦池。

环顾四周林立的酒厂，寒酸的秦池在竞争对手面前找不到一点抗衡的机会。姬长孔的特长就在这样窘迫的环境展现出来。他将市场放在了幅员辽阔、人口众多的东三省，根据他的分析，那里的民众性情耿直，消费心态不成熟，易于被广告消息所控制，最适合创业阶段。果然，如他所料，秦池竟然在异地开拓出自己的一片市场。随后，秦池在"三北"市场迅速蔓延开来，销售额节节上升。到1995年秋，销售额已超过1亿元。名不见经传的秦池终于在沉寂多年后看到了也许可以叫做希望的曙光。

成绩日益斐然，又受到孔府这个第一届标王所收获的巨大利润的强烈刺激，姬长孔在书记王庆德的支持下，毅然决定参加央视第二届广告竞标。经过一夜商讨，秦池以绝对优势赢得了标王的称号，姬长孔也突然被放置在聚光灯之下。人们纷纷询问秦池是谁，姬长孔又是谁，临朐在哪里。当消息传到酒厂时，员工沸腾了。如同大跃进一般，所有员工都斗志昂扬，前景一片看好，没人去想失去标王标签的孔府宴酒的落魄和下一届标王的竞争。

然而，在这个胜利的背后，却隐藏着不为人知的事实。6666万元，意味着3万吨白酒，足以把竞标场淹到半腰，超出秦池销售额的一半以上。下这个赌注需要超乎常人的决断力。但姬长孔相信自己的判断，事情也如他所料。很快，秦池便看到了央视的力量。在这个电视台霸主不遗余力地巨大造势下，秦池迅速成为中国白酒市场上最显赫的新贵。当上标王的第二年，秦池销售收入9.8亿元，利税2.2亿元，增长了近6倍。

月满则亏，水满则溢。

1996年，秦池以3.2亿元再次争得标王称号。然而，这一次夺标所带来的后续效果，并没有如姬长孔预料的那样平顺。所谓树大招风，人们开始质疑这个来自小县城的酒厂，诸多记者纷纷来到酒厂要求采访。采访结果说，秦池的大部分原酒都来自四川，通过勾兑再进行售卖。一夜之间，秦池面临了巨大的舆论危机，而秦池一干领导人竟拿不出解决的方案，秦池被迫陷入绝境。

1997年，秦池无奈进行整体出售，一代标王，轰然坍塌。

回顾整个坍塌历程，业内均是唏嘘不已。成也标王，败也标王的秦池，也成为人们茶余饭后的谈论热点。

广告促销的确可以使企业名声大噪，获利匪浅，但这样的广告只能够是锦上添花，却鲜能雪中送炭。一个过分依赖广告的企业，一般是难以有所成就的。秦池盲目迷信央视这个大平台，过分追求广告的轰动效应，把广告标王等同为市场来称雄，更把培育品牌的法宝全部押在了广告上，注定是要失败的。毕竟央视标王不等于市场，企业的核心能力也不是广告，而是自身的实力。

不可否认的是，传媒在秦池危机事件中起到了主导的作用，其来势之猛，令人始料未及。秦池危机的开端，来源于每瓶酒上普通的瓶盖，这本来是一件很易解决的问题，然而经过媒体的渲染和追问，再加上企业自身缺乏相应的公关行为，抨击和拒绝秦池之风甚嚣尘上。

在秦池第二次竞标成功后，央视很清楚秦池是拿不出这么多钱来打广告的。外界当时宣称秦池一次性付给了央视3.2亿元。事实上，当时的央视和秦池玩的是一折心照不宣的双簧戏。其实在1997年，秦池花在广告上的钱不到1亿元，而产生的市场轰动效应却远远不止这1亿元。也正是这一次轰动效应，把全国媒体轰醒了，也把秦池轰入了绝境。

秦池作为失败的典型，这一点是成功的。

秦池事件之后，人们开始重新审视央视广告竞标，对于广告的投入也愈趋保守和理性。秦池总裁王卓胜曾坦率承认过，做广告当标王绝不等于可以称雄市场，投资决策上的失误是秦池酒厂面临困境的重要原因。在1995年第一次夺标后，秦池迎来了短暂的春天，而那时候的他们确实想过调整结构做强秦池的，但夺标造成的轰动效应以及对若不连续夺标市场就会萎缩的担心，使他们最终迈出了3.2亿元的错误一步，躲开风险的机遇也转瞬即逝。

一手"培育"了标王现象的央视策划人谭稀松谈道："我认为，企业做宣传，一定要量力而行，有多少面烙多大的饼，不能盘子做得很大，资金落实很少。秦池的3.2亿元，扣除代理费，真正交给央视的不足5000万元。通过这件事，我想给企业一个忠告，企业广告像开路先锋，如果先锋打过去了，而后面的产品质量等后续部队跟不上，这个仗是打不赢的。"

或许谭稀松的一席话，恰是众多企业人迷信标王难以自拔的正解。只是有多少人真正听懂了个中的含义，不得而知。

在秦池事件告一段落之后，一些比秦池个头大且有根有底的企业也在竞标之后纷纷遇险。

对秦池和"秦池"们的这些典故，业已成为中线传媒总经理的陈宏曾用社会生态学的观点作过解释。在他看来，充分认识和切实把握广告业主和传媒经营者共生共荣的生态关系，是传媒经营者的必备素质之一。巴菲特所言："人们从历史中学到的，就是从来不向历史吸取经验。"这句话，永远值得包括电视人在内的传媒人珍视和铭记。

初试锋芒"震"荧屏

告别部队，进入电视台，陈宏经历了短暂的痛苦期。这是破茧羽化和自我转型的痛苦。从军校生活报纸的通讯员到专职的新闻干事，从新闻通讯到报告文学，字词句的推敲琢磨一直伴随陈宏的生活。可一到电视台，原来烂熟于心的字词句突然之间就变成了镜头，变成了影像。

多年之后的今天，陈宏回忆说，当时的他，感到了一种涅槃颤变般的痛楚。

毕竟，拿笔和扛摄像机，那感觉，完全是两码事。这不仅是两种符号的差别，更是两种思维方式的差别。要一夜之间从文字思维转向影像思维，这确实不是一件简单的事情。因为这不是接不接受直观的影像蒙太奇的思维方式的问题，而是对自己多年来用以表达思想与情感的文字符号的深切依恋难以抛却的问题。这些深蕴美妙的内涵而又给人无限联想的汉字，早已融入了血液，深入了骨髓，现在要换掉它，这是多么痛苦，同时又是多么不堪割舍的事情啊。

经过一阵裂变的挣扎，一阵无限怅惘的感伤，直面现实的陈宏，总算找到了说服自己的一个理由——在诗的激情与哲的深邃这个层面，用镜头完成的影像与用笔完成的字词句，其实并没有本质区别。至少，在海德格尔那里，诗和哲学都显现了人类在历史道路上的探险、跋涉和困惑，是人类精神生命中最不容易攀登的智慧高峰，它们共同象征了天地间永恒的刹那间凝聚，是贯通精神生命长青不衰的力量。

一切优秀的写作和传世的作品，都蕴含了诗意的笔触和哲思的深刻，并成为人类情感和思想的一种永恒的象征。从《荷马史诗》到《诗经》，从苏格拉底、赫拉克里特到柏拉图，从中世纪的蒙田、奥古斯丁、但丁到荷尔德林、狄尔泰、歌德、雪莱，一直到近现代诗人里尔克、哲学家海德格尔、萨特、伽达默尔、罗兰·巴特、福柯、德里达等，这些抒情与哲思相融合的写作者成为一道历史的风景线。

一切伟大的作品都是诗的激情和哲的深邃达到最佳的结合而成为经典的，莎士比亚的戏剧，普鲁斯特、海明威、川端康成的小说，泰戈尔、里尔克、佛罗斯特、策兰、阿赫玛托娃的诗歌。一切伟大的作家和思想家都是诗意和哲思的写作高手，他们

在英国莎士比亚小镇的池塘边

追随着世界流变的风潮而投入到永无止境的创作中，而从不在乎自己用的是什么工具。

文字，是符号，是工具，是表达诗的激情和哲学的深邃的符号与工具。镜头"写"出来的影像不也是这样吗？换句话说，自己换的，其实并不是职业，而是工具。自己既然能够用笔做锦绣文章，也一定能用镜头、用影像，做出更好更美的文章。

想清楚了这些，陈宏顿觉释然了许多。不过，为了一抒自己对文字的眷恋，他还是挥笔写了一篇名曰《痛别方块字》的小文，算是对自己以文字描绘文学之梦的一个交代。

工具变了，但梦还在继续。饱含了诗与哲的文学，现在改由镜头来"主笔"。

"是金子总会闪亮"。多年的阅读、写作和思考，练就了陈宏扎实的分析、表达和驾驭素材的能力。这些能力，加上从不畏惧艰苦环境的生活阅历，使陈宏很快适应了环境，并迅速崭露头角。这也就如时任《北京您早》栏目负责人的江洁红所说的那样，从部队转业来的陈宏，带着梦想做节目，做的却是最切中百姓实际的节目。

1993年，北京市的房地产业处于"犹抱琵琶半遮面"的状态。在房产布局上该怎么建设北京，相关主管部门也思考不多。随着市场经济一日千里的发展，涌进京城的人口越来越多。从写小说中练就的观察功夫，使陈宏很敏锐地感觉到，房地产业的改革是个已临近沸点的问题。

兵马未动，调研先行。陈宏马上着手查阅相关资料，火速走访有关部门，向业界高手、向资深专家请教北京市房地产发展方面的问题。

很快，陈宏确定了选题：《房改纵横谈》。

这个纵横谈，邀请了当时的知名专家彭明和北京市房改办陈副主任。这两个来自学界和管理界的权威，一起到电视台演播厅，面向广大电视观众，座谈北京、乃至中国的房市。

大家自由讨论，妙语连珠，亮点频出。比如：在北京二环之内必须建高档写字楼，高价租售，收益部分用于周边区县建生活卫星城。生活卫星城与二、三环写字楼之间构建轻轨等现代化快速城市交通体系，行进半小时之内完成。在四环、五环都已拥挤不堪、寸土寸金的今天，这些观点也许普通之极，可在1993年，也即小平南巡讲话的翌年，这确实堪当石破天惊的观点。

节目一播出，一时之间，如同平静的湖面刮起一阵旋风，观众的激烈反响自不必说，就连中宣部的领导也看得激动异常，并致电北京电视台的相关领导，建议把这个节目放在《北京新闻》播出。除了中央和北京市委的相关活动报道，其他新闻也都撤了下来，为《房改纵横谈》让路。于是，上、下两集《房改纵横谈》，占了《北京新闻》原有的两天新闻报道。一个专题节目占据了作为一个台的"主打菜"的新闻联播，这在北京电视台史上到目前也是唯一的。

这一切，不为别的，只因为这个选题，切中了老百姓的心坎，切中了社会发展的关节点。

一出《房改纵横谈》，使北京电视台的总机在那几天一直处于占线状态——市民纷纷打电话，表达自己对这方面的意见和建议。而读者来信，更是堆得让陈宏看都看不过来。北京市的领导，也特别强调要有关部门把《房改纵横谈》调来好好看看，并对其所议内容展开专题研究，启示全市房地产战略规划。

此时，距离陈宏踏进北京电视台，也就将近3个月。

日子到了1993年5月，北京大兴西瓜节，陈宏被派去做两集专题节目。西瓜搭台，经贸唱戏，瓜节一片热闹繁荣景象。央视、北京台以及其他各种纸媒纷至沓来。在一片赞誉性报道中，陈宏的《瓜节喜忧录》上、下集引起了广泛关注。该片既反映了大兴西瓜喜获丰收以及政府和瓜农所做的种种努力，也敏锐地指出大兴产业持续繁荣所存在的隐忧：如产业链的建立、产品的深度开发、科研经费的投入比例及与国外范例的对比等等。片子一播出，大兴政府看了都大呼很受启发。

三月磨一剑，亮剑震荧屏。不久，陈宏就因业绩突出，成为《北京您早》的负责人之一。

随后，陈宏创办并负责了两个栏目。一个是日播专题栏目《社会大观》（这个栏目在1995年分成了两个部分，一部分改版更名为《点点工作室》，即后来北京电视台名牌栏目《七日七频道》，另一部分与当初《BTV夜话》合并为北京电视台评论部主打栏目《今日话题》）。另一个是周播栏目《大社会·新生活》。

这两个栏目共有的关键词"社会"，决定了栏目制作团队对社会的认识和熟悉必须要有相当的广度和深度。而这，恰好是陈宏的长处。多年历练出的那双文学的眼、那颗文学的心、那套文学的思维，使陈宏在有意无意间提前摸到了社会发展的脉搏。于是，历史将要发生的变化，以及这个变化将会给老百姓带来的影响，便成为陈宏主持的这两个栏目的基本定位。

站在这个基点上，《大社会·新生活》第一个系列就确定了诸如"侃价的艺术"、"存款的学问"等7个选题，教人们如何利用"投资三三制"理财、教人们如何与小商小贩讨价还价。计划经济时代，买卖都是明码标价，所以人们也就没有侃过价；手头没有多余的钱，也不知投资为何物。如今，市场来了，一切都在变，人们处于空前的茫然之中。而《大社会·新生活》这些植根生活、来自生活并高度切中老百姓当下生活需求的节目，一下子就砸中了人们的注意力。所以，这个栏目在北京地面一亮相，收视率就节节攀升，并一度超过央视的《新闻联播》，成为北京地面所能看到的所有节目收视的第一位，最高时达到了31.8%。

为了让栏目有不竭的内容资源，受老舍先生每逢星期六就请老百姓喝茶来搜集故事的方法启示，陈宏等一干人，经常到社区、到街道办去召开座谈会，听普通市民的衣食住行、听节目观众的意见和建议。就这样，"民生"的旗帜在陈宏等一干电视人的手中越谱越鲜艳。而他主持下的以民生为基调的电视栏目，当然也是火红非凡。

正是出于对这些电视栏目及其广泛的社会影响力的关注，时任中宣部常务副部长的徐维诚也经常邀请陈宏这样的一线电视人去办公室交流民生动态、社会观点以及社会思潮。一来二去，徐与陈成了共享基层生活动态、共享一线传媒见闻的忘年交。如像《进门要不要脱鞋》等这样的生活小题，都是陈宏在与徐部长的交谈中，由徐部长提出来的。

"一日千里"这个词似乎是专为90年代中期的中国社会打造的。社会的飞速发展，催动着透视社会的电视和电视人的快速发展。当时光之矢行进到1995年，陈宏等扛起北京电视台民生电视之旗的一线传媒人很快就发现，栏目的容量，已远不能满足老百姓对新社会、新生活的资讯需求。建一个专门的频道如何？陈宏和所在团队的"大姐大"江洁红开始思考这个问题。

思考、讨论，再思考、再讨论。不久，一份申办一个"生活"频道的报告新鲜出炉。拿着这份申请，江洁红和陈宏四处奔波，几番起落、几番悲喜，费尽若干周折，这个中国第一个名曰"生活频道"的电视频道终于看到了开播的曙光，不过，此时，已是1996年的11月下旬——距离起草这个频道开办申请已一年有余。

频道的开播，也就意味着开创了中国电视界若干先河（如最先在电视新闻中用特技、最先采用MTV方式播歌曲、最先直播天安门广场升旗仪式、最先组织明星深入基层等）的《北京您早》这根先锋性的藤，在自觉不自觉之间，为中国电视界催生了一个先锋性的瓜，而这瓜的示范性，将是中国电视发展的一个耀眼的节点。

仅靠着汇源果汁给的一堆果汁，江洁红、陈宏等一干人，在没有一分钱、没有任何知名度所以也没有任何广告收入的状况下，白手起家，筚路蓝缕，开始了北京电视台生活频道的创业长征。回忆起当年的艰难情景，陈宏讲起了一件小事，讲完眼里噙满了泪水。他说，筹备生活频道都是大家自个儿垫钱，由于迟迟不能开播，连吃盒饭的钱都成问题了。现在分别是北京电视台和中央新影业务骨干的李贝和李燕，当年毕业前夕分到陈宏手下实习。一天中午，两位小美女采访回来，已是饥肠辘辘，说话都上气不接下气了。李燕很认真地走到陈宏面前："陈老师，我们捡到十元钱，交给您吧！"陈宏很感动地说，傻丫头，快用这钱买两个盒饭吧，正好五元一个。她们不愿意，陈宏让办公室人员帮助订了两个盒饭。

站在年广告收入高达5个亿的今天，回首生活频道不同寻常的成长之路，江洁红和陈宏这些个频道"元老"，也都感慨良多。他们说，当时的生活频道，就是电视新人的驿站，前前后后进入他们团队干过的人，起码超过4000人。今天驰骋电视界的不少有名、知名、著名的"角"、"腕"，也都曾是这4000人中的一分子。

古训有言：不经一番寒彻骨，那得梅花扑鼻香。北京电视台，这个作为电视人陈宏的事业第一站，对他、对他的电视事业可谓重要之极。正是在这里，他完成了从拿笔到扛镜头的转身；正是在这里，他完成了作为一个电视人的基础性训练；也正是在这里，他有了自己在电视业界的"初级群体"，有了此后可谓是取之不尽的业缘和人缘；正是在这里，他感受、体悟、学习了像江洁红等诸多一线优秀传媒人的经验、理念和价值观。而所有这些，也都是成长为一个立体的优秀传媒人的必备品格。

天地之间，民生为大；天地之间，家国为大。提前一步，号准社会发展的脉、家国需要的脉，这是传媒、更是传媒人担当天下兴亡的前提。《北京您早》和生活频道的那些拼搏和折腾，留给陈宏的，其实也就是这些个作为传媒人的价值追求和观念实践。

电视人的独特"长征"

2006年，中央电视台新闻频道启动了播出历时长达一年的大型互动纪实节目——《我的长征》，该节目由央视"名嘴"崔永元担纲制作和主持。《我的长征》占用《小崔说事》的时间，历时长达一年，大约50期。

领队崔永元说："《我的长征》大概分为两块，分别是选手行走的'真人秀'和我带领节目组介绍沿途风景、民俗等。"

小崔说，重走长征路，是他的一个"情结"，"长征沿途的很多地方我都去过，景色秀美，民风淳朴。更为重要的是，长征在很多人心中就是爬雪山、过草地，很壮观、很宏大，但我想讲述一些很生动的故事，突出更多的人文关怀，也算是圆我的一个'长征梦'。"

其实，早在小崔和他的团队扛着镜头去走中国工农红军长征之路的前10年，也就是1996年，已经有电视人这样走过。

这个人，就是时任北京电视台栏目负责人的陈宏。

1996年，中国工农红军长征胜利60周年纪念年。为传承红色岁月中那些不朽的精神，国家要求各级各类媒体因地制宜，以自己的方式纪念这一中国革命史上、同时也是人类战争史上的一大壮举。

曾经是军人的陈宏、心中时常涌动着英雄气度的陈宏，早就读过多次老一辈革命家们对长征的回忆，对毛主席"长征是宣言书，长征是宣传队，长征是播种机"的表述深有感慨。他决定以自己作为一个电视人、一个有着无尽的军旅情结电视人的方式——重走长征路，邀约国际友人重走长征路，来纪念这一伟大的历史事件。

因为，陈宏的心中，一直涌动着一个愿望：用自己的双脚，去真真切切地体会长征，感怀长征，并以电视的方式，记录这种体会和感怀，来呼应抑或是在某种意义上诠释60年前埃德加·斯诺的《西行漫记》。

在陈宏动念用镜头来写长征之前，北京电视台已有包括《长征，不朽的史诗》在内的两部片子开始了创作。显然，如果按照惯常思路来书写长征，已纯属多余。如何别开生面出新意，陈宏几乎没经过思考，就拟出了片子的角度和立意。在他看来，值此东欧剧变之后，我们创作这么一个题材，就必须要有国际视角，要从国际高度、以开阔的视角，把长征作为人类重大迁徙活动来审视。

如何实现这个"国际大视野"呢？陈宏出了一个妙招：在报纸上征集外国年轻朋友走长征路。消息一发出，报名的远比预想的多，经过反复斟酌，陈宏选定了三个人：前苏联乌克兰姑娘尤莉亚、美国青年本杰明、秘鲁学者马丁·桑托斯。

尤利娅，爷爷是前苏联的红军，卫国战争英雄，胸前挂满了勋章。东欧剧变之前，尤莉亚是无忧无虑、心中充满梦想的优秀共青团员。共青团解体之后，她走进了基督教堂，成为一名年轻的基督徒。但她却越发感到生活的苦闷、人生的虚无和渺茫。来中国，很大程度上就是追寻一种信仰。正在北京语言大学学习的她，听说能有机会走长征路，便毅然决然地来了。

本杰明，生长于纽约州一个民政官家庭，地道的纽约青年。每天看《纽约时报》，非常关注人权、知识产权等颇为国际化的问题。来到中国，练就了一口称得上流利的普通话，并因此成了外国专家局27岁的年轻专家。时值西方舆论大肆炒作中国的人权、知识产权、基层干部腐败等等问题之际，他钟情于"要想知道梨子的滋味，就必须亲口尝一尝"的理念，一直想到中国基层社会去走一走、看一看。

马丁，秘鲁文化学者。正以访问学者身份在中央美院做雕塑。对中国文化，尤其是中国少数民族文化的热爱非同一般。听说走长征路，便翻开中国地图细细查对。一查，才知道，长征之路，就是一根红线，把中国璀璨的民族文化的珠子串起来了。

选定了参加人之后，陈宏又和他们一起拟定了各自的长征主题：本杰明《亲口尝尝梨子的滋味》、马丁《我的装满文化的行囊》、尤莉亚《精神之旅》。

1996年9月2日，作为全国为纪念长征60周年而走上长征之路的60多个剧组中的一个，《新西行漫记》剧组迈出了长征的第一步。此时，其他剧组都已结束了长征之旅。陈宏团队，显然是最后一个踏上长征路的团队。

也许上天是有意要让刚准备踏进纪录片之门的陈宏尽快明白此行之不易，团队从北京刚到作为长征出发点的江西，就遇到了麻烦——原来联系好的接头人不接洽。不仅如此，与长征相关的景点也对陈宏一行的到来表示不欢迎。打道回府吧，显然不可能；继续前进吧，又是如此地不受待见！好在天无绝人之路，正在陈宏一行焦急万分之时，刘亚楼将军一个亲密战友的女儿出现在团队面前，并主动答应帮剧组联系相关采访。不仅如此，她还亲自出面，星夜为剧组带路完成采访。

在刘将军战友女儿的大力帮助下，采访很顺利。不过，新的问题又冒出来了：通过这些采访，陈宏发现自己先前准备的拍摄脚本纯粹是纸上谈兵，与实地情况严重不相吻合。怎么办？几经考虑，陈宏果断扔掉脚本，重新构思。如此一来，边拍边思考就成为不得已的选择。剧组的人都说："没见过不带本子拍片子的导演。"靠着这边拍边思考的方式，团队行进到遵义之后，陈宏总算找到了纪录片拍摄的感觉，思路也就豁然开朗。

在他看来，对于长征，绝不只是中国人，尤其是中国军人对之情结深深；一直以来，无数外国人也被长征这个故事、这个话题、这个主题吸引着。这正如一位军事博物馆的专家所总结的那样：许多外国人或许先是带着好奇甚至怀疑的态度来看待长征的，但经过各种严肃的考证和思索后，都成为了长征的赞颂者、崇拜者和长征精神的传播者。

回顾长征的"西传"之路，我们知道，勃沙特的《神灵之手》应该算是第一部向西方世界介绍中国长征的著作。在书中，勃沙特描述了他随红军行军的见闻，表达了他对红军和长征的看法。

在长征的"西传"的著作中，斯诺的《西行漫记》是最为闻名的。作为一部世界上最畅销的书籍之一，《西行漫记》向世界全面展现了红军长征的真相，瓦解了种种歪曲、丑化中国工农红军的谣言。

此外，斯诺的老友、美国著名记者兼作家哈里森·索尔兹伯里的《长征——前所未闻的故事》，运用叙述个人轶事和见闻的写作形式，对中国老一辈革命家和红军将领作了别开生面的描绘与评述，生动而详尽地再现了史诗般的长征历程，并向国外读者提供了许多"前所未闻的故事"，一度引起了全世界的轰动。

中国工农红军的长征，是一部讲述不完的故事。外国人所写的关于长征的著述，还有如史沫特莱的《伟大的道路》，德国王安娜的《中国——我的第二故乡》，美国I·G·埃德蒙兹的《毛泽东的长征：人类大无畏精神的史诗》，英国杭尔德的《向自由的长征》，法国迪皮伊的《毛泽东领导的长征》，日本宾户宽的《中国红军——困难与险峻的二万五千里》，前苏联尤里耶夫的《中国人民历史上的英勇篇章》等等。2002年，英国两个青年李爱德、马普安还在重走长征路的基础上，出版了《两个人的长征》和红色之旅的画册。

　　长征，是伟大的中国工农红军用双脚、用血与火的意志写出的人类奇迹，她深蕴着整个人类最具永恒性的品质，她有一万个理由让全世界的人们以自己的方式去敬仰和敬仰地诠释。

一次体力的长征

在二郎山上，听着嘹亮无比的乡谣，陈宏似乎感受到了当年红军的气息。

遥想红军当年，徒步翻越而今川藏线上拔地千仞、山势险峻、岩涧交错、怪石嶙峋的大山之时，他们该是何等的艰难，但又是何等的豪壮和何等的气魄？也正是有了这种精神和这种精神灌注下的行动，才有了长征的胜利，才有了中国革命的胜利。

"日夜兼程200里呀，猛打穷追夺泸定。铁索桥上显威风呀，勇士万代留英名。安顺场边孤舟勇呀，踏波踩浪歼敌兵。水湍急，山陡峭呀，雄关险呀……"，歌犹在耳，江水依旧。然岁月流逝，物换星移，历史的长河呼啸奔腾而过。

这巍巍雪山之巅的雪水汇集而成的咆哮不羁的大渡河，似乎正是因为经历了无数高山峻岭与陡崖险滩的磨砺，在此呼啸而成真正的勇士，真正的强者。

在大渡河冲天的涛声的伴随下，一行人来到泸定县城。这座紧贴在河沿边、悬崖上的县城，已由昔日红军22位勇士强取泸定桥之时的一个破败不堪的小镇，成长为一座美丽的西部小城。

有关记载显示，泸定桥始建于清朝康熙年间，桥头"泸定桥"的三字匾，是康熙亲手所题。为什么一座相对于北京而言，似乎是远在天边的桥，能惊动北京紫禁城里的康熙？故事还得从公元1700年左右说起。

当时，川西发生兵变，有一个宣抚使在打箭炉（今康定）被杀，康熙命四川提督唐希顺率兵平定。兵变平定之后，为交通便利着计，遂有修建泸定铁索桥之议。桥建成后，泸定成了由川入藏的咽喉孔道和军事要津。

该桥由13根碗口粗、长110.67米的铁链将净跨100米的东西桥台相联在一起。其中，9根铁索作底链，余下的4根分于两边作扶手。底链铁索间的间距0.33米，共宽2.7米，上铺3米长、0.1米宽的横桥板构成桥面。横桥板间隔相铺，犹如窗棂，既减轻了桥的自重，又减少了风的阻力。为方便行走，横桥板中间有一条0.75米宽的主走道板，两侧靠扶手处则各铺一条宽0.2米的走道板。在扶手链与底链之间，每隔5米便用小铁链与底链相联，使桥形成一个统一和谐的整体。桥名"泸定"，也就是泸水安定之意。

而泸定县，也因此桥而得名。

魂牵梦绕的13根铁链，漆黑铮亮的散发着寒光，加上脚下传来的震耳的水声，迈步走上这历史的见证者上，还真得做一番思想准备。战战兢兢走上去，手扶着铁链，一股冰冷感觉顿时贯穿全身。

此时，恰是黄昏，峡谷的风，从大渡河上游白雪皑皑的夹金山吹来，从海拔7500多米、号称"蜀山之王"的贡嘎山顶吹来，撩起一行人的衣襟和发缕，让人感到丝丝的寒意。

时间回溯到1935年的5月29日，泸定铁索桥最辉煌的一天。那一天，每一个红军战士都知道自己不能再犹豫——他们已经没有任何退路。22位勇士，手持冲锋枪，背挂马刀，腰缠12颗手榴弹冒着弹雨、迎着死亡向前冲去。

彼时，他们深深地知道，如果他们退却了，他们的父母、兄弟、孩子将陷入更深重的苦难；如果他们退却了，他们的同志已经流过的血就白流了；如果他们退却了，他们刚刚燃烧起的理想将随着生命的消失而破灭。

于是，他们义无返顾地冲了上去；于是，他们成功了。这成功的背后，就是"长征精神"——艰苦奋斗、不怕困难、不怕牺牲、百折不挠、一往无前的革命精神。

长征已成为远去的传奇，但英雄们创造的长征精神，却已成为人类永不消失的遗产，永不贬值的精神财富。这种精神如黄钟大吕、铁板琵琶。

大渡河奔腾不息，涛声不绝，那是她对英雄壮举的由衷敬仰和深深慨叹。如果一定要说黄河、长江是母亲河，那大渡河就应该是革命的圣河。在她的身躯里，似乎每一朵浪花都深烙着血与火的痕迹，每一声咆哮都飘散着黄钟大吕的韵律。

踏着落日的余辉，走上红军当年走过的路，回味当年的历史，感慨人事的沧桑。看着夕阳下这座美丽的西部小城，心里对长征精神逐渐真实化。知道被誉为"世界军事奇迹"的长征神话不是什么神秘的力量创造的，而是由一种战士们为了人类最美好的事业，以自己的生命创出的奇迹。"长征是播种机，长征是宣言书……"长征的胜利靠的就是一种精神力量。今天，泸定桥早已不再是一座简单的桥，它还成了一种精神的代名词。在我们这个民族的历史上，永远应该有这样一座铁铸的、险峻的桥，来象征一段长长的征程；应该有这样一曲铁板铜琶，来歌唱一部壮丽的史诗；应该有这样一段传奇故事，来激励一代又一代人的情怀和意志。

河流总是奔流不息的，然后它才能够到达大海。尽管它经历了那么多的曲折，它却仍不气馁，勇往直前地向前去。所有与美丽和辉煌有关的人生，亦复如是。

一次文化交融的长征

重走长征路，三个外国青年对中国文化有了进一步的理解。

与陈宏一起走长征路的美国青年本杰明，走完之后对记者讲：

我们走长征路，是了解中国的一个宝贵的机会。爱一个国家就得真正了解它，就应到它最穷、最破的地方，我感到了中国发展中的困难，中国政府在做着一项了不起的工作。沿线大部分都是山区，交通和信息都相当落后，几乎是一个不被人了解的世界。老百姓除了朴实之外就再没有什么了。农业还是处在很原始的操作下，脱稻谷还需要人手工摔打，我还参加了当地的打谷。看到了于都的船工、乌江的渔火和渔民的网箱养鱼。公路是这里唯一与外界沟通的渠道，也是连接各种生产关系的纽带。当地人已经深刻认识到这一点——"要想富，先修路！"我们还参观了遵义华航汽车厂。60年前的红军路经此地时，连草鞋都没得穿，许多战士大冬天还光着脚丫，对汽车他们想都不敢想。如今仁怀县都有了"的士"，只需招招手，就能停在你身边……

当地政府希望用汽车、旅游业带动百业，尽快把政治优势变成资源、市场及经济优势。美国有些人说中国采取专权政治，过去我感到那是很厉害、很无情的东西。可是来到这里一看，有些基本政策，是为了改善人们的生存状况。要发展经济提高人民生活水平，就需要加强与外界经济的来往和沟通。在于都我们专程看了于都的"百报长廊"。

红军的艰苦努力和今天的努力是一样的，他们都是通过不同的方式改变自己的生存状况，都是在用一往无前的精神，来改变自己的命运。只不过是背景不同，一个是红军长征，一个是新长征。在松潘红原县，我们参观了开发的泥煤资源，当年红军征服了草地，现在的人民是第二次开发草原。如果这些贫穷的地方都变成发达富裕的地方，那么就会有更多的人施展自己的聪明才智。经济的灵魂是什么？它不是统计数字，不是数学模式，它是对人们生活行为的一种判断。

西方有些人对中国威胁论很感兴趣，我觉得中国是在发展经济，提高人民的生活水平，让每个人都过上好日子。中国的首要问题是生存和发展，根本谈不上什么"威

《新西行漫记》中的本杰明

胁"别人。西方人对急剧变化的中国不了解,感到中国神秘,既令人好奇,又令人着迷。中国能走多快,中国能走多远,中国人究竟怎么生活,是一个世人憧憬的梦。中国搞好了会成为非常了不起的国家。

为了让本杰明能"尝一下梨子的味道",团队走到贵州桐梓县的时候,陈宏协调当地政府,特地让本杰明代理了一天县长。这个临时县长刚走进县长办公室,一个电话打进来,说县城附近一个地方,因为拆迁,打起来了,让县长去现场处理。这位临时县长立马就去了。到了现场,一大群人一听说是代理县长来了,一下子就奔着本杰明冲了过来,本杰明吓得直往后躲,一下子就懵了。这时,真资格的父母官——当时的县委书记李再勇站上稍高的地方,一声大吼:"只许一个人讲话!"场面立刻就被震住了。李书记快刀斩乱麻地和冲突双方谈话,不到半小时,问题全部解决了。

这一阵子下来,本杰明很是感叹说:"中国基层官员太难当了,也太有水平了!你能当美国总统,但不一定能当中国的一个县长!"

所有这些体会,本杰明在写给远在美国的妈妈的信中,都有不同程度的诉说。那是一个月圆无比的中秋夜,陈宏和他的长征团队在长征路上望月过节。凑巧的是,这一天,恰好是本杰明的生日,他是摄制组成员中唯一一个在走长征路中过生日的一位，但没有吃到生日蛋糕。那天，从赤水河畔的四洞沟拍完片已经很晚，人困马乏，回到宾馆食堂，大家只能借晚饭时机向他表达最美好的祝愿，然后回到住宿的小四合院，把24根红蜡烛插入门前院中的草地上，一一点燃，大家围蹲在一起，任"星星点灯"的烛光把面庞照得温暖祥和，一串千响鞭炮，定格下本杰明24岁生日的欢快场面。

感慨无比的本杰明，抑制不住内心的激动和思念，就给妈妈写了这么一封不短的信。

亲爱的妈妈：

你好，把地图拿出来，我要告诉你我在哪里，我已跟你说过要同北京电视台摄制组一起走长征路，最开始我们从北京飞到江西南昌，现在已在贵州遵义市，红军在这里曾开过一个很重要的会议，确立了毛泽东成为红军主要领导，这是中国红军长征中的一个重要转折点。

作为一个美国青年，这次能走长征路是一个了解中国非常宝贵的机会，你知道我爱中国，就像爱上一个人，应该爱她的方方面面，要真正爱中国，就应该看到她最不好的地方，住在北京不算真正地接触中国，北京只是中国的首都。妈妈，我在江西省接受《江西日报》社一位女记者采访时，跟她说了走长征路的主要原因就是看中国的另一面，很穷很落后最不好看的一面，没想到真正来到这些很穷的地方，山青水秀，层峦叠嶂，沿途山路周围还有许多大小不一的石峰，像站岗放哨的人一样肃穆而立，使我一下子想起小时候，你曾在床边给我读过的一本儿童画书：一个公主被魔鬼抢走了，魔鬼乘坐着云朵飘来飘去，一只小猴子尾随着那块云朵飞到一座小岛，小岛上有人，魔鬼看到谁，谁就立刻变成了石头人，不知道妈妈你还记得那个故事吗？

在贵州，有瑶族、壮族、侗族、苗族等好多民族聚居在这里，我们在沿途看到一些经济发展好和不好的情况，我感到中国政府真正面临着很困难的工作，中国政府在做一件很了不起的事情，因为这里大部分人不了解外面的世界，交通（教育）和信息网络还很落后，整个农业从耕种到收获操作过程还是很原始，比如脱稻谷，有的地方至今还在用手工摔打，我也试着摔打过，那活儿十分累人。公路，是与外界沟通的主要渠道，也是连接各种生产关系的纽带，中国政府和当地人们已经深刻地认识到这点，我坐的汽车经过许多坑坑洼洼的路面，大多都在修整和拓宽，有的由石子路改建成柏油路，有的由柏油路变成水泥路，一路上时不时可以看到劳作的修路工人和收费站在征收修路资金，每次征收2元到10元不等，看样子是取之于民用之于民了。我还看到许多路边标语，比如"要致富，先修路"、"发展才是硬道理"。以前很多方面，我感到中国政府采取一种专权主义，一种很厉害无情的东西，可是走了这些贫穷的地方以后，看到中国政府的基本政策是为了改变人民的生存状况，更加实际地发展经济，提高人民生活水平，加强与外界经济往来和信息沟通。

我在江西于都还看到一条60米长的"百报长廊"，报纸由中国189家报社免费寄来，让当地人们每天免费阅读，从中捕捉致富信息，了解各种动态。在我看来这是一处很好的信息集散地。我的同伴尤利娅还采访了井冈山的一户农家，这家人把15岁的女儿送到中国大城市上海给人当保姆，"不是为赚钱，而是要孩子增长见识"。这些究竟与红军长征精神有无关系，我不知道，但有一点我深切地感受到，当年红军艰苦卓绝地不懈努力和今天这里人们所进行的不懈努力是一样的，他们都是在通过不同方式改变自己的生存状况，只是年代不同背景不同罢了，一个是旧长征，一个是新长征。有人对中国威胁论很感兴趣，我只是觉得中国必须发展自己，提高人民生活水平，人们需要摆脱贫困的生活。我真希望对中国感兴趣的人到中国的西南部走一走，看一看，才有深刻的认识，因为中国有一大批人特别穷，他们除了善良、朴实外，只有穷了，我去过的全州东山乡瑶族农民年均收入才200至300元人民币，对这样一批人来说首先是解决他们的生存权，没有生存权就谈不上其他权利。所以，这次有一件事我很幸运，我更客观地了解了中国国情。如果这些贫穷的地方都积极地发展经济，这里的人都有机会施展自己的聪明才智，如果搞好的话，中国会变成非常了不起、非常强大的国家。要不然，有很多独特的少数民族文化就会丧失、受到冲击，中国会变成另外一个很拥挤、污染特别多的国家，是一个喝可口可乐、吸万宝路烟的"中国"。

妈妈，当年参加长征的人很像现在贫穷村里看到的人，纯朴、善良却过不上好日子，我发现参加长征的大部分人跟红军走是因为没有饭吃想提高生活水平，这种情形在中国历史上有过多次，比如穷人受不了压迫，发动农民起义，这点和参加红军是相似的。不一样的地方就是长征中，中国共产党领导红军推翻封建社会，消灭地主，把土地分给穷人，让农民拥有管理自己土地的权利。我觉得中国下次革命，不是一种暴力的起义，而是一个渐进的社会改良过程，我很想看到中国这些贫穷的地方发展富裕起来，但不想看到发展以后到处是塑料袋被风刮起来和乱扔的可口可乐罐，到处是污染现象，呈现出一种破坏性的发展，所以中国政府要注意污染。我觉得中国政府有两条路可走，一条是可以从西方人的错误中吸取经验教训来发展自己，走一条适合自己发展特色的道路。另一条，搞巨大的工业化和所谓的现代化发展，造成环境污染，变成世界的噩梦。我不知中国政府最终会走哪一条，但有一点，我觉得杨教授讲的关于当年红军长征中的"李德的故事"是很有启发的，那就是中国的事情只有中国人自己来解决。

　　妈妈，今天是中国传统节日中秋节，有点像我们的感恩节，应该全家人团聚，所以今天我比平日更加想你，中国有句"每逢佳节倍思亲"，我希望你身体健康，过得愉快，希望你还在接着写作。

爱你的儿子

1996年9月27日

　　而秘鲁青年马丁，说在路上他看到苗家的推磨、打糍粑、做豆腐、喝匝酒、苗家老人的长烟杆，以及苗家女的刺绣；到瑶家劝酒，瑶女的劝酒歌。瑶家酒席上有另一种女人，劝酒的歌声淳美，她绝不同于都市里酒桌上的女人。淳朴的民风就像是一瓶

在《新西行漫记》拍摄途中马丁·桑托斯（第一排右四）与当地少数民族居民成了朋友。最后一排居中者为美国青年本杰明，右二为尤利娅

没开封的老酒，时间越久，酒味就越醇香。在苗女的服饰表演中，在苗女的台步中，已经看出了现代模特的影子。在她们转身亮相的一瞬，他已经感到了现代派的影响：当地人不愿穿自己的民族服装，觉得太麻烦了。他觉得这些宝贵的少数民族文化有的在萎缩，有的已在丧失，要保护这些珍贵的东西……

在大同古镇，他看到人们过着从容的日子。现代人不是很想回到这种民风淳朴的世外桃源吗？他还随着弹棉花的旋律跳起了舞，和大同镇上的老船工聊天。他问老船工，如果你到大城市里，没有水，也没有船，你愿意去吗？老船工当然不愿意离开他的船，更不愿离开他熟悉的水。人们和水土有一种说不清的感情。世界上的土看起来是一样的，但文化却不一样。

在红原的篝火晚会上，他们三个"老外"和藏民跳起了舞。76岁的老红军罗尔伍12岁就参加了红军，因腿负伤掉了队，走不动了，就留在藏区。由汉入藏的他，现在连汉话也不会讲了，妻子是藏民，到此定居61年，有了儿子，也有了孙子。他有一张内容无比丰富的脸，60年的岁月沧桑在他脸上留下了痕迹，像老墙上的裂缝……与他对话，需要藏族少女来翻译，女孩子是在新时代的教育下由藏入汉的，这正是藏汉一家的典型。在后来片子的剪辑过程中，亲自指导陈宏剪片的司徒兆敦老教授在选择素材之时，就被这位藏族少女的声音深深迷醉。老人家说，他拍片多年，从未听到过如此干净、如此纯美的声音。

马丁说，文化的核心就是人。不同家庭，不同的文化。红军带来了革命文化，像一条红飘带将一颗颗珠子般的少数民族文化紧密串起来。他觉得要爱自己的国家，首先要爱自己的文化，不爱自己的文化你又怎能爱别人的文化呢？他感到要抢救和保护少数民族的文化，这也是世界性的问题。拥有文化比拥有金钱更重要，千百年来积淀的文化可以帮助我们穿过世纪的风雨，而金钱不能。这个民族的文化的本质是什么？就是一种百折不挠的精神，这和当年红军的精神是一脉相承的。

陈宏很喜欢马丁·桑托斯，说他是一个非常性情的人。虽然，他不懂中国少数民族语言，但他总能在最短的时间与沿途各地少数民族的兄弟姐妹们亲密起来，这一点，剧组的所有人都不及他。在黄帝陵、轩辕柏前，在祭祀之钟的轰鸣声中，他说，中国太大了，东西太多了。爱中国就爱她的传统文化、民族文化、革命文化……。

走长征路让他明白，要想真正了解文化，你必须了解人……

一次精神的长征

　　一起重走长征路的乌克兰女青年尤利娅，她信基督教，她来中国留学，像一只小鸟从动荡的前苏联出来，似乎逃避着什么，也在追寻着什么。

　　陈宏的采访手记，曾这样描述道："长征路途中，她一路走一路在追问，追问生命的价值。这既是一个基督徒的追问，也是世纪之交风云变幻中的一代人的追问。长征，给她满意的回答了吗？当尤丽娅走完长征路，《延安日报》的记者在宝塔山下采访她时，她的回答是令人欣慰的。"她说，长征告诉她，人生应当有远大理想，只有在远大理想的照耀下，生命才能发出光彩夺目的光辉；生命应当经历苦难，苦难成就人生；人应当有集体主义观念，一个人只是一滴水，只有汇集到一起，才能形成生命的洪流。她说这三点是变幻动荡世界中的"确定因素"，是长征给她最深刻的启示，有了这个认识，就能建立起对自己的信心……

　　尤丽娅的爷爷曾是苏联骑兵团的红军。在江西于都河畔"中国红军长征第一渡"纪念碑下，她曾对《江西日报》的记者说，她走长征路，还要看一看、比一比中国红军和苏联红军的同与异。那是两个伟大时代两个伟大军队的同与异。

　　在奔赴长征路的过程中，摄制组每个人的心目中都留有"余地"，保留着自己最美好的记忆，并且相约若干年后故地重游，或者离群索居时，必来到各自早已预定好的世外桃源安度晚年。有人把赤水河上游竹林茂密、各种奇树郁郁葱葱的四洞沟风景区定为理想的休身养性之地；有人想到贵州仁怀市定居；有人对湖南的郴州市和江西的井冈山市心驰神往。虽然这些地方没有鳞次栉比的万丈高楼，也没有百万汽车环行城郊，但绿化优美的环境实在叫人处处享受到爽心悦目的生活乐趣。唯独尤丽娅对四川高原的藏区产生了神奇的眷恋，当摄制组汽车穿越缺氧的雪山长驱直入四川红原县（红军经过的草地）以后，每天领略草原、牦牛、羊群、远山、蓝天，进出藏房、喝酥油茶和与穿戴厚重的藏民交谈，令尤丽娅异常兴奋："真想永久在这里生存下去。陈导，你帮我找个支教的工作吧，义务也行！"她说。美丽的尤丽娅，她的祖先是吉普赛人，所以她身上似乎总有一股桀骜不驯的气质。

重走长征路，给了她切切实实的精神震撼。她问过老船工，茅草铺老人，问沿途老乡，问江西的老表，还问过当年的老红军，想找寻一条精神永恒的支柱。她还试图向佛门寻求真谛，向湘山寺老尼求解，让基督与佛交流，结果还是有些茫然。

当陈宏带领几个青年来到遵义红军坟后，尤利娅才感到有些顿悟。当地人要是病了，就来求红军菩萨的保佑；当地富了，成了亿元村，就说是红军菩萨显灵了。红军坟埋的是一名红军卫生员。当年他为给群众治病，而被反动武装杀害。他是红一军13团二营的卫生员，名叫龙思泉，可60多年来当地老百姓就叫他小红，人们都以为她是女的。小红是男是女，已完全不重要，红军魂魄早已融化成当地人日常生活的一部分。在中国民间，这种传说很多，妈祖、观音都是这样的典型。

尤利娅后来说，崇拜是一种心境，崇拜也是一种感情，老百姓就是用他们最习惯的方式，表达他们对红军的真情。60年后他们烧香，100年后他们还会烧香……谁在这儿说话，像风。谁在这儿低语，像雨。谁在这里思索，像云雾，让人捉摸不定。在红军塑像的眼神里，总有一种无法描绘的东西……

尤利娅认为，长征给人的启示很多。人应当有牺牲精神，只有这种精神才能达到永恒，或许这就是当代人最缺乏的。人生应当有远大的理想，生命应当承受苦难，苦难成就人生。一个人只是一滴水，只有汇到一起，才能形成生命的洪流。

"这才是跨世纪之际青年所最需要的。"陈宏不无感慨地说。

对这几个老外而言，陈宏带领下的这次长征，无疑是一次精神的长征。

长征队员们爬上了雪山——四姑娘山，在4600多米的雪峰上，空气稀薄，天风怒号，经幡飘舞，心灵似乎还是在发问，问地，问天，问雪山！站在这雪峰上，心直接能跟大自然交流。脚踩雪山，冰层深处可能还留有当年红军的行迹，头顶蓝天，他们感觉到了天空的博大与空灵。

陈宏说，正如几位外国青年所说，那次长征对他自己的心灵震撼也是空前的，让他坚定了在电视界干出一番事业的想法。

这一点，和陈宏一起踏上长征之路的美女作家周晓豆在她的散文集《自从有了你》中，有专门的篇幅来写这次长征中的陈宏。在这位美女作家的眼里，这次长征，之于陈宏，同样是一场难得的历练。她在文章中写道：

一路上摄制组的人都看着陈宏行事，受他支配受他影响受他鼓励，他坚定大家就坚定，榜样的力量是无穷的，他若不坚定，别人有了苦衷就无处可诉，无处可诉无人承受就没有了凝聚力。所以，摄制组里要说最少流露个人喜怒哀乐，最多关心他人冷暖痛痒的一位必定是陈宏。彼此之间产生了不能排解的矛盾，都交给陈宏看着办；拍片面临困难，陈宏牵头排除；放弃从北京带来的脚本以后，每到一处，对编导就等于到了一个新的考场，拿不出新的拍摄意图，就不能提高拍片效率；关键时候还得看陈宏如何调动三个老外和全体人员的积极性和参与意识。这些似乎都是陈宏分内的事，谁也不能代替这个既是"带头人"又是编导的他。

在摄制组，有四种文化背景的人在两个月里朝夕相处，个别人原先并不是自觉自愿加入的，有的是经北京电视台王惠副总编做过思想工作，有的是陈宏的朋友，想真心实意帮他一次。所以要真正统一思想和行动，也是不可能的。而陈宏自接受了《新西行漫记》编导任务后，推掉或推迟了其他拍片任务，他曾说过："沿长征路拍片，这样的机会恐怕一生不会再遇到，我不能错过。"为此，一路上他比任何人早起晚睡，比任何人压力大付出多。片子最终如何显山显水，归根结底检验的是他的编导水平和组织领导能力。而人们多是忽视过程只看结果的。

至于他和大家相处的细节我在其他章节里有过描写，下面再做些补充。

陈宏在内蒙古大草原当过几年兵，同他吃饭，同他走路，谁的速度也比不上他快。摄制组大多数聚餐，陈宏吃饱肚子就走人，就像不会细嚼慢咽，不会享受美味佳肴似的，谁也奈何不了他那在部队就养成的分秒必争的习惯。虽然摄制组里曾有人私下对我说他：没有个性，耳根弱，易随波逐流。而在我看来，他是大智若愚，任何人可以在他面前哭笑，得到他的宽怀以待；任何人可以在他面前居高临下指手画脚，但如果是损害摄制组利益和人格的指手画脚，他绝不会沉默以待，他的骨子里有一份尊严，也有一份对事业的庄严。拍片中，当个别人之间矛盾激化，发出有他无我的警告之后，通过做工作，息事宁人，他能使他们仍然以大局为重，没有影响到拍片过程。在成都，他主动放弃自己的制片管理权，集中精力用于创作和编导，这是他将集体利益置于个人利益之上的表现之一。也是在成都，当他同王惠副总编接通电话后，竟然热泪盈眶，差点诉出苦衷。这一幕他对谁也没有说，我知道他曾有过这份激动还是半年以后出差去北京见到他闲聊，追忆拍片生活时得知的。可见那时候有多少事集他一身，他能倾诉的人也只能是年长他几岁的王惠副总编辑，而他在电话中又绝不是那种滔滔不绝失去自制力之人。

在走长征路时，因为各做各的工作，我跟陈宏接触很多却交谈很少，但我知道正是他的邀请和坚持，我才打定主意：无论如何要走完长征路。我是他毫不动摇的跟随者，也是他的支持者。我默默地努力做了力所能及的事务，以此回报他给予我的机会和信任。

还值得一提的是回到宁夏以后，我将自己拍摄的几卷胶片扩印出来，前前后后的陈宏变化太大了，江西时的陈宏皮肤白净意气风发，草地上的陈宏满面风霜藏民一个。这其间隐含着多少酸甜苦辣，只可意会不可言传。

1996年11月6日，带着一路风尘，陈宏一行回到了北京。

为了不负这次"长征"，陈宏反复告诉自己，一定要让拍摄的这些素材物尽其用。不过，对纪录片还只是初入门的他，能胜任吗？这个问题，对其他人也许还真是个问题，但对善于学习、善于变通的陈宏，并不是个问题——他决心找个高人来指点，自己则老老实实地当一回学生。

凡事最怕有心人。带着这样的心思，陈宏找到了有"中国纪录片之父"的司徒兆敦。

司徒兆敦，北京电影学院教授，1964年毕业于北京电影学院，长期从事故事片、纪录片导演和教学工作。

本来，陈宏只是想请司徒老师做自己的艺术指导，但热心之极的司徒老师，总是一边指挥，一边亲自上手干。他手把手地教陈宏，这个片段该怎样剪，为什么要这样剪；那个声音该怎样接，为什么要这样接；哪些该快几秒，哪些该慢几秒，为什么要这样……。时值北京的冬天，外面冰天雪地，地下室也并不暖和。司徒老师每天一大早就从电影学院骑车到地质大学地下室的机房，指导陈宏剪辑。中午总是和剧组一起吃盒饭。

"和司徒老师一起干活，一点儿也不觉得累，他老人家幽默风趣，奇闻异事很多。"至今回忆起这些往事，陈宏依旧甚为动情。

辛苦了两个月，陈宏在司徒老师的指导下，将所有路上的素材，剪辑成了一部10集的电视纪录片，每集20分钟。

这是他第一次完成这么大规模的纪录片创作，他甚至是在不知道什么是纪录片的前提下完成的。但他心里知道，经过这次长征的洗礼，他冥冥中会和纪录片挂上关系，虽然他当时还未多想，这种关系可能是一辈子。

功夫不负有心人，陈宏用双脚和汗水创作出的这部片子，在北京电视台播出过后，轰动程度大大出乎他的意料。英文版很快在欧洲数国播出，引起巨大反响。

著名的军旅作家李西岳在观看完纪录片《新西行漫记》后，在《人民日报》发表评论，激动地写道：长征作为中华民族的悲壮之举和全人类的精神财富，已经成为60多年前的历史了。60年间，纪录、再现、讴歌长征精神的影视作品几乎很难作出准确的数字统计，在"长征热"的浪潮逐渐退却之时，北京电视台却异军突起地推出10集纪录片《新西行漫记》。令观众欣喜和快慰的是，该片用来自不同国家的三个外国人的眼睛看长征60年以后的中国，在中国人与外国人、历史与今天、人类与自然、民族文化与长征精神的结合点上，从人类的生存环境、人们的生活状态以及全人类发展的角度来表现今日长征，以寻找人类共同的精神土壤。

《新西行漫记》随后获北京市春燕杯奖，国务院新闻办、广电部"彩虹奖"。

一个电视人为纪念长征60周年的"长征"结束了，但陈宏在电视纪录片之路上的长征才刚刚开始，一部部恢弘绚丽的、饱含英雄气韵的电视纪录片，正在这条"长征"之路的正前方，向他招手示意。

电视史年度大事

1996年以小博大：凤凰卫视中文台成立

关于凤凰，《辞海》的解释是：古代传说中的鸟王，象征吉祥美满。其形据《尔雅·释鸟》中记载为鸡头、蛇颈、燕颌、龟背、鱼尾、无彩色、高六尺许。

传说终究是传说，人们对"有凤来仪"的美好想象也只停留在想象的虚幻之中。然而，1996年3月31日，"凤凰"真的来了，栩栩如生，光彩怡人。这就是展翅飞翔在世界华人圈中的凤凰卫视。

凤凰卫视的前身是卫星电视台（STAR TV）。这是1991年香港卫星电视公司开办的第一个泛亚电视台，由李嘉诚创办的长江实业集团下属的和记黄埔负责经营。1993年，传媒巨鳄默多克以5.25亿美元购得了香港卫视63.6%的股权，1995年再买下其余股份。到1996年，香港卫星电视公司与刘长乐的"今日亚洲"和陈永棋的"华颖国际"三家联合，创办了凤凰卫视有限公司。

1996年3月31日，凤凰卫视伴随公司的成立而同步启播。

我们现在所看到的凤凰卫视台标，是耗资30万美元专门聘请美国设计师制作的。仅此一点，我们就完全可以说凤凰卫视是中国电视媒体中较早具备完整包装识别系统的频道。

凤凰传说，是凤凰卫视精神的原动力，凤凰飞翔于百鸟之首，以其坚韧的斗志而著称，浴火而重生。凤凰卫视台标由一对金凤凰的抽象线条组成飞旋的圆形，将凤凰理念化、平面化，使凤凰成为其品牌形象，向世界传播中华文明的人文理念精神，形成了鲜明的风格特色和视听魅力。

成立之初，凤凰卫视将自身定位在为全世界华人提供高质量的华语节目，它以"沟通两岸三地、团结世界华人"为宗旨，既将历史悠久、博大精深的中华文明传播给世人，又帮助所有同一血脉的同胞认识这个纷纭复杂、多姿多彩的世界。

时代似乎特别青睐这一只华人世界的吉祥鸟。

在香港这个中西方文化大碰撞的地方，凤凰卫视横空出现在人们视野里，一方面占据着国际大都市的地利，另一方面迅速进入中国内地，依托这个华语文化的传统家园，成为连接中国和世界华人的桥梁。

早期，凤凰卫视首播时间在8小时以内，而自制节目不到1个小时，其他节目内容都是靠购买而来，处境十分被动。当时，主要的自制节目如《相聚凤凰台》、《人间万象全接触》等，都是一些缺乏冲击力的栏目。所以，业内人士普遍认为，凤凰卫视

凤凰卫视演播室

充其量只是一个以娱乐为主辅以时事资讯的"中文娱乐台"。与本土电视台相比，因为形象的不清晰，便被迅速淹没在如香港翡翠台、香港无线电视台等娱乐电视台中，建台之初豪言变得空洞，公共影响力也乏善可陈。

台长刘长乐很快关注到了这一点，而图变的想法也一直在酝酿之中。深谙公关之道的他，十分清楚凤凰卫视初生的尴尬。在他的带领下，凤凰卫视创办第一年中，转播了几个大型颁奖典礼和晚会，如1996年第十五届香港电影金像奖颁奖典礼，1996北京国际电视周闭幕晚会等。除此之外，刘还积极寻求与内地有实力的电视台进行合作，共同制作高质量、合胃口的节目。通过这些方式，凤凰卫视的出镜率大大提高。与此同时，凤凰卫视还积极培养了一支强干的年轻队伍，这一支队伍在日后凤凰卫视的转型中成了中流砥柱。

1997年，两件大事改变了世界与中国的格局：邓小平去世；香港回归。

1月，凤凰卫视在香港及亚太地区首播了12集大型文献纪录片《邓小平》。播完不久的2月19日，一代伟人邓小平逝世。刘长乐敏锐地抓住了这个机会，从当天开始，一连七天直播报道内地及香港人士悼念邓小平的情况。而有关对邓小平的正面评价和客观真实的立场，为凤凰卫视的脱颖而出创造了良好时机。

这次事件，姑且算作凤凰卫视转型的一次试水。随后而至的香港回归报道，最终成就了凤凰卫视的华丽转型。刘长乐深知，凤凰卫视若要获得影响，就必须靠立足两岸三地的新闻立台，用时事报道和评论来吸引世界华人，让他们彼此相互认识和了解。

1997年7月1日，香港回归祖国。凤凰卫视派出了多支摄影队伍，从空中、地面等全方位出击，吴小莉、窦文涛等年轻队伍中的佼佼者，40个小时不卸装，"60小时播不停"，凭着超人的毅力和精力，终于在时事类报道中初显峥嵘。

在香港回归事件中的优秀表现，使凤凰卫视赢得了超乎预计的掌声。不仅如此，凤凰卫视年轻的新闻队伍也借这次机会积累了对重大新闻事件全方位报道的宝贵经验。当然，转型还在进行中。戴安娜王妃葬礼、江泽民访美、克林顿访华、1998年抗洪救灾，凤凰卫视的新闻队伍都冲在了事件发生的最前线，表现可圈可点，获得了观众和业内人士的高度认可。

1999年5月，突如其来的使馆事件成为凤凰卫视的转型的强大推手。

事件一发生，当人们的目光全都聚焦在央视报道上时，赫然发现，在中文媒体中，还有比较独家的报道形式：直播加现场即时新闻分析——这，就是凤凰卫视。对此，有人评论说："在这个事情发生后，凤凰就知道接下来怎么做新闻，就是重点加入实时分析的内容。"

到"9·11"的时候，很多内地观众便养成了一有突发事件便锁定凤凰卫视的习惯，多年的"补缺"定位终于小有所成。

2001年1月1日，凤凰资讯台正式开播，开创了华语电视新闻频道的先河，也标志着凤凰卫视从启播之初以娱乐为主到以资讯为主格局转变的完成。最早的那一批新闻队伍也经历了大换血的时期，目前从中形成了一支由8人组成的凤凰卫视评论员队伍。凤凰卫视采用打造明星的方式来包装他们，并为他们量身定做了适合他们的节目。

这8个人的名字，也是大家耳熟能详的。

风云名嘴阮次山，凤凰卫视资讯台总编辑兼首席评论员，当年刘长乐三顾茅庐才将他招至麾下，主持《新闻今日谈》和《风云对话》。

大话先生马鼎盛，与董嘉耀一起主持《军情观察室》，点评最多的是两岸军情和中美军情。

理性文人邱震海，他的时事点评一般针对日本、欧洲问题，这和他早年留学有直接渊源。著名节目是《震海听风录》。

除此之外，还有读报老头杨锦麟、名门之后曹景行、针锋相对何亮亮、港市书生梁文道以及个性主编吕宁思。每一位评论员的风格独特，就像明星一样，在凤凰卫视这个舞台上尽情地展现属于他们自己的风采，而凤凰卫视也依靠着这些明星主持，将自己的影响力和知名度提升到一个更加全新的高度。

在转型进入上升期间，凤凰卫视曾委托权威的调查机构进行了一项凤凰卫视观众的收视调查。结果显示，凤凰卫视在亚太地区有3854万户收视户，相当于1.5亿收视观众，而其中内地就占九成以上，在港澳台地区分别拥有43万、4万、30万的收视户，在东南亚地区的收视户也有一个良好的成绩。

如果将凤凰卫视的成功转型视为一次涅槃，那这个"涅槃"对所有的电视媒体和电视人都是意味深长的。

敢于从自我否定中闯出一片天地，这是"凤凰"精神的一大实质；站在国际高度做足本土需求，这是"凤凰"理念的一大核心——作为凤凰领头人刘长乐的朋友，陈宏如是说。

1997年直播魅力：香港回归电视直播

1984年7月，英国外交大臣杰弗里·豪访问北京，与中方讨论香港回归的问题。这一历史遗留问题自此被正式放置于中英关系的议程当中。

同年9月，双方代表团就全部谈判达成协议，至此长达两年的中英谈判圆满结束。

3个月后，双方正式签署《中英联合声明》，声明确定：香港将于1997年7月1日正式回归祖国。

自此，亿万炎黄子孙翘首以盼，期待见证这一历史盛况。

随着时间的一天天临近，这一事件也日益成为世界媒体瞩目的热点，并将成为20世纪末世界范围内最重大的新闻活动之一。尤其是作为传媒东道主的中国媒体，更是瞄准"香港回归"这一题材，紧锣密鼓，排兵布阵，期望能够在这一盛会中展现东方中国的传媒风采。

1997伊始，中央电视台就投入了大量人力、物力，做了精心的策划和准备。

香港回归倒计时100天，央视播出了《香港知识大赛》，并在《新闻联播》中开辟了弘扬爱国主义和民族精神的系列报道；《中国新闻》推出百集系列节目《香港百题》，围绕邓小平同志"一国两制"的伟大构想，以全新的视角，翔实丰满的材料和权威人士的解答，回答海内外观众最为关心的香港问题。除此之外，《香港百题》还同时在《英语新闻》和《粤语新闻》栏目中播出，并被译制成多种外语版，供外国媒体使用。

倒计时60天，央视播出大型纪录片《香港沧桑》下部。《新闻30分》、《东方时空》、《焦点访谈》、《新闻调查》等栏目也从更深层次角度陆续报道了这一重大历史事件，细心地烘托出了香港回归的欢庆气氛，也在潜移默化间阐释和演绎了香港回归的历史和现实意义。

对于媒体而言，香港回归无疑是一次世纪新闻大战。全球共有近800家新闻机构参与其中，记者人数也超过8000人，阵容之庞大，也是20世纪绝无仅有的一次。

作为中国电视龙头，央视率先以临战姿态来对待这场新闻大战。人员安排上精挑细选，频繁召开誓师动员大会，从精神上聚合了整个团队的力量；装备上则是铆足了劲，共投入电视车11辆，摄像机200套，录像机250台，卫星转发器11个，直升飞机3

架，多媒体设备11套，另有大量的字幕机和通讯设备，并在会展中心7楼租用了最大的演播室。如此大规模地投入，在央视历史上也是空前的。

世界其他主要国家也不示弱。日本的记者队伍最为庞大，总数达到1319人；美国记者列第二位，人数为1030人。

美国几家主要电视广播网都派出了强大的采编阵容，最著名的几位晚间新闻节目主播也随队而来，并在各自的现场报道节目中大显身手。"这是历史性的重大事件，绝对不能错过。"美国有线电视新闻网的一位记者如是说。

回归事件的另一当事国——英国，派出了700多人的记者团参战其中，用路透社亚洲新闻总编的话说，之所以如此重视，是因为"香港回归是中国发展壮大的一个重要组成部分，无论从政治角度还是从经济角度，这都是一个极其重要的新闻"。

日本广播协会组成了一个50人的特别报道组赶赴香港，并专门购置了一套先进的卫星通讯移动系统，直接将信号从采访现场发射到卫星上，可以覆盖到欧亚两大洲，目的也是为了占领这场新闻大战的制高点。

作为本土代表的香港四大电视媒体——香港电视、无线电视、亚洲电视以及有线电视，破天荒地携手构筑集团军，组建了"电视转播联盟"。这个"联盟"共动员了技术人员300名，设立26个转播点，同时向全球播发交接仪式以及相关活动实况。后起之秀凤凰卫视，也在这次新闻大战中不甘人后。他们聘用了世界著名的直升机机械师和中国首席空中摄影师，租用了两架直升飞机，从空中全程跟踪报道香港回归的整个过程。

时势造英雄。

这场新闻大战，对以央视为代表的中国电视而言，无疑是一次难得的机遇和挑战。唯有非凡的魄力和严密的组织，才有可能在这场战役中脱颖而出，成就全新的形象。而央视出色地完成了这一特别报道任务，向中国和世界递交了一份满意的答卷。

从6月30日到7月2日，央视进行了长达72小时的实况报道，多角度多视点地展示了香港回归的全部过程。

在直播报道结束后，时任副台长的李丹的一番话又恰如其分地说明了一个后续性的问题："如果一年365天都能办成这样的节目，中央电视台就会成为在国际上有重要影响的世界级大台，就能与CNN这样的世界新闻大台一争高低。到那时，中国的对外宣传就可以说是成其气候，就会彻底改变世界传媒领域中西强我弱的局面。"

央视在这场大战中取得的胜利，并不如想象中的那样轻松和自信。相反，央视的胜利是艰苦和来之不易的。它的胜利，一方面说明举国体制的优势，另一方面也暴露出和国际大台的明显差距。美英日等传媒强国，都拥有属于自己的新闻频道，以及成熟的新闻播报机制。反观央视，虽然力量十足，占尽天时地利人和，但效力却不是百分百展现出来的。这次世纪报道，央视首次尝试设立了新闻频道，这是符合世界电视新闻发展趋势的，不过由于经验不足，仍捉襟见肘。但成功的尝试和呈现的不足，总是同时存在又不得不分开看待的。央视在这场战斗中的表现，除了可给以褒贬之外，从深层次看，也暗示出中国电视新闻发展的一些必然的趋势。

要成为一个国际性大台，光靠内容也不一定能够制胜。

这次央视之所以在香港回归报道中大爆冷门，一个重要的原因便是它前瞻性的内外并举。在这次盛会中，央视中文国际频道和英语频道强强联合，齐齐出手，取得了不俗的成绩。海外转播央视节目的电视超过百家，更有许多海外电视台将72小时中文国际频道和41小时英语频道全程实况转播，就连美国CNN等都转播了央视英语频道节目。据统计，在海外共有54个国家和地区的125家电视台全部或部分播出了央视中文国际频道和英语频道的2170小时节目。这一组了不起的数字，标志着中国电视首次全面、直接深入到海外的主体社会。

不过，在这场盛会中，央视记者首历大场面的青涩和无措也表现了出来。6月30日下午，驻港英军在添马舰上举行最后的降旗仪式。不知是解说词未背熟还是临场紧张，现场记者解说得十分不流畅，而且镜头长期定格在主持人身上，没有拉到降旗仪式现场，远镜时间也过多过长，直接导致同样作为历史见证人的广大电视观众无法全面完整地观看整个历史性过程。又如第二日中国驻港部队与英军在添马舰营区实行防务交接的历史性时刻，央视录播了几个镜头，接着便转到查尔斯王子一行抵达码头准备离港的镜头。就意义而言，这一组镜头所表现的是殖民主义从香港撤退的象征之举。但令人遗憾的是，直播中只扫了几个恍惚的近镜头，并没有将镜头的张力打开。而主持人的解说词也成为了一抹败笔，因为在面对查尔斯王子一行离港时，主持人竟然无言以说了。

在这个传播高度国际化的时代，新闻也是外交。我们不要求所有的电视新闻人都是外交家，但有外交的视野，外交的观念也确实是必要的。对此，如果我们能把陈宏《新中国外交》这部纪录片中关于香港回归的相关片段，与央视这次尝试性的大型直播的活动进行参照式"阅读"的话，电视人，尤其是电视新闻人，一定会有不一样的收获。

第二篇 大吕黄钟 (1998~2003 年)

哲人张载有言:"声音之道与天地通，蚕吐丝而商弦绝，木气盛则金气衰，乃此理自相应。……律占有可求之理，惟德性深厚者能知之。"

在人生沉醉于缱绻之时，我们需要火炬般的豪放来点燃生命的激越；在社会漫溺于浮薄之时，我们需要遏云穿石的大吕黄钟，来唤醒我们内在的神圣和斗志。

神圣，或者永恒，是一种仰望之态的人生寄托。它使我们感怀时空的浩瀚，并从中学会敬仰和超越。

人生不能稀缺信念，社会、国家和民族不能稀缺神圣。

大吕黄钟，就是一面神圣的旗帜。

时代的举旗人，面对地平线之外的远方，夸父一样地走着，走向神圣，走向超越。

跨世纪的纪录片

1998年，中国人已经开始清晰地听到了"地球村"里的鸡鸣犬吠。对于那些嗅觉灵敏的人来说，"互联网"已经不再是一个科技名词，国外的一手信息可以很快到达中国普通公民的手中。此时，对于国外电影的了解已经不是少数讨人嫌的"文艺青年"的专利，三年的大片薰陶已经足以使中国观众看出当年引进的《失落的世界》不过尔尔，《活火熔城》、《战地浪漫曲》、《喋血巡洋》、《十万火急》和《蝙蝠侠和罗宾》只是一堆杂物。然而正是在这个大片全面褪色的年度，《泰坦尼克号》使中国观众体会到"环球共此凉热"的美妙滋味，而这部影片的票房创造了分账式引进大片的高峰。当然，我们知道，对于波动的市场来说，"高峰"并不是一个特别吉利的词汇。

在这一年，冯小刚推出了他的贺岁片处女作《甲方乙方》，开创了中国商业电影的一个成功模式。在这一年，曾经是新的东西迅速陈旧，而更新的东西正在悄悄冒头。

1998年，国家广电总局开始实施广播电视村村通工程，先后解决了全国已通电的11.7万个行政村和10万多个50户以上自然村近1亿农民听广播看电视的问题。

这一年，中国的电视覆盖率已经达到内地人口总数的89%。

1998~2003年，尽管国家大事不断，但"跨世纪"仍然是老百姓说的最多的词语之一。

1998~2003年，这5、6年时间，是陈宏的纪录片创作高峰。这位从文字记者到电视编导，再到纪录片人的青年人，以他辉煌的成绩折服了周围的同行。用他自己的话来说，就是除了完成北京电视台份内的日常制作任务外，每年都会出一两部大制作，而且每次都能成功推出。这样的成绩，在外行看来，兴许不值一提，但从内行的角度看，确实是非同一般。据笔者了解，制作一个栏目容易，制作一台晚会也容易，甚至制作一部电影、电视剧也不难，但要制作一部重大历史文献纪录片，却是非常不容易的事情。首先，这需要编导对历史有准确的把握；其次，需要谙熟中央宣传政策和彼时彼境的社会舆论氛围和时代需求；再次，要获得由十几个中央部委组成的中央重大题材和理论文献专题片领导小组的审查通过。也正是这些"门槛"，使许多跃跃欲试的编导也都望而却步。稍不经意，就会出现"指导思想有问题"、"与史实不符"等问题而无法通过审查。也有的，即便是审查通过了，也可能遭遇"不宜播出"，或者没有任何问题，但电视台就是不播出。此外，也有的是剧组内部意见不统一、抑或经费有问题等方面的原因而导致拍摄无法顺利实施。

在这期间，陈宏创作的每部纪录大片都是重大题材。特别值得一提的是，几乎每部都是他自己提出选题，而且制作经费都是台外资助或投资的。他执导的片子，一经推出，几乎都是各台抢着播——有人评论说，他的片子，时机抓得好。投资者总能感觉到效益超过预期——有人感叹说，他的片子，盈利模式好。一部片子结束，剧组成员都成了好朋友——经历者大都会很有感触地说，他的片子，人际管理好。审查总是顺利，市场总是欢迎——这也就是不证自明的思想艺术性上、市场效益上的双丰收。我们来简单梳理一下：

1999年，反映新中国外交历程的电视文献纪录片《新中国外交》，陈宏任总编导、

1998年纪录片研讨会，左为著名纪录片人谢晓晶，时任北京电影学院导演系主任；后排为北京电视台《纪录》栏目制片人王子军

根据纪录片《西部的发现》出版的专著（左图）

《西部的发现》研讨会上与中国青年报高级编辑高建国在一起（右图）

总撰稿、总制片人。该片30集，每集30分钟，在全国50余家省市台及国外多家电视台播出，获中宣部"五个一"工程奖；

1999年，纪念中国证券市场兴起10周年的《瞬间的跨越——中国证券十年风云录》（6集，每集30分钟）、央视2000年春节特别节目，陈宏任策划、总撰稿之一。

2000年，反映台湾问题的电视文献纪录片《海峡风云》，陈宏任总编导、制片人。该片共7集，每集30分钟，全国30余家省市台播出，获春燕杯奖及中国纪录片学术奖；

2001年，纪念抗美援朝胜利50周年献礼片《跨过鸭绿江》，陈宏任总编导、制片人。该片共5集，每集30分钟；

2001年以西部大开发战略为背景的电视纪录片《西部的发现》，陈宏任总编导、制片人。该片共20集，每集30分钟，全国多家电视台播出，获春燕杯奖；

2002年，央视社教中心2002年春节特别节目《大话西部》，陈宏任总编导。该片时长4小时，获当年央视优秀春节特别节目奖，并作为央视西部频道开播特别节目；

2002年，中宣部广电总局确定全国三部"十六大"重点献礼片，其中之一便是反映1840年鸦片战争以来中国现代化进程的《潮涌东方》，陈宏任总编导、总撰稿之一。该片分两个版本，其中三集精编版（每集50分钟）在央视黄金时间播出；15集版本（每集30分钟）在北京台及全国50余家省市台黄金时间播出，获选20周年中国文献纪录片优秀作品；

2003年，拍摄反映教育战线抗击非典的大型纪录片《校园保卫战》（52分钟），陈宏任总编导，该片获全国优秀音像制品一等奖；

2003~2005年，陈宏作为总编导创作了30集大型文献纪录片《国事亲历》（每集30分钟），获2006年中国优秀纪录片奖。

此外，这期间他还带领团队出访日本、韩国、越南、肯尼亚、奥地利、法国等，拍摄了一系列境外题材的纪录片，为世界走近中国做出了有益的探索。

在学者的视界中，这个时间段，属于中国纪录片的社会化时期。

《中国电视纪录片史论》的作者何苏六先生把中国电视纪录片从诞生的1958年起到2004年近半个世纪的发展历程分为了四个时期。即政治化纪录片时期（1958~1977）；人文化纪录片时期（1978~1992）；平民化纪录片时期（1993~1998）；社会化纪录片时期（1999~2004）。

跨世纪的中国纪录片，正好处于何先生所说的社会纪录片时期。

　　在经历了80年代末的精神震荡之后，从90年代初开始，国内纪录片人在取材上有意无意地避开对重要历史、现实问题的纪录和对主流社会生活和敏感问题的思考，把目光转向现实的社会大众——现实的普通人，甚至是边缘人。一时之间，以边缘人和边缘文化为主要表现对象的作品大受青睐，如鲍毅的《芝麻酱还是慢慢调》、彭辉的《背篓影院》、杜培华的《丽江的故事》、孙曾田《神鹿啊，神鹿》和《最后的山神》、张以庆的《舟舟的世界》、宁照字的《亚心和牧羊人》等等，也都有很好的获奖纪录。

　　曾一度被镜头忽略了的普通人，一下子成了纪录片圈的题材宠儿。诚然，这本身也是纪录片在纪录精神上的一种进步。然而，矫枉未必就一定要过正。当从业人数本身就很有限的纪录片人大都被自己的纪录对象锁定于斯的时候，转型中国这个空前的大时代所应有的大题材、大视野的被冷落，也就多少有些难免了。

　　与我们国内的情形不同，在国际上，这个时期的纪录片，成就了这样一些作品：以发生在市长办公室的政治事件为题材的《队伍中的老鼠》（澳大利亚，1997年）；以解析冷战时期的重大事件为内容，以冷战对今天国际政治的影响为主题的《冷战》（1998年）；以反思德国纳粹的生长历史为素材的《被审判的纳粹》（英国BBC，2000年）；以对二战时期纳粹大屠杀的幸存者的回顾为内容的《选择与命运》（以色列，1995年）；以"慰安妇"为焦点问题的《低语》（韩国，1995年）；以神户大地震为素材的《第三个清晨》（日本，1997年）。这些纪录片，题材广涉历史、政治、经济、文化、人类学、妇女问题、儿童教育、环保、科技、宗教等。虽然，他们似乎也是纪录普通人和普通的事，然而，这些发生在普通人身上的事，却折射着隐藏在普通人生活中的深层社会问题。这些问题，也都是深入人性的、永远都不会过时的主流问题。所以，这样的纪录，这样的纪录片，以其主题的沉甸甸，而具有了显然的超越感、使命感和厚重感。

　　初涉纪录片的陈宏，对彼时纪录片的国内外情形，了解得并不是非常充分和透彻。不过，凭着他多年练就的社会敏感性，他知道，纪录片一贯号称电影的长子，既然是长子，就自然要置身于社会的漩涡。在这样的漩涡中，纪录普通的人、普通的事的作品固然需要有，一种宏大、主流，一种对一个国家、一个民族、一个时代的命运的探究和思考的更需要有。

　　在这样的时代，社会对浅吟低唱之曲的欢迎那是自不待言，而对黄钟大吕之声的渴求，也同样，甚至更是不可忽略。转型时代，上至国家和民族，下至贩夫和走卒，

拍摄《西部的发现》时，与时任
北京电视台总编辑陆莹交流

一起战斗多次的兄弟姐妹们

中央电视台大型综艺节目《大
话西部》研讨会，从左至右：
著名词作家曹勇、本片制片人
陆望平、本片总编导陈宏、
《人民文学》副主编李青云、中
国艺术研究院研究员马也

在毛泽东故乡绍山（上图）
非典期间拍摄大型纪录片《校园保卫战》现场，与教育部办公厅相关
领导张文忠交流（下图）

无不需要重建自己的认同，需要重新认识自己的角色和价值。这样宏大的任务，当然只能由宏大的题材来担当。

既来自英雄之乡，也来自军营的陈宏，心灵深处的那一缕植入骨髓的英雄情结，在这个时候，再次发挥了巨大作用——选择宏大，重塑神圣，歌咏壮美。

就这样，在纪录片的道路上，陈宏，甫一出手，就与众不同。

电视史年度大事

1998年荧屏清宫：《还珠格格》走红

在我们一般人的生活中，电视剧的定义已经狭义化，仅指电视系列剧（TV series），而非其他形式。

1998年的中国电视荧屏，似乎被电视连续剧《还珠格格》（以下称《还》剧）抢尽了风头。一时之间，神州大地，可谓万人空巷，老老少少都聚在电视机前欣赏两位"格格"的风采。

随后的数据统计更为赏心悦目：在北京，《还》剧的收视率节节高升，收视率直蹿40%；在上海，《还》剧收视率最高时超过了45%；在郑州，《还》剧收视率达到46%；在台湾，《还》剧登顶，列收视榜冠军之位。如果我们暂且搁置内容不论，就收视率来看，《还》剧的确继《霍元甲》之后再次制造了"无人能望其项背"的奇迹。

《还》剧，由台湾著名作家、影视制作人琼瑶创作，联合湖南经济电视台和台湾怡人传播股份公司共同拍摄。但凡了解琼瑶的人都清楚，至少在《还》剧开播前，琼瑶的剧作属于拍一部火一部，捧一人红一人。林青霞从《窗外》走出；林凤娇乘着《汪洋中的一条船》而来；胡慧中面带《欢颜》尽展纯情；吕秀菱由《燃烧吧，火鸟》而幻化成凤凰；还有带着《梅花烙》的陈德容；《青青河边草》的岳翎……这些青春偶像共同构成了一幅由琼瑶编绘的绚丽画卷，人物造型也成就了以她命名的琼瑶模式。《还》剧一如既往地承袭了这个传统：小燕子机智俏丽，紫薇典雅温婉，剧中人物个个年轻漂亮。

在人物塑造上，《还》剧除了紫薇这类在琼瑶剧中太多太滥的角色外，多了一个小燕子这种颠覆惯性思维、让人耳目一新的人物。紫薇和小燕子，一个是真格格，一个是假格格；一个具有传统美德，一个富有叛逆精神；一个重情，一个讲义；一个文雅如秋叶之静美，一个活泼如夏花之灿烂；一个幽怨，一个快乐；一个典雅，一个市俗。小燕子的形象在琼瑶过去作品中几乎没有。可以说，也正是这种"没有"，成就了这部剧，也成就了小燕子。

小燕子的扮演者赵薇，一名普通的影校学生，机缘巧合之中，加入《还》剧，一不小心就成了红遍大江南北的偶像明星。她的率性和闪亮的大眼睛为她赢得了不少好口碑，小孩子们都爱叫她"小燕子姐姐"，真名反倒被大家忽略了。

紫薇林心如，出道比小燕子早得多，可惜星运一直不佳。当初《还》剧邀请的是另一位艺人参演紫薇，遗憾的是档期冲突，林心如就取代了她，成为了女一号。在剧中，她成功演绎了一个受尽委屈，虽然身在皇宫却历经艰辛的明珠格格，终于让自己的命运被星光照耀，变得大红大紫起来。

就是这两位对比人物，在很大程度上成就了《还》剧的经典，至少在此后很长一段时间内，都很难再有类似的电视剧能够超越它的。琼瑶的《还》剧，不仅在电视连续剧史上刻划下辉煌而光荣的战果，并且改写了琼瑶个人的创作生命史。

《还》剧一改过去中国电视剧说教的形式，用十分娱乐和通俗的方式，演绎出一群古代人的喜怒哀乐，着实令人感到亲切和轻松。不仅如此，《还》剧从内容上也顺应了时下的大众口味。

1998年，行进了20年的改革开放，不仅使国家的经济获得巨大发展，而且使国人在思想和精神上获得了极大的解放。整个社会开始崇尚自我，张扬个性，权威和权力逐渐失去了作为中心话语的优势。作为一部大众戏，《还》剧鲜明的主体张扬色彩，顺应了当下的社会心理。这种主张在剧中不仅体现在小燕子身上，在尔康、尔泰、紫薇、金锁等这些次要人物身上都得到了充分的体现。剧作将个人的主体意识和对他人的爱与关心有机地结合在一起，令观众倍感亲切，尤其对那些个体意识极强，但学习负担沉重的中小学生而言，则更具吸引力。

其实，早在《还》剧开播之前，清朝剧就是荧屏的常客，这或许跟清朝是离我们最近的封建王朝不无关系。20世纪末，我国经济虽然取得了举世瞩目的成就，但深刻的社会问题也陆续突出。国人从来就热衷于借古讽今或是借古喻今。说得不好，就权当戏说，说得好，尚有针砭时弊的作用。

作为一部宫廷戏，《还》剧当然无法祛除被"历史"面纱的笼罩，但普通受众是不会关心故事情节的真假虚实的，他们往往会倾注感情将它视为历史的真实来对待。尤其是之前的《戏说乾隆》的铺垫，人们更热衷全面地看待这位传奇的帝王。自然而然的，《还》剧的收视率就有了坚实广泛的社会基础。

《还》所选择的人性视角同样令当代人为之动容。在这个人与人之间缺少真情，缺乏信赖，义务感责任感淡漠，道德水准下降，公德意识弱化的转型时代里，每个人都生活得很艰难，很谨慎。但人总是厌恶崇善的，每个人心中都向往温馨的亲情、真挚的友情和忠诚的爱情。《还》剧的故事背景虽然被套以宫廷的外衣，但浓浓的笔墨却渲染了一种温馨无私的手足亲情，交织着可歌可叹的真挚爱情和深厚友情。这种"不独亲其亲，不独子其子"的"化戾气为祥和"，正是人们所渴望的。《还》的独特人性视角颠覆了以往宫廷剧的阴暗和肃杀，注入了平常老百姓习惯的单纯感情，令观众产生了强烈的共鸣。

不过，凡是屹立在浪尖的事物，都不得不接受来自各方的祝福和挑战。紧跟褒扬的身后，是对《还》剧的一片质疑和指责。

有观点认为，小燕子胸无点墨，不学无术，别人说的话稍有难度，就听不懂，还随意曲解，并以此为能。并且，小燕子不懂得尊重别人，随心所欲，言谈举止缺乏教养，这些形象都给小观众们带来了不少的负面影响。也有评论说，琼瑶的作品就是

1998年风靡全国的电视剧《还珠格格》

"带毒的艺术"，看上去很美，却处处教人不学好。但好的收视率必然说明了一个广泛的群众基础，而一个广泛的群众基础则可以从一个侧面来说明一部作品的优劣，至少可以成为一种佐证。

反省自身，《还》剧的确存在不多不少的硬伤，褒扬的或许言过其实，贬损的也未必是真。至少可以这样去理解，电视剧不应该表现为一种自我升华的精英倾向，或营造一种高亢飞扬的政治兴奋感，而只能是一条排闷消愁的轻松之路。

那么姑且这样去认为，《还》剧作为琼瑶的一部非传统经典的经典之作，优劣自有他人去评说。这不过是一部在社会经济快速变化的大背景下诞生的一部小作品。而流行的东西总是会随着时间快速消逝的，过度地解读和以讹传讹都会令真相离我们越来越远。生活本就艰难困苦，何不茶余饭后，让大脑放空，和家人朋友一起，轻轻松松地看看电视消遣一下呢？

我有诗人气质

中国古人说文如其人，把这句话比照到纪录片，也就是：纪录片的品质来自于纪录片制作者的品质。而纪录片制作者的品质练成，则是不折不扣的"个性化"历程。

在世界纪录片史上，纪录片人中的杰出人物大多出身于非电影专业，也正是这样那样的一些人，把不同体系的知识、文化和方法带进了纪录片：弗拉哈迪是探险家，维尔托夫是先锋诗人，格里尔逊是大众传媒学者，伊文思毕业于商学院，罗伦兹是左翼报纸评论员，里芬斯塔尔是舞蹈演员，孙明经毕业于理学院，詹宁斯是剑桥大学文学系的才子，让鲁什出身于桥梁工程专业，梅索斯兄弟毕业于心理学专业，怀斯曼是一位想当作家的律师，摩尔是报人。在塑造纪录片品质的这些杰出人物中，不少人把纪录片作为信仰与生命的选择。

执著的是信念，善变的是美学。假如说信念是一座矗立的山，美学则是一条流淌的河，那绕山而行，曲折婉转，就是纪录片之美的本质之一。

别人认为陈宏颇具诗人气质，但他说哪有诗人气质，不过有诗人理想罢了！这当然有些自谦，但陈宏不是晏殊、柳永一般的婉约派的诗人，而是辛弃疾、苏东坡一样的豪放派诗人。

初中时候，陈宏就能熟背辛弃疾那首《南乡子·登京口北固亭有怀》：

何处望神州？

满眼风光北固楼。

千古兴亡多少事？

悠悠，不尽长江滚滚流。

年少万兜鍪，坐断东南战未休。

天下英雄谁敌手？

曹刘，生子当如孙仲谋。

语文老师说，你小子胸中有雄峰万仞，雄风万里，应该去当兵。老师万万没想到，戏言成了真——陈宏真成了一名军人；更没想到，这个本色既是诗人又是军人的陈宏，会用镜头来写"诗"，来写"英雄"。

凡诗人，都有一颗敏感的心，陈宏当然也不例外。而且，这个敏感，还是从童年时代就开始的。

陈宏坦言，童年生活确实是他的所有的梦想、力量的一大来源。那片天地，就是他的乐园，既是童年的乐园，也是走上人生旅途后的心灵的乐园。

对于儿时的陈宏来说，大山外的生活实在是太神秘，太遥不可及。陈宏是从外公讲不完的故事中开始认识这个世界，尤其是认识这个世界的"人"的。外公为年幼的陈宏开启了一扇朦胧遥望外面世界的门。

陈宏说，他是属于那种抱打不平、那种为了实现自己的理想，去追求、去探索、去奋斗的人，而外公的那些故事，充满了中国人的朴素、善良和向往美好生活的愿望，则在他心底铺就了"善"的地基。

带着执著不灭的梦想，陈宏在纪录片创作的道路上一路走来。每当他感到迷惑和彷徨时，他总会回到这人生起步的地方。

在陈宏看来，思想和梦想是纪录片的双翼，缺一不可。

做纪录片的人应该是有思想的人，起码应该是有思想追求的人。同时，也是应当有梦想的人。在追逐梦想的漫漫长路中，我们的心灵可能会受到一些污染，但是故乡，那些带露珠的早晨，那些暮霭笼罩中的翠竹，那些月光下的"龙门阵"，那些浓得化不开的乡情……家园的记忆与诗情画意，在我们需要的时候，总会像清澈的溪水一样，把我们冲刷、浸润、沐浴，让我们一身轻松，清清爽爽，继续踏上未来的征程。

只要心中有诗，你就会觉得每一寸光阴里流出的都是世界的精彩，每一份精彩中呈现的都是生命的诗意，每一缕诗意中凝结的都是瞬间的永恒。

然而，不竭的诗意，总在远方。而我们，也就是在对远方的期盼中走向远方。或许，这就是人的天性。每个人心中都有一个向往的地方，为了到达那个地方人们不断追求。远方如自由女神手中永不熄灭的火炬，让心中有诗的人们，生活充满动力。

人注定走不出、更走不到所谓的远方，就像人注定走不出家园一样。

有人说：家，是人的心灵永远的流放地。陈宏告诉我们，只要两三年不回家，不回老家的时候，不去触摸一下故乡泥土的时候，他心里就有不踏实的感觉，就有一种漂浮感，甚至有一种烦燥感。

梦之深深处，家园在何方？

他的家园，他的精神家园，其实一直在生养他的那块土地上。

他给我们讲述的儿童时候的一件事，听起来就像在播放纪录片。

陈宏上学时的安居镇座落于嘉陵江的支流——涪江江畔。

涪江，这是一条美丽的江，也是一条勇敢的江。她从横亘在川渝盆地的华莹山群峦万壑中一路流来，来到安居，清澈的江面越流越宽阔，各种船只穿梭其间。江的两岸是青翠的竹林和梯形的稻田，还有总让人留连的河滩和干净的石坝。早晨，常常见到如纱的薄雾笼罩在江面上，如同含羞的少女。

一提涪江，陈宏就会想起那件至今仍让人忍俊不禁的囧事。

那是初夏，一个周末下午，陈宏到安居镇边上的河滩游玩。一个女孩在河边洗衣服，陈宏没话找话地搭讪："这江有多宽？"女孩白了陈宏一眼："下去游一下，不就晓得了！"继续低头洗她的衣服。陈宏心里不是滋味："你以为我不敢？"边说边脱衣服，女孩急忙站起来要阻止："嘿！别淹死了哦！"话音未落，陈宏已下了水。

河边长大的，水性当然不会差。陈宏很快游到江对面。然而，就在陈宏回游到江心时，拖着长长船队的机动船从下游驶来了，而且越到面前越快。陈宏无法超过船队，也来不及掉头回游。船上的船员慌乱中跑出驾驶舱，拿了一根长篙，跑到船头尖上，准备把他撬开。此时，岸上的人也惊呼起来。

险情万分，陈宏的脑子飞速运转，寻找脱险的办法。急促中，他让过船头，顺着波浪荡到机动船后，从木船间的空隙处游了过去。漩涡，绕着他的身体，浪花，一排排没过他的头顶，陈宏奋力游划，逃离了危险区。

好不容易回到河滩边，却发现自己刚才脱下的衣服不见了。也许是被刚才船队路过而激起的浪，卷走了。

连个裤衩都没有，咋个办呢？陈宏窘在了那儿，不敢上岸。过了一会儿，洗衣服的女孩似乎看出了问题的关键。她从自己的洗衣篮里，拿起一条裤衩，来到水边："这是我哥的，穿上吧。"说完，把裤衩扔给陈宏，就走了。

在陈宏接过裤衩的那一瞬间，他瞧见她那双清澈的眸子里流淌着的，分明是清澈的涪江。

1998年，陈宏游走了欧洲六国，对几个国家的电视传媒机构进行考察，还写了一篇文章《欧洲的觉醒》。在伦敦郊区丘吉尔庄园，美丽的乡村风景，让陈宏想起儿时

游走欧洲，视野更加开阔

的外婆家。"这和我外婆家的风景多么相似！"诗人情怀的陈宏的一句话，勾起同行的媒体朋友们的羡慕，直到多年之后，碰见陈宏，还嚷着要跟他一起回外婆家。

涪江如画，生活如诗。一路走来，那如诗如画的岁月时常在心底回旋。这回旋中，包蕴着一股说不清道不明的力量。这力量，催迫着陈宏在诗与英雄的情怀中奋力向前。

饭堂奇遇与纪录片之路

进入当时坐落在北京西三环边上的北京电视台之初，陈宏主要从事一些新闻专题节目的采编。如果不是一次饭堂"奇遇"，如果不是自己对这样的"奇遇"有别样的解读，那陈宏这个电视人，也许也就是个"泯然众人也"的电视人。

那是一个极其平常的日子，陈宏像往常一样，来单位食堂吃饭。无意间，他看到一位装束比较特殊的人——穿的皮夹克已经磨破了，而且好像还比较脏，一个人默默地在那儿吃饭。带着那么一点儿好奇心，陈宏问身边的同事："这个人是谁呀？"同事回答说："那是做纪录片的，在山沟里扛了半年机器，刚回来。"

吃完饭，走出食堂，来到红绿蓝宾馆大厅，看到一个拄着拐杖的女同志，一瘸一瘸地来吃饭，陈宏问同事："这人是谁呀？"同事回答说："是拍纪录片的，去年在云南跟踪追拍野人，把腿摔断了。"和同事一起走出食堂，来到旁边的咖啡屋，看到一个四五岁小孩，自个儿在那儿泡方便面吃，同事指着孩子说："他爸是做纪录片的，在楼上剪片子呢，离婚了，顾不上他。"

如同约好了似的，也就在吃饭这个当儿，连遇三个如此这般的"做纪录片的"，天性敏感的陈宏，内心受到强烈的撞击。

成长理论告诉我们，成长本由事件构成，所以事件在人生之路上的展开也就很有讲究。同样一个事件，出现在不同的人生阶段和人生境遇，其结果不仅会有差异，甚至会相反。也正是因为如此，生活中的我们，才很是强调要在正确的时间、正确的地点遭遇正确的事情。饭堂际遇之时的陈宏，正行进在生活频道的成长之路上，正行进在不甘于做一辈子电视栏目的转型寻求之路上。这样的际遇，像一串惊雷，在陈宏的天空劈出了一道别样的亮丽。

从此，他开始思考"纪录片"这个词，也开始对此而聚焦自己的发展方向。

他在想，既然拍纪录片那么艰苦，甚至要付出这么大代价，那为什么还是有人去做，去追求？既然有人付出那么大的代价去追求，那它就一定有为大家所不知的魅力和快乐。

带着几分好奇，甚至是带着几分挑战，陈宏踏上了纪录片拍摄的漫漫征程。当他也享受到那份"魅力和快乐"之后，他的创作便一发不可收拾。

电视台的工作都很辛苦，但和拍摄纪录片相比，这个苦是小巫见大巫。

陈宏深知，一分辛苦一分收获。

在纪录片创作领域里，一部优秀的纪录片，拍摄时间大都比较长。宋继昌拍摄《摩梭人》，曾在当地与摩梭人共同生活了整整3个月；陈晓卿拍《龙脊》，在山里蹲了大半年；王海兵为拍摄《山里的日子》，9进大巴山，拍摄时间1年半；康健宁和高国栋的《沙与海》，拍摄时间长达3年；日本纪录片人为了拍摄种水稻的农民，亲自去种了5年的水稻。更有甚者，拍摄时间长达十几年、几十年。

优秀，是时间炼成的。因为，就纪录片而言，拍摄的时间就是创作的时间，就是思想不断沉淀、不断迸发、不断升华的时间。

用纪录片人张以庆的话来说，纪录片耗费的是生命。这句话的内涵，他自己的作品就是明证。在他的作品名录中，《幼儿园》的素材量是5000分钟，《舟舟的世界》

与时任北京电视台对外部主任的孙利华女士探讨在日本拍摄的纪录片宣传语

是2100分钟，《英和白》是1800分钟；《英和白》文字记录是10万字，《幼儿园》的笔记稿重达5斤。

还有更为震撼人心的例子：由国际著名导演雅克·贝汉制作的自然史诗纪录片"天·地·人"三部曲之一的《迁徙的鸟》，拍摄4年，横跨五大洲，所用胶片长达460公里。"与鸟类生活了4年，我们似乎成了它们的父母。"雅克·贝汉说，"我们要观察，要尽可能地亲近我们的拍摄对象——那些不断迁徙的鸟类，于是组成了一个有300多名成员的摄制组，我们历经了所有的季节变化，几乎环绕了整个地球。"

也许，世界上所有的纪录片人都有一个共同的感慨：纪录片，想说爱你不容易！

因为，当一个人选择了以纪录的方式面对这个世界，其实也就意味着他选择了一种独特的工作方式。这方式的内核，则是纪录精神。

纪录精神是纪录片人一生实践的精神力量，这里面包括了对自由的尊重、对快乐的尊重、对现实的尊重、对拍摄者的尊重、对时间的尊重、对摄影机的尊重，对自我的尊重等多方面的意识。但更为关键的，是对责任和担当的深刻理解和实践。

承担社会责任，是纪录片的本性之一。世界有美好的、愉快的一面，同时也有阴暗的、痛苦的、我们不愿直视的一面。对于一个纪录片人来说，纪录社会正在发生的点滴变化、关注人类生存的细微发展都是他们不可回避的责任。

因为，世界需要公正，人类需要真实，历史需要客观。

而纪录片的价值之一，就在于它所拍摄的影像的客观性，正是这种客观的记录是纪录片最具魅力的地方。此外，纪录片还可以发现隐藏在现实生活下的真理。记录只是一种手段，而揭示事物的真理才是纪录片最后的归宿。客观的记录和主观的剪辑并不相悖，正是两者的结合使得纪录片有了走向深度的可能。

所以，人们说，纪录片人的视野，是诠释世界的入口，也是观察世界、理解世界的方式。

步入现代社会以来，人们对国家的认同越来越依赖媒体对"想象的共同体"的生产。而纪录片，则是这个生产队伍很重要的一员。这也就如本尼迪克特·安德森所认为的那样，现代民族国家认同感的形成依赖于想象的共同体的催生，而大众媒介无疑是构建这个共同体的重要途径。在特定的时空范围内，虽然大家大都素未谋面，但通过分享大众媒体所塑造的集体想象，依然可以形成整体民族的休戚与共感。

纪录片和现实之间的紧密关系，决定了它和一个国家的特定的人文背景密不可分。

电视对纪录片的接受，在很大程度上是因为纪录片精神契合了新闻报道的精神，甚至可以说是实践这一精神的完美形式。

纪录片不仅能以敏锐的目光捕捉企图回避公共舆论的社会问题，还能让被拍摄对象主体自己说话，这就能给观众以更真实的客观感受。这是国家意识的高级表达，身在这样的国度，作为国家一分子的纪录片人，选择了纪录片这种言说方式，也就无法摆脱深植其间的国家意识和民族精神。

立足中国，诚如陈宏在立志做一名纪录片人之后的2006年，在他尊中国视协纪录片学术委员会刘效礼会长和名誉会长陈汉元之嘱执笔起草的《中国纪录片人宣言》中所说的那样：

我们是纪录片人，是时代大潮中的普通一分子。面对经济全球化浪潮和日新月异的中国社会，我们积极地投身到时代建设的洪流中去。我们是时代的观察者、纪录者，也是时代的参与者，是用镜头语言去构建时代大厦的勤奋劳动者。

我们有冷静的头脑，因为冷静，我们才站在历史的至高点上，看清自己在历史长河中的位置，用宏大的人文历史观、先进的科学发展观来丰富我们的世界观，透彻地认识正在剧烈变革的当代社会。

我们有热忱的心灵，因为热忱，我们才义无反顾地投身到记录时代这一平凡而又艰巨的工作之中；才在时代的洪流中发现更多让我们感动的故事、感动的人，才向观众展示我们为之热爱、为之伤痛的人和故事。我们要用这样的人和事，来回应澎湃着激情的、浩荡推进的、充满着血与火的传奇时代。

我们了解良知对一个纪录片人的重要性。纪录是记录者的生命存在形式。纪录片的品格即是记录者的品格。我们纪录片人将时刻保持着真实的道德底线，常怀着追求真理的使命。我们不媚俗，不趋炎，独立思考，真实记录。我们用良知与勇气铸造坚强的人格，然后从容不迫地记录这个变革时代中的伤痛与忧思、光荣与梦想。

我们纪录片人深知自己担当的责任，我们将为实现自己朴素而善良的愿望努力地工作，那就是：记录我们民族波澜壮阔的复兴历程，记录我们国家构建和谐社会的真实轨迹，记录我们人民奔上小康大道的动人故事，并用纪录的形式与世界对话。

为时代立传，为历史存真；传承文化，连接未来；生命不息，使命不止。

佛谓一沙一世界，纪录片这一粒"沙"，又何尝不是我们透视周遭世界的一扇窗？

摘得"五个一"工程奖

1999年4月23日，中国的主流大报《光明日报》刊登了一条简短的新闻：

电视纪录片《新中国外交》摄制完成

本报 北京4月22日电（记者沈卫星）一部表现我国可歌可泣的外交历程的大型电视纪录片《新中国外交》，近日摄制完成，并将于5月份在北京电视台播出。钱其琛副总理担任该片总顾问并题写片名。

这部纪录片以丰富翔实的资料，首次全面、系统、深刻地再现了新中国外交战线上的重大事件，热情讴歌了新中国三代国家领导人的外交远见和个性魅力，着力刻画了一大批新中国外交官在这条战线上斗智斗勇的风采，并折射出世界各国在冷战结束后建立面向21世纪多极化世界新秩序的努力。

北京电视台、中华人民共和国外交史学会等联合摄制的这部纪录片，共30集，每集30分钟。摄制组在两年的创作过程中，足迹遍及中国境内数省市及北美、欧洲等10多个国家和地区，采访外交专家学者及国际知名人士500多人，搜集购买珍贵影像资料近万分钟，查阅解密档案上千万字。

让陈宏走上新的人生高点的，正是这部大型文献纪录片《新中国外交》。因为，他就是这部纪录片的总编导、总撰稿。

这部陈宏邀请杨澜当主持人的纪录片，独家采访了几代国家领导人和数位外国元首。再现共和国外交历程，披露大量珍贵历史镜头，详解新中国外交光辉历程。堪称一部反映新中国外交的历史百科全书。

纪录片揭示了新中国50年（1949~1999年）来鲜为人知的外交细节，如：

★新中国成立，毛泽东作出重大战略决策，核心就是中苏结盟。

★50年代末，中苏关系严重恶化，中苏边界发生冲突。

★60年代，中国冲破美苏两超级大国的封锁，对亚非拉各国进行援助。

★1971年中国，重返联合国，蒋介石的代表从席位上被驱逐。

★1989年，邓小平与戈尔巴乔夫会晤，中苏关系的大门重新开启。

★80年代，人权问题，成为中美较量的焦点之一。

★1999年，北大西洋公约组织的战舰对南联盟发射导弹，科索沃战争开始。

其实，这部片子原本有一个制片班子，不过，由于导演和经费都没落实，所以一直没实质性进展。这个班子找了不少人，都没人敢接招。而不接招的理由，要么是"题材太敏感了！""限制太多了！"要么是"资料太缺乏了！""这么大的国家工程，驾驭难度太大了！"等等。后来，班子找到陈宏，希望他出任总编导并组织主创团队进行创作。陈宏欣然应承了下来。

为什么要应承下这样一部不同寻常的纪录片呢？

陈宏说，自己从小就对新中国外交史上的大人物心怀敬仰，对惊心动魄的百年中国的外交大事，心向往之。沧桑史海，百年一瞬。20世纪的这个星球，大事不断：两次世界大战、殖民体系的瓦解、苏联解体、科技革命、核爆炸、克隆技术诞生等等。这些实践，有些已成过往，有些正在延续，但无一例外的是，他们镌刻在历史进程上的痕迹，历久弥新。在如此风云变幻的世界中，新中国一直发表着坚定的声音。一部新中国外交的历史，就是一个积弱积贫的国家，告别屈辱，争取独立和积极参与国际事务的历史。

然而，就是这么一段伟大之极而又丰富之极的历史，却不曾系统地被电视镜头展现过。

一想到这一点，作为电视人、作为电视纪录片人的陈宏，就寝食不安。

然而，当他向一些同行朋友谈及自己的想法时，几乎都是泼冷水：这需要下多么大的决心，这需要调动多么广的资源，你能办到吗？

的确，这些很现实的困难，如果是换了另外一个人，也许就真是不战而退了。但陈宏的想法却不一样。他想的是：只要这件事本身有价值，困难总是可以克服的。而且，陈宏一直都认为，自己最大的一笔财富，也就是成长经历所练就的、比一般人略高一筹的吃苦耐劳和坚韧不拔。

在向几位史学家请教之后，陈宏得出自己的结论：一定要干，而且要干好。

机会总是眷顾有信心的人。

1998年夏，陈宏和几个朋友去嘉兴，商谈另外一个片子的拍摄。偶然间，在中国共产党第一次全国代表大会召开的红船上，陈宏一行与嘉兴的一位副市长漫天闲侃之后，话题不知不觉地集中到了新中国的外交轶事上。也就在有意无意之间，陈宏顺势抛出了自己想拍《新中国外交》的打算。颇感意外的是，想法一提出来，就激起了那

就在中共一大会址嘉兴南湖的这只游船上，谈定了拍摄《新中国外交》的投资

位副市长的兴趣，并随即强调说，嘉兴市政府愿意全额投资此片。具体的支持方式，由市政府下属的嘉兴公司来对接。

也许，对方确实是被陈宏精彩的阐述深深打动。离开嘉兴之时，对方竟在没签任何协议的情况下给了陈宏数额不菲的现金汇票。陈宏心里还有些许犹疑：这事还没向台领导汇报呢。但不接这个汇票，又怕对方变卦，所以，他也就坚定地接了下来，因为他坚信，自己一定能说服台领导并获取他们的同意和支持。

就这样，这个宏大而艰难的想法找到了起锚点。

离开嘉兴的当晚，陈宏一夜未合眼，他细致地盘算着如何促成这个合作——在资金问题业已得到解决的情况下，还得在最快的时间完成七件必须完成的事。

兵贵神速，也就在当天，陈宏奇迹般地完成了那七件事：

第一，说服原来的制片方放弃该片，转给北京电视台和嘉兴市人民政府，并签署出让协议；

第二，重新撰写修改拍摄《新中国外交》的策划案；

第三，说服北京电视台领导同意陈宏拍摄此片；

第四，与外交部外交史学会洽商；

……

七件事，每件事平均不超过两小时就得摆平！要放在平时，这七件事每一件事都可能花几周时间还不一定能够达成目标。

非常之人，才能操作非常之事。七件事情，陈宏在从嘉兴飞回北京之后，一天之内，全部解决。瞅准目标，机不可失，使命必达。

第二天，陈宏把草拟的协议传给嘉兴市政府的对接部门。很快，对方又把第二笔费用支付过来了。

片子拍摄之初，陈宏感到了前所未有的压力。

回忆当时的情景，陈宏说："凡是跟外交有关的书我都买，不光是买与新中国外交相关的书，与其他国家的外交历史、外交人物、外交事件相关的书，我都买，为拍这个片子，我买的书堆了半间屋。"

"新中国外交"，如此宏大的一个题材，拍什么？如何拍？这是片子创作初期，陈宏吃饭睡觉都在思考的问题。

回想那个过程，陈宏说："当时，我给自己定的行进路线是，先走进去、钻进去，再吃透，然后再跳出来。所谓跳出来，说的就是我表现的这些，纪录的这些，一定得有一个共同的目的。所以，我必须找出古为今用，为当下服务，为当下提供一种参照的东西。我必须要针对当时的国情，当时的世界大势，当时的社会情况来拍。"

当此之时，正值世纪之交，国际热点此起彼伏，面对滚滚而来的经济全球化浪潮，中国如何抓住机遇，应对挑战，中国如何扮演好一个负责任的大国角色等等，都是人们十分关心关注的问题。

没有现成的答案，但是经验告诉陈宏：我们可以从对历史的回望中获得对未来的启示。

明确了创作目标，陈宏带着一班人干了起来。

创作的过程极为艰难，年轻的纪录片人以百倍的激情在摸索中寻找着方向。

想起当时，陈宏回忆说，半年做研究，半年写本子，再拍摄制作大半年。在这个过程中，"心中有大爱"非常重要！如果仅仅沉浸在外交战线上那些仁人志士斗智斗勇的故事中，那是远远不够的。作为创作者，必须要深刻体会和深刻认识彼时彼地的他们，内心世界中对国家利益和人民利益的那份信念和追求。他们斗智斗勇背后，是深切的爱国情怀。

1999年5月30日，大型文献纪录片《新中国外交》高调播出。片子共30集，每集30分钟，片长达900分钟，是北京电视台第一部获得"五个一"工程奖的重大题材纪录片，是当时中国最长的一部纪录片。

在陈宏和他的团队的努力下，《新中国外交》一开始就得到了国家相关部门的支持。拍摄之前，这部片子就被定为建国50周年的献礼片。国务院副总理钱其琛任本片总顾问，原外交部副部长、著名外交官宫达非同志任本片总策划，耿飚、姬鹏飞、黄华等一大批优秀老外交家任本片顾问和策划。在确定片子的主持人风格时，陈宏创造性地提出，让主持这部片子的杨澜，不是拿着话筒，而是顺着观众，以旁白的形式，带领观众一同走进历史深处，去聆听、去探询、去触摸。相应的，主持人的声音也应当是自言自语式的——有时内心独白，有时深度揭秘，有时……

可以说，在这一点上，片子做足了悬念式，也做足了奇观效应。

也正是如此新颖的主持形式，给观众留下了深刻印象，以至于片子播出10年过后的今天，还有许多观众对此记忆犹新。

一位网名叫"契尔年科"的博友，在新浪博客上撰文《十年前的回忆——杨澜和

原外交部副部长宫达非等参加了《新中国外交》开机仪式（上图）
《新中国外交》拍摄期间，与杨澜一起修改解说词，使其更符合杨澜
在片中角色的口吻（下图）

她的《新中国外交》》，回忆这部纪录片对自己的影响。

2009年是伟大的共和国60岁生日的一年，这一年，一些回顾新中国建国历史的片子不断地在屏幕上播出。在这些片子里，我们看到的不仅仅是新中国建设历程的艰辛，还有其他一些印象深刻的东西，比如主持人。而今天我们的主角给我留下深刻印象的，不是她曾经主持过的那些综艺节目，而是一部纪念新中国外交史的纪录片。

对于杨澜，我们印象深刻的东西很多，比如《正大综艺》的第一代女主持人，比如凤凰卫视的第一位品牌主持人，比如阳光卫视的前任主席，比如《杨澜访谈录》，而这些给我们呈现的是一个动态的杨澜，《新中国外交》里给我们呈现的，则是一个静态的杨澜。因为整个节目里很少看到杨澜说话的样子，只有她的声音和她的表情。

在这个节目里，她有时候出现在事件发生的现场，比如这张照片里被历史上比喻为反修前线的西坝河，看着今天一位老人在晨练的样子，这其实反映出的是此时此地的现状，已经是人们生活中一个很普通的地方，而此时在引入历史上在这里抓获苏联间谍的片子，从中能够让人回忆起中苏之间曾经有过的不愉快的事情。

她拿着中国的四大名著之一的《三国演义》，引入的却是中苏两国解冻的历程，中国巧妙地运用了出席苏共中央领导人葬礼的机会，与苏联展开外交活动，这就是著名的"葬礼外交"，而这在历史上曾经被古代政治家所运用，比如三国演义中，诸葛亮利用参加周瑜葬礼的机会，使蜀国与东吴之间的剑拔弩张的关系得到了缓解。而这个巧妙的镜头设计证明了我国在外交历史上所运用的一些智慧和时机的把握成熟。

好像有点跑题了，说着说着跑到了节目的镜头使用艺术上了。还是说杨澜吧！

个人感觉杨澜在这里给我们呈现了静态的一面，特别是在节目中的静态的表情，那和生活中的静态有着本质的区别，至少我们能够看到不说话的杨澜是什么样子的。

静态里的杨澜，给人的感觉更像是一位学者，尤其是表情和动作。这种学者式的表情和动作与这个节目所蕴含的历史意义是分不开的，毕竟这是个历史的纪录片，需要的是慢节奏的传递和细节描述的清晰，更是要求欣赏者要有一个平静的心态去欣赏，所以她的这种动作和表情带出来的正是这样的一个效果。

个人对这个片子印象深刻，总想在电视里能看到重播，不过好在现在买到了一套VCD，可以慢慢的欣赏这部历史纪录片了，还有它的主持人杨澜老师。

汗水总是在幕后，这位名曰"契尔年科"的博友当然不知道，杨澜这"自言自语般的独白"，凝聚了导演和主持人多少的探索和艰辛——为了找到导演陈宏定下的这

采访毛泽东的俄语翻译师哲，他接受该片采访后一周去世（上图）
《新中国外交》热播，与原外交部副部长宫达非及当时任北京电视台副总
编辑的王惠一起受邀到中央人民广播电台介绍该片，畅谈心得（下图）

拍摄《新中国外交》，采访前国务院副总理钱其琛（上图）

拍摄《新中国外交》，采访完后与前国务院副总理钱其琛合影（下图）

个配音基调，主持人和导演可是不厌其烦地重来、重来、再重来。也正是在十几遍的"重来"中，杨澜终于找到了感觉。也正是在这前所未有的"感觉"中，陈宏设计的这种"自言自语"式的主持人语为这部片子赋予了别样的风格。

本片还采访到当时分管外交的副总理钱其琛，连主持人杨澜也感觉很意外，直到和陈宏去钓鱼台国宾馆采访的时候，还连呼不容易。

钱副总理是从保健医生的口中获知纪录片《新中国外交》拍摄的消息。陈宏说他的同事在一次私人聚会中谈到这个纪录片拍摄的消息，而那次聚会钱副总理的保健医生也在场，保健医生把这个消息告诉了钱副总理，并说剧组希望采访还希望题写片名，没想到钱副总理欣然允诺。遂有了后来的采访。"善待身边的每一个朋友、同事，他们会在不经意间帮你大忙。我的这位同事并未参加该片，但她主动替我说了话。"陈宏谈到此事如是说。

陈宏说，钱副总理接受采访后还为纪录片题写片名，这在当时与全国不主张领导人参加剪彩、题词的大环境看似"不吻合"，钱副总理告诉他们，因为这个是国家大事，题写片名是应该的。

中央新闻纪录电影制片厂副厂长郭本敏，在《当代中国文献纪录片的风格流变》一文中指出，在世纪之交的当口，我国的文献纪录片在众生喧哗的文化格局中开始逐渐由浓重的政治色彩向本体意识回归，从单一政治视角的选择扩展到历史文化题材。主体多元化，表达不同思想诉求。

他还说，这一时期的文献纪录片，表现手法方面，多种样式纷呈迭出，结构和叙事多元化，追求视听语言的形式美。戏剧化元素在文献纪录片创作中开始得到重视，重故事的叙述、细节的展示、悬念的设置和戏剧氛围的营造。真实再现建构历史时空的手法大量运用到创作中，高科技手段的运用开拓了创作空间，创造了奇幻的影像效果，令文献纪录片开始具有了视听盛宴般的审美震撼体验。同时，这一时期的文献纪录片开始注重市场经济环境下的社会效应和经济效应，并尝试以国际技术标准制作，开拓海外市场。

陈宏创作的《新中国外交》，就是中国的文献纪录片市场能效的一个明证。

在首映式上，片子还未正式播出，天津天士力集团就以400万（首付350万）人民币的价格购买了国内各台播出的贴片广告，开创了文献纪录片的先河。同时，该片还在海外市场创造了经济效益和外宣效益的多种和多重奇迹。

一次与央视的赛跑

就在陈宏和他的团队紧锣密鼓地创作《新中国外交》之时，中央电视台也正组织精兵强将，拍摄《共和国外交风云》。当时，陈宏获知的消息是该片规模初定30集。不过，当他们听说《新中国外交》是30集后，改成了50集，似乎是想从规模上取胜。

很显然，这就是一次不折不扣的赛跑——相同主题的片子，谁先做出来，谁做得好，谁就会抢先一步满足观众需求。

大家都明白这个道理，心照不宣，暗自较劲。

为了更好地提高效率、加快进度，陈宏将剧组"封闭"在北京电视台背后的一家招待所，并对团队实行准军事化管理——以"高效、快乐、高质"为理念和目标的管理方式。剧组成员都戏称陈宏为"高乐高"。为及时鼓舞士气、协调团队行动，工作组内部还搞了一周一期的《战地快报》，随时向大家通报进展，交流心得，抒发豪情，鼓舞士气。

一个偶然的机会，制片主任李跃出去联系采访，无意间听说中央电视台将于本周六在华侨大厦举行《共和国外交风云》的开机新闻发布会。

获知这一消息，陈宏的第一反应是，必须抢在中央电视台之前开发布会，以求先声夺人。那也就是说，周五，也就是第二天，就开新闻发布会。

一般情况下，准备一场新闻发布会得花一个月，至少也要半个月。拿一天的时间来准备新闻发布会，好像还没听说过。

没听说过，也要干。

说干就干，陈宏拿起电话，就给北京电视台的王惠副总编汇报，王总编说："来得及吗？你能多长时间准确回答我？""半小时！"并立下军令状，保证一定将事情办好。与此同时，工作组的相关人员，大家调动各自的资源，联系各家媒体打电话。

半小时后，各方信息汇总在一起，结果显示：媒体都愿意参加，新闻发布会完全可以搞。

连夜准备资料，布置场地。星期五上午，摄制大型文献纪录片《新中国外交》的新闻发布会在首都大酒店准时召开，《人民日报》、《光明日报》、《北京日报》、中央电视台、中央广播电台等30余家媒体的记者都来到现场。第二天，中国第一部全面、系统、深入反映新中国外交历程的大型文献纪录片《新中国外交》开机摄制的消息，高调出现在人们的视线。

这场赛跑，以抢先一天的速度，赢了。

此后不久，片子杀青，上报，一次性通过由中组部、中宣部、外交部、广电部（现为广电总局）、中央文献研究室、中央党史研究室、中国社会科学院、《人民日报》社、中央党校、中央电视台、国防大学等部门组成的重大题材领导小组的审查。陈宏对我们说：其实央视是国家队，是大哥大，是我们学习的榜样。偶有小胜说明不了什么。和央视在业务上竞赛比拼，其实是向央视学习的另一种方式。

就在该片审片结束后，陈宏开车送中宣部有关领导回家，其间，有个领导问陈宏："你多大岁数？"。

"34岁。"陈宏说。

领导说："你这么年轻，就能够驾驭这个题材，不容易啊！小伙子，好好干，多出大部头！"片子播出后，在接受记者的采访时，陈宏很感慨地说："领导的这个鼓励，在我的心中，比获'五个一工程奖'还重要。"

国家有关部门的领导说，这个纪录片，给我们完整地勾勒、描绘了从新中国成立到现在所走过的外交历程，充分体现了中国人的民族气节，看见了外交官为了国家民族利益，与海外势力斗智斗勇的感人细节，也充分展现了人性的光辉。

在项目经营上，《新中国外交》的拍摄，是由嘉兴市政府全额投资的400万完成的。在首映式上，天津天士力集团以400万的价格，买了部分地区一分钟贴片广告时间。这样就意味着，投资方一下子就收回了全部投资。

片子在北京电视台播出，收视率与同时段相比，翻了三番。这个收视记录，也使纪录片收视率不如影视剧和娱乐节目的收视状况成为历史。

1999年5月20日，时任国务院新闻办副主任的杨正泉，在《光明日报》上发表了题为《反对霸权 维护和平》的文章，专门评析纪录片《新中国外交》。这篇文章，是他在参加该片首映式，观看了其中两集片子以及回家看了其他片子后，难掩澎湃激昂的心潮，挥毫而成的。文章说：

大型文献电视纪录片《新中国外交》。这部长达近1000分钟，30集的纪录片，撷取了我国50年外交中最典型的生动的大量事实，用丰富翔实的第一手材料，全面、系统、深刻地再现了人民共和国波澜壮阔的外交历程，如实记载了我国外交战线取得的举世瞩目的成就，热情讴歌了我国三代领导人坚持原则、审时度势、运筹帷幄的外交远见和个人魅力，着力刻划了我国外交战上坚定不移地贯彻执行我国独立自主的和平外交政策，从我国人民和世界人民的根本利益出发，在艰难的国际环境中，不避艰难，不怕牺牲，为维护国家尊严和独立主权，为反对霸权主义、维护世界和平，纵横捭阖，斗智斗勇的事迹。

《新中国外交》生动地记述了抗美援朝、亚非会议（万隆精神）、两弹一星的研制发射、恢复中国在联合国的合法席位、美国总统尼克松首次访华、中日关系正常化、中美建交、开展国际人权斗争、香港和澳门回归、迎接亚洲金融危机的挑战、睦邻友好、广交朋友等篇章，中国外交赢得了中国人民的尊严，赢得了中国的地位，与各国人民一起推动了世界文明历史的进程，也赢得了世界人民广泛的同情和支持。看了《新中国外交》这部电视纪录片，回顾我国50年、100年的沧桑巨变，作为一名中国人无不感到自豪，这是一曲中华民族的正气歌。

采访"两弹"开发的李觉将军。谈到高兴时，老将军拿出珍藏的茅台酒与陈宏对饮起来

《新中国外交》不仅有很强的思想性，而且做到了史实性和艺术性的高度统一。这部大型文献纪录片从开始筹划到完成，用了几年的时间，是经过精心构思、精心设计、精心制作的，从整体看出其策划组织者的大思路大手笔。作为历史纪录片，贵在真实，必须尊重历史事实，还原和反映历史的本来面目。但是，这部纪录片不是简单的历史资料的整理归纳，也不是对历史事件的表层陈述，它突破了常规思维，是从浩繁的史料中选取最典型最生动的篇章，用当事者的现身说法，主要从鲜为人知的帷幄运筹的深层次上揭示问题，这不仅使观众拓展了知识面，使之知其然又知其所以然，而且感到真实自然，更具感染力和说服力；对历史事实的分析，着重摆在当时的世界格局中作历史唯物主义的分析，还原其本来面目，又是站在今天的高度做出评判，这既是对历史事件认识的深化，又有很强的现实意义。此片的另一个特点，是表现手法很有创见，充分考虑和运用了电视的长处，突出了事实，突出了形象，浓缩了解说词，多让事件的当事人出镜，改变了主要由主持人出面解说的传统做法，对主持人出场和解说方式也做了独特构思，耐看、耐思。

……

在新中国外交，尤其是在改革开放以来的新时代的外交中，1999年，是很关键的一个年头，外交大事不断。

也正是因为如此，业界人士才说，《新中国外交》对外交的关注，可谓正当其时。

当年5月8日，北京时间凌晨5时左右（贝尔格莱德时间7日午夜），以美国为首的北约飞机用导弹袭击中国驻南斯拉夫大使馆，造成馆舍破坏和人员伤亡。事件发生后，中国政府立即发表紧急声明表示强烈抗议。全国人大外委会、全国政协外委会分别发表声明，各民主党派、全国工商联、中国人民对外友好协会、中国人权发展基金会、中国新闻工作者协会、新华社、《光明日报》社，以及各宗教团体、社会其他各界和全国各地群众纷纷以集会、游行、座谈、发抗议信或抗议电等各种方式严厉谴责以美国为首的北约集团的暴行。

5月9日，国家副主席胡锦涛发表电视讲话，强烈谴责以美国为首的北约袭击我驻南使馆的暴行，表示中国政府将坚定不移地奉行独立、自主、和平的外交政策，坚定不移地维护国家主权和民族尊严，坚决反对霸权主义和强权政治。

5月10日，外交部长唐家璇代表中国政府向美国驻华大使提出严正要求：一、公开、正式向中国政府、中国人民和受害者家属道歉。二、对北约导弹袭击中国驻南使馆事件进行全面彻底的调查。三、迅速公布调查的详细结果。四、严惩肇事者。外交部发言人朱邦造宣布，中方决定推迟中美之间的两军高层交往和防止核扩散、军控和国际安全问题磋商以及人权对话。

5月13日，党中央、国务院在人民大会堂召开大会，欢迎回国的我国驻南工作人员。江泽民发表讲话指出，我们要继续坚定不移地坚持以经济建设为中心，推进改革开放，保持社会稳定，贯彻执行独立自主的和平外交政策。

12月20日，中葡两国政府澳门政权交接仪式隆重举行。江泽民主席郑重宣告中国政府对澳门恢复行使主权，中华人民共和国澳门特别行政区成立。澳门特别行政区政府宣誓就职。中共中央、全国人大、国务院、全国政协、中央军委在京举行"首都各界庆祝澳门回归祖国大会"。

每一件外交大事的处理，背后都深蕴着国家与国家之间的外交智慧的博弈。

中共中央宣传部组织的精神文明建设"五个一"工程评选活动，自1992年起，每年评选一次，评选范围为上一年度各省、自治区、直辖市和中央部分部委，以及解放军总政治部等单位组织生产、推荐申报的精神产品中五个方面的精品佳作。这五个方面是：一部好的戏剧作品，一部好的电视剧（片）作品，一部好的图书（限社会科学方面），一部好的理论文章（限社会科学方面）。

1999年，《新中国外交》原本没有参加"五个一"工程奖的评选。当时，北京电视台选送的是另一部片子。该片通过了初评，在进入终评阶段的时候，正值《新中国外交》热播。于是，就有一些专家评委呼吁北京市补送《新中国外交》来参加评选。出人意料的是，片子一送评，就以全票通过而斩获该奖项。

专家一致认为，大型文献纪录片——《新中国外交》以丰富翔实的第一手资料，首次全面系统、深刻地再现共和国可歌可泣的外交历程，热情讴歌了新中国三代国家领导人的外交远见和个人魅力，着力刻画了一大批新中国外交官在这条特殊战线上斗智斗勇的风采。多极化不是目的，一个更加和平、繁荣与稳定的世界，一个更加公正、合理的国际关系秩序才是追求的目标。而且，影响了20世纪人类和平进程的重大事件和重要人物都在这部立足中国外交、面向全球、呼啸着世纪声音的巨片中得到了相应的重现。

《新中国外交》首播之后，全国50余家省、市级电视台相继播出并多次重播，部分高校甚至把这部纪录片当作影像教材，经常用在课堂上。比如深圳大学校长就曾亲笔写信给当时的北京电视台台长刘迪一索要该片，以便学生完整观摩。外交部资料室及外交史学会也把该片作为重要文献收列。中南海多次来电索要该片供国家领导人观看。

电视史年度大事

1999年融合试验：无锡广播电视集团成立

1979年1月28日，上海电视台播出了一则1.5分钟的"参桂补酒"广告，这被视为中国电视历史上的第一条广告，也由此开启了中国电视通往市场化运作的大门。20年后，在距离上海仅仅100多公里的无锡，发生了一件出人意料的开球破门之事——中国第一个广播电视集团在此挂牌。

1999年6月9日，无锡广播电视集团成立。在电视行业内一向无声的无锡，一时间成为业内焦点。这不仅仅是因为它先于比它更有实力的省级广电机构组建集团，更在于业内对广电集团化经营的关注。经过20年的准市场化洗礼，大部分省级以上广电机构已经具备一定的物质基础、技术基础、市场基础。其时，中国电视经过"四级办台"指导，各地大小台林立。截至1999年底，全国县级以上有线电视台已发展到3000多个，若以频道计算，那就更多。中国电视媒体宛若进入战国时代，各地硝烟四起，内战激烈。海外媒体资本早已对内地媒体市场跃跃欲试，他们进入内地也只是时间的问题。在"内忧外患"的当景之下，中国电视面临一个出口问题，是化零为整还是继续细化分散生存？中国广电管理者本能地选择了前者。

1998年底，国家广电总局要求以省级台为基础成立广电集团，省市台合并统一台标和呼号，取消第四级电视台的广告经营权。此后几年内，各省级电视台轰轰烈烈地开始了集团化转制。广电管理者和经营者梦想着通过集团化让中国电视与世界电视接轨，让中国电视走向产业化道路，走出一个中国的华纳或者迪士尼。无锡广播电视集团承载着这个梦想，在各方恭贺中扯下了红布，正式亮相。

不久，《国务院办公厅转发信息产业部国家广播电影电视总局关于加强广播电视有限网络建设管理意见的通知》第一次明确提出在省、自治区、直辖市组建包括广播电台和电视台在内的广播电视集团，并在此基础上把广播电视网络传输公司纳入集团。2000年8月，在兰州召开的全国广电局局长座谈会，把集团化改革作为一项重点工作大力推进，明确提出要组建中国的"航空母舰"和"联合舰队"。

作为首发阵容的排头兵，无锡广播电视集团获得前所未有的关注。集团依托6个广播频率、7个电视频道、一张发行20万份的《无锡新周刊》以及"太湖明珠"网站，开始了它的"现代传媒集团"发展之路。随后，无锡电视被评为"全国区域创新电视媒体十强"。4个广播频率、2个电视频道入围全国"广电地标"综合影响力城市台第一阵营。新闻综合频道入围"2008中国区域电视频道十强"。《无锡新周刊》被中国广播电视报刊协会评为"全国知名品牌改革创新示范单位"。"太湖明珠"网站为地区第一门户网站，也是唯一荣获"金媒奖·2008最具成长性新媒体"大奖的地方性门户网站。集团牵头创建的无锡国家动画产业基地2008年原创动画生产达8108分钟，位列全国第4。

无锡广播电视集团揭牌

2004年6月，在无锡广电集团成立的第五个年头，中共中央政治局常委李长春专程来到无锡广电集团视察。李长春表示，无锡广电集团正以壮大宣传舆论主阵地、做强文化产业主力军、争当改革创新排头兵为目标，致力建设一个强大的现代传媒集团。这些成绩似乎是集团化为无锡广电带来的新阶段。

与其说无锡广播电视集团引领了中国电视的集团化，不如说是它抛砖引玉。

在它之后的2000年底，全国第一家省级广播影视集团——湖南广电传媒集团诞生。2001年年底，中国最大的传媒集团——中国广播电影电视集团成立。这个"巨无霸"的麾下，都是清一色的"中"字号：中央电视台、中央人民广播电台、中国国际广播电台、中国电影集团公司、中国广播电视传输网、中国广播电视互联网等。中国广播影视集团的成立，似乎意味着中国广电乃至中国传媒改革迈出标志性一步。很快，山东、上海、北京、江苏、浙江、天津等37家省级和计划单列市电视台大部分完成整合，挂牌成立广播影视集团。

事实上，"秋江水凉鸭先知"，各地轰轰烈烈的广电集团化并没有引领中国的"航母"们走向大海。

2004年6月，无锡广电集团成立5周年之际，国家广电总局召开了广播影视体制改革试点工作座谈会。这次会议上，总局领导出人意料地指出：鉴于事业性的集团已不利于广电事业和产业的发展，不符合经济领域运行的规律，总局今后将不再审批事业性质的广电集团了。尽管这一信息没有正式发文传达，但是中国广播影视集团化的前路却因此变得朦胧。

中国广电集团化之路本就有着浓厚的行政色彩，这与时代华纳等在自然市场竞争中所形成的传媒集团有着本质区别。

在表面热闹的集团化改革5年后，总局领导正式叫停。2004年12月21日至22日，在海南举行的全国广播影视工作会议上，为集团化改革"盖棺定论"：今后不再批准组建事业性质的广电集团，原因是作为喉舌性质的电台、电视台重组后的事业性质的广电集团，容易与社会上一般理解的产业集团的概念相混淆。

2005年后，广电集团化所原有的预期没有达到，进入了调整期。有学者反思做出这样的总结："集团化并没有像原先所期待的灵丹妙药一样给中国电视业带来一个春天，相反产生了一些令人费解和尴尬的问题。集团化并没能在短期内增强中国电视业的实力，从而与跨国媒介集团竞争，反而更像一个美丽的泡沫。但是，不能因此认为集团化不是一条正确的道路，而把集团化一棍子打死。彻底弄清楚'事业集团'与'产业集团'的区别，从而采取正确的措施手段，才是今后努力的方向所在。我们只能说在我国目前的情况下，广电集团化建设的市场环境仍未形成，而人为干预、拔苗助长的结果就是：背离了人们原先的美好愿望，成为新闻体制与机制改革中又一个值得汲取的教训。"

2005年8月，在全国各界的质疑声中，被视作集团化改革标杆的中国广播影视集团被宣布封存账户，停止运作。6年前首次挂牌"集团"的无锡广电集团，在2007年底组建成立无锡广播电视台，外称与广电集团"一个机构、两块牌子"。2008年，将经营性资源重组，组建无锡广播电视发展有限公司。至此，集团化改革尘封。

诚然，集团化本身并无谓正误，因为经济强势崛起的中国，的确需要强有力的传媒集团以应对转型社会复杂的内政外交。但市场有市场的规律，不因行政指令而改变的规律。尊重市场，尊重规律——但愿在电视运营中大范围推行制播分离的今天，这不是写在纸上、念叨在嘴里的一句空话。在本身便是制播分离产物的中线传媒公司居于老总之位的陈宏，对此心有大期待，但也有几许忧虑。不知他的心境，具有多大程度的代表性。不过，我们祈愿，还是让这个大期待来得更多更快一些吧。

《海峡风云》：把握敏感题材

2000年，由陈宏任总编导和制片人、系统反映台湾问题由来及其现状的文献纪录片《海峡风云》在北京电视台播出。该片共7集，每集30分钟。首播之后，全国50余家省、市台播出，并获春燕杯奖及中国纪录片学术奖。

台海问题，涉及许许多多的"敏感"，一般人，碰都不敢碰。毕竟，那一湾浅浅的海水，牵连着所有中华儿女的神经。

喜欢重大题材、尤其喜欢涉及国家大是大非问题的题材，是陈宏纪录片创作的一个偏好。更何况，陈宏从不惧怕挑战，甚至还就是喜欢被挑战。

在他看来，1997~1999年，正是台海问题的关键年头，全国乃至世界人民都很关注，身为电视纪录片人，就应当以一种责任感和使命感，来解一解、讲一讲这个大问题。

1998年10月，海基会董事长辜振甫访问大陆；接着，大陆海协会会长汪道涵也准备于1999年秋访问台湾。

就在这当口，即将于2000年5月卸任"总统"的李登辉，于1999年7月9日接受了德国广播的采访，在采访中，李登辉公然抛出了"两国论"。

7月11日，中国台办发言人发表谈话，强调："我们严正警告台湾分裂势力，立即悬崖勒马，放弃玩火行动，停止一切分裂活动。"

7月18日，江泽民和美国总统克林顿通电话，指出"两国论"是李登辉在分裂中国的道路上走出的十分危险的一步，并强调"如果出现搞'台湾独立'和外国势力干涉中国统一的情况，我们绝不会坐视不管"。

军方的反应更为强烈。7月15日，《解放军报》发表评论员文章，文章强调：面对李登辉分裂祖国的罪恶图谋，全军指战员无比愤慨。中国政府一贯主张和平统一，但从未承诺放弃使用武力。我们坚决拥护这一严正立场，正密切注视着海峡对岸的动向和事态发展。

7月31日，解放军举行建军72周年招待会，中国共产党中央军委副主席迟浩田上将在招待会上强调："中国人民解放军严阵以待，时刻准备捍卫祖国的主权和领土完整，坚决粉碎任何分裂祖国的图谋。"

8月下旬，中国空军首次在高海拔地区进行地对空导弹实弹打靶试验；海军则在台湾岛以北海域举行反潜演习，由海底发射导弹攻击海上目标，意在加强潜艇攻击能力，提升雷达的扫描范围及精确度。

9月初，人民解放军在北京军区、济南军区、沈阳军区的特种部队和两栖侦察队，在山东中部山区首度集结演练。同月上旬，人民解放军南京、广州军区陆海空三军、第二炮兵和民兵预备役部队，在浙东、粤南沿海举行了大规模的诸兵种联合渡海登陆实兵演习。

军方的这些积极动作，不由得使人联想起1995~1996年的第四次台海冲突。甚至有观察人士预言，台海即将爆发大规模危机。

世事如棋，波诡云谲之事常常有之。

也许是连上天也不愿看到海峡两岸的骨肉相残吧！

就在台海局势的紧张程度不断升级的时候，1999年9月21日凌晨1时47分，台湾南投县集集镇发生了里氏7.3级大地震，震源深度仅为8公里。出于人道主义考虑，也为了避免国际社会的不理解与误会，大陆在地震发生后停止了各项军事演习，台海局势得到缓解。

《海峡风云》的拍摄，用原周恩来总理办公室副主任、原中央对台工作领导小组副组长罗青长的话说，就是一定要抓住要害、抓住核心。更何况，台湾问题一直是中美关系中最核心、最敏感的问题。

纵观台海问题的节点，从"一定要解放台湾"到"和平统一、一国两制"政策的形成；从祖国大陆与台湾割不断的血肉联系，到两岸互动交流；从台湾当局大陆政策忽东忽西的改变，到李登辉公然叫嚣所谓的"两国论"；从人民解放军举行声势浩大的军事演习到台湾问题不能无限期拖下去……诸如此类的点和面，在《海峡风云》中显然都要有所交代或展示。

尽管有《新中国外交》的创作经验，陈宏还是倍感艰难。尤其是在对"度"的把握上的艰难。

四处搜集和查阅资料、四处联系访谈、不分白天黑夜地思考……北京大学国家关系学院常务副院长潘国华、台湾问题专家李义虎、中国社会科学院台湾研究所所长许

《海峡风云》策划期间，与台湾著名电视人凌峰交流（上图）
2000年率组采访韩国议长李万燮，后排右三为曾任前韩国总理金
宗泌的副官尹锡宪（下图）

世铨、副所长李家泉、国防大学国际关系教研室教授蒲宁、总政治部联络部副部长沈卫平、原福州军区副参谋长石一宸、原民革中央副主席贾亦斌、国台办主任助理兼新闻发言人张铭清，等等，一时之间，都成为陈宏的座上宾。三番五次地讨教，高密度地思考，几经周折，《海峡风云》基本定"调"——紧紧围绕两岸关系的发展演变，用多维视角透视台湾问题。最后，陈宏把《海峡风云》所反映的台湾问题和两岸关系，定位为"世纪之交的台湾问题"、"国际政治格局中的台湾问题"和"经济全球化浪潮中的台湾问题"。

在这个"调"的统摄下，陈宏在内容框架上，设置了七个篇章：千秋大业、一脉相传、经贸互动、分裂逆流、国际角逐、台海危机、统一大势。每章一集。

"调"定了，框架有了，剩下的，就是认真仔细地执行。

在该片的摄制过程中，对汪道涵先生的采访，是个跳不过去的环节。怎样才能采访到这位老先生呢？多方寻求线索，最后在国防大学的一位少将那里获得了帮助。

这位少将跟汪道涵的女儿是朋友，通过这个关系，终于联系上了汪老先生。老先生答应接受采访并题写片名。不过，此时的汪老，正在住院。

初步联系过后的一个星期天，汪老那边通知剧组星期三去采访。当时，片子拍摄正在关键处，陈宏想抓紧赶一下，也好见汪老。像这些关键时刻，是万万不能有任何闪失的。

这一抓紧，还真出了事。

由于太劳累，抵抗力下降，星期一，陈宏得了重感冒。

为了好得快些，平时连药都很少吃的陈宏，主动到北京人民医院，要求医生给自己打一针。到医院一检查，医生就说："高烧，得马上输液"。医院床位紧，医生在过道上给陈宏挂了一个吊瓶。输液过后，体温还是降不下来。没办法，陈宏只好睡在医院的过道上。就这样，直到第二天，也就是星期二的晚上，连续输了8瓶液，体温还没降下来。

正在这时，他的朋友中，有一个曾经是空军指挥学院的教官来探望病情，在她的帮助下，陈宏转到了另一家医院，因为那里住院条件较好。

到了之后，继续输液。星期三，输到第3瓶液的时候，电视台的领导来看他。

看着领导熟悉和关切的面容，陈宏还未倾诉衷肠，却突感面部麻痹，口舌僵硬。很快，他昏了过去。他似乎走进了一座教堂，抬头仰望着教堂顶上的穹幕，看到了教

拍摄《海峡风云》时，采访原国台办主任杨斯德

堂顶上的花玻璃。不知怎的，这玻璃有一块是碎了的，彩色的阳光，刚好穿过那块碎了的玻璃照进来，那光，说不出的美，也说不出的刺眼。看着看着，陈宏感觉自己好像在往上飘，飘……他仿佛听到一个声音，在不断地呼唤他。

突然，那光不见了，陈宏感觉自己掉了下来。这一掉，心就悬了起来，一紧张……醒了——原来，是身边的人在使劲地喊他。

醒来一测脉搏，只有30多下。检查结果，是青霉素过敏。不谙药理的护理人员只知道陈宏在北京人民医院输的是青霉素，也问过他对此药的过敏史，但疏忽了青霉素的型号差异！而也正是这青霉素的型号差异，差点要了陈宏的命。

此后多年，陈宏多次说，我这条命，是周围的朋友们喊回来的。所以，朋友之于我，有不同寻常的意义。这些意义，远远超越所谓的生活、工作之类的"存在"形态；朋友，是我生命的构成部分。

2000年3月下旬，7集电视专题片《海峡风云》在北京电视台一台黄金时段播出，北京电视台对外部的主任孙丽华亲自前往上海，请汪老题写了片名。

《海峡风云》播出后，社会各界反响强烈。国务院台办、北京市台办、空军、海军和有关高校都对该片的学术价值和现实意义给予了高度肯定。有关部门也强调指出，该片是第一部反映台湾问题和两岸关系的力作。借此热播的东风，同名书籍也迅速出版，并被国防大学举办的两岸关系省部级培训班列为辅助读本。

《潮涌东方》：抒写大国情怀

时间之矢永远不会因为人类的任何期望或怨艾而有须臾的停止。千禧年的钟声，也仅仅只是在人们的耳畔打了一个圈，就渐行渐远。

公元2000年，我们国内生产总值的增长率，在连续3年下滑之后，终于开始回升，增长率达到8%左右。这也就意味着，中国经济已经从亚洲金融风暴的冲击中解脱出来，恢复了元气。

这一年，中国人均国内生产总值达到800美元以上，总体上实现了小康目标。不过，如果按人均3000美元的现代化标准来衡量，显然，我们距离现代化，还有相当长的路要走。

这一年，国际形势比前3年有了相当大的缓和。

一方面，国际和平力量的增长超过战争力量的增长。地区热点有的已经降温，有的正在降温，有的明显降温；处在失控边缘的转趋稳定，难度很大的最终也正在谋求通过和平谈判求得公正合理的解决。

另一方面，大国关系普遍有新的改善。彼此间既相互合作、尊重，又相互制约、斗争，基本态势是竞争共处，争取优势。出于各自的战略和经济利益考虑，各国都在努力改善和发展相互间的关系，努力避免直接冲突或全面对抗的发生。新的世纪、新的气象、新的起点，各国似乎都在谋划新世纪的发展战略，力争在新世纪里占据有利地位。

更为关键的是，这一年，是世界经济10多年来增长最强劲的一年：世界贸易也创下20年来最高纪录；同时，信息技术突飞猛进，全球化大有全面加速的态势。

这一年，我们的周边环境，处于新中国成立以来的最好状态。我们同多数邻国解决了历史遗留的陆地边界问题；中越关系取得突破性进展；与周边国家建立起各种不同类型的伙伴关系。周边国家也重视中国的地位和作用，积极改善和发展对华关系。

内外环境的这些变化，在我们社会的各个领域、各个层面，当然会有相应的投射。因为此时，已有20余年历史的改革开放，正在步步深入；已有8年历史的市场经济体制改革，正在步步深入；中国融入世界的脚步，正在悄然加快；WTO的大门，正在向中国缓缓开启。

当此之际，中国需要更快更好地认识世界，世界需要更多更好地认识中国。

更为关键的是，中国和中国人民，需要更多更好、更深入更准确地认识自己。

在恍若昨日的100年前，在上一个世纪交替之际，一个积弱积贫的国家，一个被列强宰割的民族，她在这100多年里究竟走过了一条什么道路?她是如何穿越20世纪人类历史的风雨滩涂，绕过重重暗礁和巨浪，并在自身不断变革中踏上了通往国家、民族伟大复兴的道路的?

比这些问题更重要的是，世界其他国家和民族应当从这个古老民族浴火重生的百年巨变中认识到些什么，体悟到些什么，甚至是借鉴到些什么，来为自己的国家和民族找到更顺畅、更快捷的发展通道。

探寻百年中国的现代化历程，解开百年中国现代化历程的历史密码，世界有大期待，国人有大期待。

沐着新世纪的灿烂朝阳，世纪中国，带着几许沧桑，几许豪情，前进在国家现代化的征途上。

不过，此时此景的现代化，早已不是20世纪60年代之时所描绘的现代化，甚至也不是20世纪90年代之时人们所理解的现代化。

当此新的千年之初，国人对现代化的理解，重心已在转移——知识和教育的重要性开始凸显。而这一重视，不再是昔日简单的文化层面上的重视；这个时候的重视，更多的，其实是经济意义上的重视。这个时候，大家都在谈论知识产业、知识经济、知识社会；同时，环境、生态等因素也被纳入现代化的眼界中。

这其实是在昭示，近代以来就被世界强行拉入现代化队伍的中国，时至于今，在现代化进程上已处于十分微妙的关节点。这个关节点，甚至就是这个国家和民族在现代化之路上的拐点。

当此之际，整个社会，尤其是精英群体，实在是大有必要从根本上梳理百年中国的现代化历程。立足古老中国的现实，彻底抛弃历史虚无主义，潜心总结过去100多年来中国人在国家和民族现代化进程中的成败得失。

显然，这不仅需要对历史和文明高度负责的道德担当，更需要面向世界、面向未来的政治理想。

《潮涌东方》前期策划班子，并排从左至右：原中共中央组织部宣
传处吴红处长、该片总编导陈宏、原中国社会科学院副院长刘吉、
国务院外宣办领导等（上图）
与《潮涌东方》撰稿之一杨火林博士探讨思路（下图）

电视人的良知与思考、记者的社会责任感、艺术家的心理敏感，都在不同程度地激起陈宏对百年中国现代化之路的深度思索。

陈宏深深地知道，只要把饱含时代脉动的民族精神与纪录精神完美地结合起来，就一定会产生不同寻常的感染力与震撼力。

什么是纪录片？为什么说纪录片之于社会、之于历史永远是一条渐近线？

答案在于，纪录片就是从日常生活中、从现实社会的需要中拍出一部"戏剧"来，从一个问题中写出一首诗来。

一切以生活为起点、以现实为观照，是纪录片深入历史和人的内心世界的法宝。纪录片力求真实地言说社会与历史，并希望通过真实赢得人们对现实的认知、思考与判断。正是在这赢得被人的信任和心灵的震撼的过程中，纪录片强大的话语力量得到了展现和实现。

想到这些，一个解开百年中国现代化征程密码的方式在陈宏心中悄然成型。

——我有我的回答，一部纪录片的回答，陈宏暗自告诉自己。

一波三折：《东方的复兴》遇危机

就在陈宏思忖着这么一部纪录片的切入口的时候，中央电影纪录片厂那边有人找上门来，想请陈宏做总编导，拍一部名为《中兴之路》的纪录片。

这简直就是天赐良机。

陈宏应约来到中央电影纪录片厂，与制片人——中央音像出版社的姚承章社长接洽。这位海军出身的电视人，快人快语，在听完陈宏关于该片制作的初步想法后，当即就拍板说："总编导就是你了！"经过一番谈论和沟通，陈宏建议改名为《东方的复兴》，内容大致定位为：讲述从康乾盛世到鸦片战争，再到新中国的成立以来中国的现代化进程。简而言之，就是中国从没落到寻求复兴的现代化过程，并从这个过程中探究中国衰落与复兴的深层原因。

主旨确定之后，陈宏立马开始了系列准备：搜资料、理思路、搭框架，一切也都如以前的片子一样按部就班地向前推进。正在陈宏觉得还有几分得心应手的时候，意外出现了：姚社长告诉陈宏有人居然把这个选题告到了中央，说这个选题是"《河殇》第二"。中央有关领导很重视这个问题，责成中宣部相关部门认真调查。如此一来，《东方的复兴》的创作也就只好暂时搁浅。满怀一腔热情，兢兢业业搞创作，结果却被扣上这样一项帽子。在创作被强制性搁浅的那些日子，陈宏感到前所未有的苦闷。不过，洒一路汗水、拼一路毅力才走到此时此境的他，没那么容易泄气和消沉。为了调整自己的心绪，他努力使自己平静下来——这也就权当上天赐予自己的一个好好审视周遭、审视自身、审视未来的一个机会吧！他想。

在那些日子，他反复咀嚼诸葛亮的"淡泊明志，宁静致远"。在他看来，如此寥寥八字，却包含着博大精深的人生智慧。此语若承前，则有《老子》"恬淡为上，胜而不美"之语；若启后，则有白居易"身心转恬泰，烟景弥淡泊"之诗。纵贯而下，道出的也就是告诫人们随时随境，要心无杂念，凝神安适，万万不要陷于眼前得失的那种长远而宽阔的豁达。不过，随着时代的发展，这句话似乎应该有更新的含义。"淡泊"与"宁静"，并不是不想有作为，而是要通过不断地奋斗、不断地学习、不断地思考来"明志"，待时机成熟就可以"致远"。"淡泊"与"宁静"，是以"明志"与"致远"为终极理想目标的，是积极向上、催人奋进的。越是在困难处境中，越需要让自己尽可能"淡泊"一点，"宁静"一点。只有在这样的"淡泊"和"宁静"中，人才能平和，才能在平和中调适出足够的宽容。

想到这些，陈宏想起了一则古希腊神话：太阳神阿波罗的儿子法厄同驾起装饰豪华的太阳车横冲直撞，恣意驰骋。当他来到一处悬崖峭壁上时，恰好与月亮车相遇。月亮车正欲掉头退回时，法厄同倚仗太阳车辕粗力大的优势，一直逼到月亮车的尾部，不给对方留下一点回旋的余地。正当法厄同看着难以自保的月亮车幸灾乐祸时，他自己的太阳车也走到了绝路上，连掉转车头的余地也没有了。向前一步是危险，向后退一步是灾难，终于万般无奈地葬身火海。法厄同之所以葬身火海，主要原因就在于他在关键时刻缺乏必要的冷静。人生一世，千万不要使自己的思维和言行沿着某一固定的方向发展，而应在发展过程中冷静地认识，判断各种可能发生的事情，以便能有足够的回旋余地。如果将来有什么事情发生，你就可以从容转身，使自己能够进退自如。不留余地好比走入棋的僵局，即使没有输，却也无法再走下去了。

包容别人的过错，不要用别人的过错来惩罚自己。包容能让我们更好地看清自己，也使我们能够排除干扰，对自身价值作出更加客观的评价。包容得越多，收获也就越多。

天空收容每一片云彩，不论其美丑，故天空广阔无比；高山收容每一块岩石，不论其大小，故高山雄伟壮观；大海收容每一朵浪花，不论其清浊，故大海浩瀚无比。

面对这些不愉快，我们该如何处理好呢？在心里存档、再在脑子里备份吗？不是的！绝对不是的！我应该收拾心情，重新上路！

在经过一小段时间的调整之后，陈宏觉得《东方的复兴》的定位并没有错。"既然是正确的，那就应该继续做下去。"陈宏对自己说。正在这个时候，柳暗花明的机会来了。调查所谓"《河殇》第二"的有关领导在得知负责这个片子的就是创作《新中国外交》的陈宏之后，明确表态：这个同志是不可能有导向问题的。同时，广电总局相关部门的领导也建议陈宏另起炉灶，重起一个题目，把原来的想法做下去。因为原来的想法立意和构想也都非常好，那种从历史的纵深和世界视野来看待国家发展的来之不易的思路，正是当前所需要的。

　　在此拨云见日之后，又是一阵艰难而深入地思考，《潮涌东方》的片名浮出脑海。在经过简短的忙碌之后，得到重大理论文献专题片领导小组的正式批准：片名《潮涌东方》，长度15集，并作为建党80周年的献礼片。

　　一波三折，一朝定音。收拾一担好心绪，向着潮涌之东方，前进！

站在历史高处的定位

《诗》曰：殷鉴不远，在夏后之世。

20多年前《河殇》的覆辙，陈宏可谓清楚之极。在那个特定的时代背景下，《河殇》的作者们，虽然也表现了对改变中国落后状况的关切和焦虑，但由于缺乏足够的理论上、知识上的准备，缺乏严肃和郑重的态度，导致《河殇》最终陷进了民族虚无主义和悲观主义的泥淖。

谙熟历史、深思过历史的陈宏，很早就知道，任何一个国家和民族，传统都是一条流动不息的河，但它不是一条直线，它在特殊时空会发生转折，甚至回流；而且，这些转折和回流一定与特殊时空的特殊人物紧密相关。

近代百年，是泱泱中华五千年中最不寻常的百年；也就是在这百年间，我们经历了最为剧烈的社会变迁，经历了最为激烈也最为痛楚的思想裂变，承受了空前的耻辱和劫难；但与此同时，一批又一批志士仁人，一批又一批智勇先驱，却让我们读懂了什么是青春、理想、献身和牺牲，什么是科学、民主与仁爱。

所以，展现近代以来这个国家和民族的现代化历程，也就必然包含这些痛苦的挣扎、煎熬和义无反顾的果敢。

但是，实在说，要用作为视听艺术的纪录片来讲述、演绎一个国家上百年的现代化运动，确实不是一件容易的事。

用什么作为主题，用什么作为主线，又用什么方式来展现所选择的主题和主线？

陈宏坦言，创作之初，他就遭遇了前所未有的困难。"这将是一部什么样的片子?"这是那段时间一直困扰他的问题。必须首先说服自己，才可能说服别人。这是所有人都明白的道理。

著名纪录片理论家比尔·尼科尔斯曾说：纪录片的风格不仅形成于导演把自己对现实社会的洞察转化为视觉形式的过程，而且也产生于导演直接参与现实主题的过程。也就是说，纪录片的风格或表达形式揭示了人对现实社会认知的一种独特方式。"认知方式"，陈宏脑子里念叨着这个词。对的，先确定一种认知方式。

环顾四周，最广泛、最普通也最可能赢得共鸣的认知方式，无疑是"经济"。对，就是经济！

近代以来的中国，积贫积弱的根本原因在哪里？解开这道题，"经济"无疑是最好的一个突破口。那选择什么方式来演绎"经济"这个突破口呢？

带着这个问题，善于头脑风暴的陈宏，遍访高人。

有人认为，可以借鉴《望长城》，寻找一个恰当的地理符号来作为载体。但是，由于这部片子的内容比《望长城》要丰富得多，所以单个地理符号恐怕难以支撑。那又到哪儿去找一种综合的地理符号呢？显然，这是个大大的难题。

有人认为，我们号称"龙的传人"，"龙"理所当然地应成为这部片子的内容表征；再则，"龙"是整个中华民族的象征，如果片子选择这个符号，也就正好暗合了片子所要表现的主题——中华民族追求伟大复兴之路的艰难历程；但龙也是虚无缥缈的，更何况，国际上还总有那么一部分人，认为龙是邪恶化身而对之持排斥态度。

还有人认为，不管怎么说，"人"才是历史的主体，所以，"人"，且只有"人"，才应该是这部片子描述的对象和结构的线索。不过，这个"人"，又不是具体的某一个人，甚至也不是某一方面、某一类型的人，而是近代以来对推进中国现代化有贡献、有特点的一大群人。如果我们把中国现代化运动比做一张底片，那么，这样一群人，就是这张底片上永不褪色的那么一类。

反复比较这三种意见，陈宏认为，第一种过于繁复，第二种过于抽象，只有第三种，实际、方便、自然、可操作性比较强，而且也比较贴近自己的思路。

的确，历史总是人的行动写成的。近代以来的中国帝王、领袖、军阀、革命家、学者、商人、布衣等等，以其形形色色的观念和行为，交织成了百年中国风雨沧桑而又波澜壮阔的现代化史诗。如果将这些人物在百年中国的现代化历程中的豪情与激情、爱憎与智慧、观念与实践、犹疑与果敢展现出来，那将是何等的一种壮观和震撼啊！

放眼世界，通过对众多人物的"纪录"，来叙述、诠释、认识乃至重构一段历史，也正应合了世界纪录片的风格走向——"叙事对象的个体化"和"叙事过程的情节化"走向。

世界著名电影理论家巴拉兹曾指出，最引人入胜的一种纪录片，就是有中心人物的纪录片。当然，他所指的中心人物，既可以是个体，也可以是群体。巴拉兹还强调："一切的事情归根结底是与人有关的，通过人而发生的。"把镜头对准人物、人物故事，以及由人物故事带出的历史，这正是纪录片之所长。

纪录片自其诞生之日起，就以镜头方式探索着人和人所生存的世界。深蕴着对"文明世界"严肃反思的弗拉哈迪的片子如此，用摄像机探索人类生存世界的哲思的尤里斯·伊文思也是如此。也正是在镜头深处贯注了深邃的哲学思维，才使得这些纪录片大师的作品具有了其他人所不能企及的高度和魅力。

陈宏认为，在哲学和历史的维度上，这部片子必须强调"世界大视野"和"历史大趋势"这两个"大"。只有具备了、用好了这两个"大"，我们所希望的、用"高瞻远瞩"或者说"高观远眺"的宏观视角，来审视百年中国的现代化历程的想法，才可能会得到实现。

站在世界大视野和人类历史大趋势的高度，把百年来的世界状况和中国问题相联系、相结合，运用历史唯物主义和辩证唯物主义的基本观点、基本逻辑和基本思维，对近代以来影响世界走向、也影响中国走向的重大经济思想、经济政策、经济活动等历史人物、历史事件进行科学的、理性的审视，并将其以镜头的方式、艺术地转化为一个个生动形象的人物感和人物故事，给每一位关心国家和民族命运，关心包括自身在内的老百姓个人命运的人们提供一些可供玩味、可供探究、可供反思的视觉形象。

这也就是说，这部片子的每一个人物及其命运，每一个事件及其轨迹，都应当努力成为我们今天"从何来"、"为什么"、"怎么办"的一种参照、比对和诠释。

观古而知今，观人而知己。

"每个人物及其故事所提供的一种参照，都应当努力成为当代人领悟自己当下状态的镜子；每种人生及其历程，都应当努力成为当代人走进这个古老民族的灵魂深处，去感受她的痛苦、荣光和梦想的向导。只有这样，这个片子才能更形象地勾勒出百年中国一往无前的现代化进程的足音。"陈宏在他近一万字的导演阐述中写道。

站在历史的高处，审视人物及其事件的细节——这就是思路。

想清楚了片子的表现内容，理清楚了片子的表现方式，陈宏开始进一步细化片子的主题。

在陈宏导演阐述的整体构架中，这部片子应该是以人类科技迅猛发展、全球化浪潮奔涌而来、多极化趋势日益明显为时代背景，着重从经济发展角度，描述整个20世纪这一百年，发生在这块古老的东方大地上的波澜壮阔的现代化运动，在极其广阔的国际视野里，再现一个古老而贫弱的民族探索、实践、追求伟大复兴的艰难历程，并借此展现中国共产党三代领导人对中国现代化运动的宏伟战略和伟大实践。在主题上，至少有三个方面值得特别强调：

一是，这部片子要用极其广阔的国际视野，再现中华民族追求和探索民族伟大复兴的艰难历程，展示中国共产党人为了中华民族的伟大复兴所进行的苦苦探索：在血与火的征程中，终于为中国人民找到一条历史性的康庄大道——建设有中国特色的社会主义道路。

二是，这部片子要以经济发展为主线，描述鸦片战争以来发生在神州大地上的、波澜壮阔而又可歌可泣的现代化运动。为此，陈宏高密度和高强度地消化关于现代化的相关理论资料，如同他自己所说的那样，几乎是以"硬背"的方式来把握罗荣渠主编的《现代化丛书》以及其他论述现代化的文献资料。通过一段时间的攻坚，陈宏对现代化及其相关理论，总算有了点自己的认识。在他看来，亨廷顿总结的关于现代化的几个特征确实有一定的合理性。

亨廷顿认为，现代化的基本内涵包括以下几个方面。一是现代化是从传统形态到现代形态的转变，必然涉及人类生活方式根本的和整体的变化。二是现代化是系统的过程。三是现代化是全球的过程。四是现代化是一个长期的过程。五是现代化是有阶段的过程。六是现代化是一个同质化的过程、不可逆转的过程。七是现代化是一个真真切切的进步的过程。

结合这些认识，陈宏觉得，就中国的具体情况而言，现代化其实可以从以下三个层面来理解：其一，现代化实质上就是工业化，是经济落后国家通过技术革新，在经济和技术上赶超世界先进水平的历史过程；其二，现代化是自科技革命以来，由于政治制度和社会结构的变动而引起的人类社会整体急剧变动过程的总称；其三，片面强调工业化和制度现代化是不够的，还必须强调现代化进程中人自身的现代化，也即人们从心理、思想和行为方式上实现由传统人到现代人的转变。这也就是说，现代化不只是经济发展和政治发展，更重要的是文化发展和精神发展，以及在此基础上的人的全面发展。而且，这三个层面是相互渗透、相辅相成的。因此，如果我们从社会层面着眼来较为完整地把握现代化的涵义，那就必须从物质、制度和精神三个方面来加以综合考察；如果我们从作为社会个体的人着眼，那其关键点就在于人之作为人的全面发展。

　　沿着这些所谓的理论，陈宏对世界各国现代化的路径与类型范式算是有了比较概略的了解，进而比较充分地认识到，中国的现代化属外发内生型，即由外国枪炮催发萌动，人民上下求索而推进的。因此在这个痛苦而又漫长的求索过程中，所有为追求国家的富强和人民的幸福而不屈不挠的民族精神都应得到集中展现。

　　三是，这部片子要从理论和实践相结合的高度，展现中国共产党第三代领导集体对毛泽东思想、邓小平理论和建设中国特色社会主义道路的继承和发展。

　　如果做足了这三个方面，那这部片子的文献性、思辨性与可视性就能得到高度统一。在此基础上，如果再辅之以大量珍贵的历史文献资料、中外数百名学者、政要、商贾及关键历史事件见证人的采访材料，那这部片子就很可能会成为一部亦古亦今、大开大阖而又颇具史诗品格的精品。

举重若轻见真功

诗云：良玉假雕琢，好诗费吟哦。

精品都是细心、耐心打磨出来的。

在确定了《潮涌东方》的主题和表现方式之后，陈宏并不觉得轻松。按照他的工作习惯，接下要做的，就是确定片子的总体规模和每一集的主题。为了充分表现主题并结合片子制作的经费状况，片子规模暂定15~20集，每集30分钟左右。这也就是说，先按20集的规模来收集资料、整理素材，然后再按15集的规格来去粗取精。大结构上，按照近代以来的时间顺序来编排，以纵向的、编年体的方式，展现从1840年的鸦片战争到20世纪末中国社会现代化运动发展历程。

按照15集的规模，陈宏和他的团队经过几番折腾，大致勾勒出了《潮涌东方》每一集的大致主题：

第1集　全球浪潮

展现近百年前中国开始现代化的大背景和中国先进分子救亡图存的种种努力。戊戌变法，洋务运动，辛亥革命，救党救国，诸如此类。

第2集　艰难启航

展现传统的封建制度和西方对华殖民制度是中国现代化的最大障碍。中国开始了以工业化为主要内容的现代化起步。

第3集　希望之光

表现了五四运动对传统文化的反思，中国迎来一次思想的大解放。中国一部分先进分子选择了社会主义。中国共产党为中国现代化带来了新的希望。

第4集　立国发轫

新中国成立后，如何恢复经济、重建国家是当时的中心任务。人民政权的建立，为中国现代化扫除了政治和制度障碍。国民经济的恢复，为中国大规模工业化奠定了基础。

第5集　制度革新

中国的工业化建设与社会主义改造同时并举，开始了社会主义现代化建设的开端。社会根本制度的革新，为社会生产力的解放和发展创造了有利条件，"一五"计划取得重大成就。

第6集　走自己的路

从"八大"前后起，中国共产党以苏联为鉴戒，开始探索适合中国自己国情的社会主义现代化建设道路，期间，既取得了初步的成果，也遭受了"大跃进"、"文化大革命"这些重大挫折。十一届三中全会是中国现代化进程的一个重大转折点。自此，中国真正找到了"中国式的现代化"道路——建设有中国特色的社会主义。

第7集　迈向世界

对外开放是现代化的根本途径，20多年的改革开放，有力地推动了中国社会主义现代化进程。如何借鉴外国现代化经验，应对经济全球化挑战，是中国进一步扩大开放所面临的考验。

第8集　从计划到市场

现代化在一定意义上就是市场化。十一届三中全会以后，中国共产党市场价值取向的经济体制改革虽然经历一段艰难历程，但一步一个台阶，经过"十二大"、"十三大"和邓小平南巡讲话，最终在党的"十四大"确立社会主义市场经济体制改革目标，并在"十五大"完善了社会主义市场经济理论。

第9集　振兴之翼

科教兴国战略与人才强国战略的提出背景与意义。中国现代化中工业化与信息化的双重使命。从中表明中国共产党始终代表先进社会生产力的发展方向。

第10集　持续发展

十一届三中全会以后，通过对现代化的反思，中国共产党力求避免西方发达国家现代化过程中所暴露出来的种种弊端，挖掘本土文明的精华，从而实现可持续的发展。

第11集　重振西部

没有西部的现代化，就没有中国的现代化；西部与外界的沟通，是西部现代化的前提条件；西部的现代化，关键是人的现代化；西部要实现的现代化，是可持续发展的现代化。

第12集　在希望的田野上

从孙中山的"耕者有其田"到毛泽东的土地革命，再到邓小平的农村改革，可以说农民、农村、农业问题始终是中国的根本问题。本集在深刻探讨中国"三农"问题的同时客观地道出：没有农村的现代化就没有中国的现代化。

第13集　执政为民

全心全意为人民的利益服务，是中国共产党的宗旨，也倾注了中共三代领导人的心血。在执政的条件下，如何代表最广大人民群众的根本利益，是中国共产党正在积极探索的课题。

第14集　人的现代化

从社会主义精神文明建设到提出实现人的全面发展，中国共产党在追求人的现代化过程中，始终力求坚持代表先进文化的前进方向。

第15集　复兴之旗

现代化是不可阻挡的世界潮流，是中华民族实现伟大复兴的动力。

如何应用纪录片的"词汇"、"语法"和"修辞"来更准确地传达各集和整部片子的主题呢？既然人物及其相关的故事是这部片子的主要"词汇"，那么这些"词汇"要用什么样的"语法"和"修辞"米组合、结构才是最好的呢？

盘点了一下"词汇"库，陈宏大概估计了一下，可以作为片子人物故事的表现素材的，大致有三类：

一是历史文献资料，包括影视新闻专题资料、文字资料、图片资料等，这部分约占本片影像构成的50%。

二是历史人物所到过的重要地方，历史事件的发生场所。对这些地方和场所的拍摄，有助于再现历史时空和历史内容，这部分内容约占本片影像构成的15%。

三是对历史事件当事人、见证人的采访及对当前的专家学者、相关人员的采访，这部分约占本片影像构成的30%，其他的约占5%。

从纪录片美学理论和自己的创作实践出发，陈宏初步判断，就这些素材，如果合理布局、均匀搭配，创造出丰富多彩的视听艺术效果，应该是没有问题的。

于是，陈宏和他的团队，反复讨论，决定在各集的具体编导过程中，切实执行"八项注意"：

一是注意"三分钟美学"原则，即每三分钟应有一个动情点或曰兴奋点，以便抓住观众往下看。

二是注意强调切入点的新闻由头原则，即每个段落、每个事件、每个人物的切入都要讲究新闻由头，最好是从现在的一些新闻事件、社会现象说起，以增强本片的当下感。

三是注意讲究声画勾兑的原则，即在一定时间里（一般两三分钟），解说词声音要与画面有效"碰撞一次"，防止声画两张皮，各不相干。

四是注意时空转换的原则，即从现实时空转换到历史时空，要有铺垫，要考虑观众心理情绪的相应的变化过程。

五是要注意历史事件见证人的话是陈述式的，尽量不要做出评价、评论，而当代人或专家学者的话则应当是评论、评价的风格，两者在采访过程中应有鲜明的区别。

六是要注意历史人物出场的交代，让受众对这个人是怎么一个状况有一个大致的了解，其中包括这个人物的人生历程、个人特征、思想信念、工作成果等，因此要注意拍摄好这个出场人物的相关空镜。

七是要注意每到一地拍摄要充分利用当地生活习俗和地方特色，突显各地的特色，使片子充满地方生活气息，这与片子所强调的国际视野并不矛盾。

八是要注意保持客观、平实的心态，在此基础上，将包含智慧火花的观点和句子点缀其间。在语言风格上要有一种高于历史、驾轻就熟、举重若轻的从容感觉，但又不能搞得故弄玄虚。要让人从洗练、清晰的风格节奏中感受到一种理性的力量，尽量不要让情绪性的东西掺杂进来。

与这"八项注意"相并列的，是对"散点式结构"的深刻领会和把握。

"散点式"是这部片子每一集内部结构的突出特征。具体表现为：一集数个人物及其故事，他们可能各自毫不相干，但是，又有一种内在联系。这个内在，要么是某种思想逻辑，要么是某种情感思绪，要么是某种心理悬念设置等等，这也就好比文学创作中的意识流，将散落在历史和现实中的碎片有机地粘结在一起，构成一幅鲜活的历史图景。

在风格呈现上，散点式结构往往呈现出一种交响乐式的、立体交叉式的特点，便于将纷繁复杂、头绪众多的史料组合起来，可以在自由、自在、自如而又自然地跳进跳出中，具体、生动、亲切地传达创作者的想法。

借鉴《新中国外交》在主持人方面的成功经验，陈宏决定特邀人气正旺的文化学者、作家余秋雨出任《潮涌东方》的串场嘉宾。不过，这次，作为串场嘉宾的余秋雨

邀请余秋雨作为《潮涌东方》的串场嘉宾

不像杨澜那样到处寻找、发掘、求索，而是坐在一个以巨型书架为背景的老茶几旁娓娓道来。

后来，当有人问起"为什么想起让著名文化人来做主持人式的串场呢？"这个问题的时候，陈宏说，电视专题片用主持人或承上启下或担任解说并不鲜见，但他们往往大多本身就是播音员或主持人，《潮涌东方》要让人有创新感，就必须把创新尽可能地做到每一个细节。《潮涌东方》在本质上也是对近代以来百年中国的文化思考和探究，请文化名人来主持，至少在身份上就是恰如其分。

事实上，为了让余秋雨的"诉说"与篇章内容实现真正的无缝对接，陈宏可是颇费心机——他特意让剧组买了数千元的关于中国和世界其他各国现代化研究的书刊，和余秋雨在北京一家宾馆住了一个多星期，深入交流、探讨这方面的心得体会。交谈中，陈宏对余秋雨说："您刚走完凤凰卫视的千禧之旅，那是一次跨文明的跋涉；而这次，您将踏上一个古老而伟大民族的现代化之旅。不过，这次是用心，而不是脚去度量。"对此语，余秋雨深以为然。

行程数十万公里的史诗巨著

《潮涌东方》，全片长度为450分钟。

摄制组累计行程数十万公里，足迹遍及全国30余个省市及海外10余个国家地区，镜头海纳百余位国家、地区领导人以及美、英、法、日、德、意、韩、奥等国以及联合国官员，对国内外专家学者进行了身临其境的实地访问。

初步估算，整个片子拍摄的素材量达10万分钟以上，购买关于世界现代化进程的图像资料上万分钟，查阅文字资料多达上千万字。

可以说，也正是有如此巨大的素材库为坚实基础，这部片子才以其内容翔实、制作精良、气势恢弘的整体效果，实现了中国电视纪录片制作向世界电视纪录片制作之最高标准看齐的历史性突破。

采访中的每一个细节，都让我们看到作为总导演、新闻工作者的陈宏信手拈来的

专访时任上海市委书记的黄菊

采访功底。

那是陈宏一行到上海去采访时任市委书记的黄菊。当时黄菊书记很忙，经过有关部门安排，只能挤出30分钟接受采访，而同时要采访他的还有央视记者。

上海电视台的新闻演播室。黄菊书记先接受央视记者15分钟的采访。轮到陈宏采访，他问出了上海的现代化进程问题，黄书记简要地进行了回答。眼看15分钟要结束，陈宏马上说："我在出租车上问了上海的哥，知不知道黄菊是市委书记，对黄菊有什么评价。司机说黄菊很务实。你对这个司机的评价怎么看？"黄菊书记笑着回答："我的原则是少说多做，或者只做不说。这个司机的评价很中肯。"

这个提问显然引来了黄书记的兴趣，他主动说："对上海的现代化问题，我还是要说的，刚才还没谈透彻，换个地方接着谈。"在上海电视台的贵宾室，黄菊不拿稿子，针对上海现代化进程，侃侃而谈，将整个上海现代化的来龙去脉以及上海未来的发展战略构想娓娓道来，一口气讲了2个多小时。

"一个司机的一句话，打开了市委书记的话匣子。"陈宏说。那次采访，让他面对面领略了市委书记黄菊的风采，也同时品尝到处处留心皆学问的甜头。

2002年10月，作为党的"十六大"的献礼片的《潮涌东方》在北京电视台首播。同名精编版也在中国中央电视台播出，其他25家省台及50多家省会城市、地级市台也相继播出。顷刻之间，学界、业界、政界和广大观众，交相赞誉。

2002年11月6日，时任中国高等院校电影电视学会副会长的黄式宪先生，在《人民日报》上发表了题为《融史诗气韵于时代乐章——文献电视片〈潮涌东方〉观后》的署名文章，称赞其为"献给党的十六大的一份厚礼"。

融史诗气韵于时代乐章——文献电视片《潮涌东方》观后

百年屈辱，百年悲怆，唤醒了古老而积弱多弊的中国。大型文献纪录片《潮涌东方》，以如椽的史笔，在经济、政治、文化的交错中，在当今经济全球化的大视野里，如火如荼地呈现出在20世纪后半叶中国走向现代化、实现民族复兴的伟大历程。该片凝聚着主创者3年多的辛勤劳绩，是献给党的十六大的一份厚礼。

观众在观看《潮涌东方》时，因被主创者历史情怀的沸腾所感染，被这部作品的概括力所震撼，不由得随着这部文献性历史片的叙述，心游万仞而思接千载，仿佛徜徉于中华民族复兴的历史大潮中而获得了一次思想的洗礼。

作为一部以历史文献性见胜的作品，《潮涌东方》在描绘发生在华夏大地上这场民族复兴运动时，一个突出的特点是：它的立意新并具有现代思维的冲击力。作品在钩沉历史、质询历史时，富于创见性地强化了经济的命题，透过东西方在现代文明演进中的比照，一层层揭示出近代中国落后的原因。

该片主创者将"现代化"作为一根主线用来贯穿全片，由是证明：中国惟有现代化才能实现中华民族的伟大复兴。本片的开头几集，如"惊涛拍岸"、"艰难启航"、"命运抉择"等，带着严峻的历史思辨色调，展现了世界近现代史上一幕划时代的历史巨变，即自18世纪中叶由英国率先鼓动起的工业革命、工业文明之"风"，挟着船坚炮利的武力而"吹向东方"。百年之后，西方的资产阶级渐渐强大，历史便翻开了悲剧性的一页：已经落后的东方不得不从属于并臣服于工业文明的西方。正如马克思、恩格斯在《共产党宣言》里指出的："资产阶级使乡村屈服于城市的统治……它使未开化和半开化的国家从属于文明的国家，使农民的民族从属于资产阶级的民族，使东方从属于西方。"这就决定了中国走向现代化、实现民族复兴的历程必然是风雨如磐、艰难曲折的。从清末的戊戌变法、洋务运动到辛亥革命，中国的现代化刚起步便夭折；从五四运动到新中国成立，中国对现代化的道路，一直在探索之中。如何找到一条适合于中国国情的奔向现代化之路，中国一代代仁人志士的强国梦，俨然铭刻着我们民族顽强进取的悲壮历史足迹。

《潮涌东方》以现代化为轴心所描绘的这场如火如荼的中华民族的伟大复兴，另一个突出的特点是：全片用绝大部分篇幅，着力于描述当代中国成功地推进现代化的历史壮举，将带着史诗意味的浓墨重彩，泼洒在新中国三代领导人为探索切合中国实际的现代化宏伟战略构想和中国人民充满历史智慧的伟大实践上。由毛泽东同志亲自规划并制定的中国现代化路线，却被"文革"的历史劫难所阻隔。到了党的十一届三中全会后的新时期，在改革开放总设计师邓小平同志的领导下，一则以对外开放引进人类先进的文明成果，跨越工业经济时代而迈进到"知识经济时代"，在时间和空间上将先进国家的现代化经验予以高度浓缩，拿来为我所用；另一个方面则是推进市场取向的改革，建立社会主义市场经济体制。特别是本片的后几集，如"大地之光"、"振兴之翼"、"重振西部"、"持续发展"等，更深刻地体现了江泽民同志"三个代表"重要思想的光彩及其在实践中结出的丰硕成果，令人真切地感受到中国现代化无比璀璨的前景而倍觉振奋。这里，不妨提及国外传媒的一则报道：2002年中国预计吸引外资500亿美元，居世界第三位。国际咨询机构今年还第一次将中国对外资的吸引力列为世界第一，超过了美国。这恰恰印证了中国现代化进程所取得的阶段性骄人实绩。

《潮涌东方》以现代化为轴心所展开的历史叙述，摆脱了高台论道的模式，尝试着运用历史随笔的手法，将历史文献性、理论的思辨性和纪录片"叙述对象个体化"的故事性熔于一炉，应当说，也取得了可喜的成功。

《人民日报》（2002年11月6日第六版）

《潮涌东方》即将播出的消息刚一见诸媒体，广告商迅速云集，原本为拉广告的人变成了劝说客户放弃贴片广告的解释员。第一轮，广告收入超过380万元人民币，而制作成本才180万元人民币。

首播之后，全国各个省台都相继播出了15集的版本，中央电视台在黄金时间播出了3集（每集1个小时）的精编版。

《潮涌东方》的成功，是陈宏和他的团队的成功。3年的辛苦，使陈宏极为深刻地体会了"爱有多深沉，付出就有多少代价"的真正内涵。因为，正是自己对这块土地的满腔热忱在不断地激励着自己。

《潮涌东方》的成功，让陈宏更深刻地懂得，在这个世界上，谁都不是一座孤独的岛屿；不管是过去、现在、还是未来，我们每个人，都是广袤大陆的一部分，是漫长历史的一部分，是永恒时间的一部分。所以，我们每一个细小的进步，都必将汇聚成文明的太阳。

《潮涌东方》的成功，也让陈宏更加坚信，在这个世界上，只有行动才能带来改变。不管在任何时候，明天的曙光和希望，都是源于我们自己的行动。所以，千万不要只执著于理想主义者的乌托邦；因为只有永远执著于行动，执著于实践，才能换来金色的理想。

仰首望天，抬头望远，陈宏知道，不论我们望得多高、望得多远，也仍有无垠的空间在我们看不见的地方——前进，永远没有终点。

电视史年度大事

2000年电视评奖："金鹰奖"更名为"中国电视金鹰艺术节"

1983年，中国电视节最高奖项之一的中国电视金鹰奖创设。16年后，湖南广电出手1000万元，以极具个性色彩的举动，买断了这个国家级电视大奖的永久经营权，并将省会长沙作为永久性的颁奖地点。

一石激起千层浪。从此，没有人再去怀念买断前那只衰老的鹰，而是用审视的目光盯住了"电视湘军"，看这支全国闻名的队伍如何将金鹰脱胎换骨。

作为商业行为，湖南广电的惊人之举当然是经过一系列深思熟虑。在他们看来，相对于金鸡百花，金鹰奖始终让人觉得不温不火。而其巨大的潜在价值，远不该如此。

在签字仪式上，他们宣读了自己对电视事业的钟情以及把这只"鹰"市场化运作的信心和希望。并决定，从下一届开始，将"中国金鹰电视奖"正式更名为"中国金鹰电视艺术节"。至此，金鹰奖从单纯的奖项评选上升成为一个盛大的节日。一次华丽转身，就此完成。

除了1000万元的买断费用外，湖南广电每年还向中视协提供280万元的专家评审费，立志要将金鹰节打造成为中国媒体文化的节庆品牌。湖南广电党组书记、局长魏文彬曾对此深情地说道："我们国家有很多节日，老百姓过中秋要吃月饼，过端午节要吃粽子，那么过金鹰节要干什么？这是我们要致力于研究的课题和要打造的文化。我很羡慕巴西的狂欢节，那是整个国家最热闹的时刻，所有人都能放弃烦恼走上街头，每个人的表情都是欢笑和快乐，这才是我向往的金鹰节盛况。"

获得永久经营权的"电视湘军"，很清楚当时的情况：在国内，金鸡百花在中国电影界具有无法取代的位置和影响力，但由于长期缺乏创新，观众流失十分严重，尽管之后在形式上有了很多创新和尝试，但效果依然不尽人意。

2000年10月，首届中国金鹰电视节盛大开幕，众多明星和几万观众云集一时，作为金鹰节永久举办地的长沙，瞬时成为了电视节目的海洋。入围的演员、成名的艺术家，首次踏上了中国人自己铺就的一条"星光大道"。中国电视人一边品着白兰地，一边畅谈中国电视，领取大奖。

据不完全统计，首届金鹰节在总投资上超过了3000万元，但长沙市共接待各省代表、嘉宾、演艺人员、记者超过7000人，所有4、5星级酒店入住率高达90%以上。如此之旺的人气极大地刺激了湖南省尤其是长沙的旅游观光、购物、娱乐等其他消费业，同时还将湖南深厚的文化底蕴和新兴蓬勃的文化产业进行了一次整体形象宣传，社会效益自然难以估算。有媒体按照国际惯例算过一笔账，2000年首届金鹰节为长沙第三产业带来了至少3亿元的收入。

首届金鹰节的大获成功，不能不说是依赖湖南广电成熟的市场运作促成的。金鹰节首创开设电视剧本交易暨高峰论坛，影视剧本作者将和影视制作、投资公司代表进行互动了解、交易，以此来拉动中国电视剧的生产。换而言之，金鹰节在评奖之余，更是一个直接对接市场的电视产业的交易所。而这正是一个双赢的过程：金鹰节的成功举办，一方面再次打响了"电视湘军"这块金字招牌，也进一步打造了金鹰节这个文化节庆的知名度和美誉度；另一方面，中国电视剧凭借这个平台，展现了自身的风采，也体悟到个中的不足，同时还说不定能谈几桩生意。就是这样你造势、我借势，

中国金鹰电视艺术节

金鹰节开创了独具风格的电视艺术与市场化运作结合的模式。

市场机制的引入给了干旱的艺术评奖一剂鲜活的甘露。随后，金鹰节更是乘胜追击，在依托湖南卫视成熟的节目质量、商业运作以及优秀包装上，成为了电视界的新贵。与此同时，金鹰节和湖南卫视进行了互动式运作，如金鹰节吸收了"超女"的果实，给了超女们多一次展现的机会，这种自产自销的运作形式的确是可以带来互动和共赢的。

随着金鹰节的蒸蒸日上，作为对湖南广电辛勤耕作的收获，金鹰节被评选为"中国十大节庆活动"之一，并且是唯一一个传媒节庆。作为传媒盛会的金鹰节，逐渐具有了改变经济的力量。这其中包含着巨大商机，吸引了大量宾客，已不仅仅是一个文化事件，却像是一种社会现象和经济现象。"金鹰节已经开始给湖南带来了巨大的驱动力。就目前情况来看，金鹰节至少有两个意义，一是提高了湖南电视品牌的知名度，还锻炼了一支精良的队伍；二是扩大了湖南在全国的影响。如今，金鹰节已经成为了湖南的一张名片。这也是近几年来湖南省委、省政府，长沙市委、市政府一直给予金鹰节巨大支持的原因。"作为"电视湘军"，这就是他们引以自豪的理由。

在"电视湘军"看来，丰收的金鹰节就像一块喷香的饽饽。这样的节庆经济成为了很具发展前景的经济模式。同时，金鹰站在湖南电视背景下振翅高飞，两者紧密结合，相互促进。金鹰节所涉及到的产业链，包括电视产业、广告产业，乃至电信、服务业等等，在湖南广电的推动下，金鹰节的品牌效应也与日俱增。

不过，美好的事物总敌不过万众瞩目的期盼。在享受金鹰节带来的欢天喜地之外，幕后团队的运作模式也并非是完美无缺的。

为了造势，金鹰节邀请了众多明星前来捧场，这固然成为了一大亮点，不过却给金鹰节带来了过于浓重的商业气味，使得颁奖的色彩越来越淡，众多的创作奖都在盛大的晚会之外匆匆发完，获奖者的荣誉感似乎受到了冷待。诚然，明星演唱会确实招徕了不少当红歌星，这似乎给金鹰节"明星缺阵"作了反证，不过，这些都是花高价请来的商演明星，然后主办方把门票价大幅提高，以此回收成本，令普通百姓望尘莫及。

"办节干什么？靠它赚钱？不！赚钱的途径很多，不见得非要办什么节。靠它炒节目？不！湖南的电视节目不用炒。"似乎事情并不如他们和大家想象的那样简单和纯粹。或许金鹰节的创办主旨绝对不是为了钱，是为了发扬文化，打造中国的电视文化圈。路终归是一步步脚踏实地走出来的，适时而运的炒作无可厚非，但是需要谨防的是每一步脚印都在前一步基础上继续歪斜。

奖的本质是激励，是对芝麻开花节节高的掌声的期许。偏离这个本质而总是着眼于赚钱，确实不是好事。作为湖南广电乃至全国广大电视观众的文化节日，金鹰节如果赋义贴切，运作得当，就算期望它成为"东方的艾美奖"，也不是天方夜谭。

2001年文化旋风：《百家讲坛》成立

《百家讲坛》几乎是与科教频道同时诞生的。在此前后，全国范围内还有另外两个比较有代表性的学术性节目：凤凰卫视的《世纪大讲堂》和湖南卫视的《新青年千年论坛》。

科教频道成立伊始，将"文化品位，科学品质，教育品格"作为整个频道的定位。作为《百家讲坛》的第一任制片人——李炜，自然也顺应了这一定调，先后力邀杨振宁、丁肇中、李政道等若干大师级人物介绍当代科学前沿的新进展。同时，还邀请叶嘉莹、周汝昌等名家来演讲哲学美学、书画艺术、古典诗词等专题。

在李炜看来，草创初期的《百家讲坛》，只是作为"不和新闻争，不和娱乐争"、"面向文化人，搞自己的文化"的一档高层次栏目。这样的论调，似乎忽略了一个常识：央视不是精英们独有的舞台，《百家讲坛》更不是精英们的咖啡厅，它是面向广泛电视受众的一档栏目，并且这群受众中大部分都是普通百姓。而事实也很快就佐证了这一点：从2001~2003年，《百家讲坛》的收视率最低时几乎为0，曾一度险遭央视的"末位淘汰"制所淘汰。

继李炜之后，聂丛丛走马上任。此时的《百家讲坛》，开始在内容上慢慢地发生变化。2004年，阎崇年主讲的《清十二帝疑案》，最高收视率达0.57%，一举拿下科教频道收视第1位的宝座，并持续1周名列前茅。在当年科教频道32个栏目的综合排名中居第3位。随后，第三任制片人万卫在认真解读阎崇年这一范本后得出结论：阎的成功在于不断设置悬念，由此来正说历史。此后诸位主讲人都采用类似的方式。

从此，《百家讲坛》走上了红火之路。

随着路途的不断深入漫溢，《百家讲坛》的社会效应逐渐显露，掀起了"红楼热"、"三国热"等文化涟漪，收视率方面也节节攀升，排名仅次于《周末讲述》。事实上，《百家讲坛》的成功，大可归结于它悄无声息的转型之中。在它的鼎盛时期，几乎摒弃了刚开始时的精英定调，转而走亲大众的路线。在选材方面，不再局限于一些高深前沿的科学和人文学科，改为大家耳熟能详的中国传统文史；在选人方面，也不再唯学界泰斗是瞻，而是邀请能领会制作人意旨且具表演才华的知识分子；在受众方面也大开底线，过去是以大学以上的人群为主，后来变为仅有初高中文化的观众。如此这般，《百家讲坛》的大众路线既已成型。

若同于此，站上《百家讲坛》的学者专家们也一改过去精英式的清高和恃傲，用深入浅出的故事来阐述自己的观点，前所未有地考虑到了受众的接受习惯和程度。

2006年，易中天"品三国"长虹势起，引领《百家讲坛》走向另一个高峰。在这当中，除了题材本身的牵动人心外，易的人格魅力亦是重要的理由。作为面向普通听众的学术讲座，易力图用大家能听明白的话，讲大家想听明白的故事。易曾表示过自己的追求："既有历史真相，又有文学趣味"。他经常会把古代的官职"换算"成当下的名称，以便观众理解。他还经常使用一些诸如"粉丝"、"帅哥"等现代词汇来形容历史人物，把本来严肃的事情变得娱乐化和平俗化了。正是有了易这样的一群人，学者们的大众情怀在《百家讲坛》这个舞台上被淋漓地展现出来。

因走大众路线而成名的《百家讲坛》

有观众的不懈热捧，其电视品牌也坐稳了强势的地位。一个面临淘汰的节目发展成为科教频道甚至央视最炙手可热的电视品牌栏目，其相关的书籍和音像制品也进入了火爆销售榜。

一个个售书签名会、一场场异地巡讲。《百家讲坛》不仅让自己火起来，还捧红了一批学术"超男"和学术"超女"，达到了一种"双赢"的局面。于丹七天七讲《论语》，中国国际电视总公司随后迅速发行DVD，实现电子层面的再次销售。同时，中华书局也迅速出版相关图书，还与各地媒体积极配合，以此拉动各地市场。这一系列的产业运作产生了爆发性的价值。《福布斯》2007年中国内地名人榜中，于丹以260万元人民币的版税收入名列第98位。这也让《百家讲坛》和央视大获其利。

不过在《百家讲坛》诸多成功的背后，它所面临的挑战也十分沉重。

挑战首先来自受众的审美疲劳。就节目形态而言，《百家讲坛》无非就是一种"电视+讲堂"的形态。它既包括了电视的传播特性，又蕴含了讲堂的文化内涵。节目推出之初，观众的品位还停留在新鲜和猎奇的层次，对于易中天、于丹等人的"一家之言"会觉得新鲜独特。节目中讲的那些事、那些野史很吸引人。不过，时间一长，观众就会更看重节目所传达的知识。

任何太过突出的事物总会遭遇来自各方的责问。《百家讲坛》的不断前行，便引出学者与媒体之间的学术分歧。在《百家讲坛》兴盛时，有很多学者对它进行了冷静的思考，认为"电视顺利地完成了自己由浅俗向深刻的转变"。

不过，这只是一厢情愿的想法。电视文化本质就是大众文化，所谓的高雅文化也只是大众化的高雅文化，它有它自己的缺陷。此外，专家们在讲坛上的演讲，正一轮一轮地遭受到外界学者的质疑和责骂。以易中天和于丹为例，二人都曾是《百家讲坛》最炙手可热的人物。然而，一些相关领域的专家学者则从学术规范、知识场域等角度出发，频频揪出讲演者对专业知识的错误理解或者错误表达，并称这样的错误通过电视向大众传播，是对传统文化的践踏。一时间场外和场内针锋相对，让人们最初心中对于《百家讲坛》的向往感大打折扣。

经历了风光的3年时间，到2007年10月，《百家讲坛》收视率下跌幅度惊人，被挤出了科教频道的前10名。此外，据《2008年上半年中国图书零售市场报告》显示，《百家讲坛》书系的年度成绩已不复往日风光。低迷的困境开始缠绕这个团队，瓶颈之期已然到来。

作为一档深度娱乐的节目，《百家讲坛》正是为有着高雅品位需求的受众提供了适当的选择。它尝试将严肃和娱乐融合，让受众体验一种全新的接受知识的方式。著名电视策划人张锦力先生曾对中国电视进行过"三解"的总结：20世纪90年代初期，百姓对媒体的主流需求是"解闷"，因此晚会热了，综艺热了；到了中期，百姓对媒体的主流需求是"解气"，于是新闻热了，焦点热了；从90年代末期到21世纪初，百姓对媒体的主流需求变成了"解惑"，因为社会处于转型期，面对新旧事物的变迁，竞争压力增大，许多人开始迷茫和困惑，需要获得心灵的慰藉和道德价值的认同，而《百家讲坛》的大起正是源于大众需要"解惑"的时代要求。

不过，有人拿收视率来指责《百家讲坛》的没落，也并非完全占理。用收视率的经济逻辑来喊话不无道理，但同标同准来决定不同类别的节目就有失偏颇。倘若单纯追求同一收视率，那只能是影视剧一统天下，综艺娱乐大行其道，而其他节目就只能左顾右盼，生死茫茫了。

纪录片《陈毅》的三大创新

2001年8月，为纪念陈毅同志诞辰100周年，由中国人民对外友好协会牵头、广电总局立项的重大题材作品、大型文献纪录片《陈毅元帅》，在中央电视台一频道播出。刚播一集，陈毅元帅的家人和一些专家就提出了一些比较尖锐的意见；播出两集之后，为尊重元帅家人的感受，央视便停播了该片。

2006年4月，出差在外的陈宏突然接到中国教育电视台台长康宁的电话，要求在《陈毅元帅》已有的素材的基础上，3个月内完成一部8集纪录片。"没什么钱，就是做贡献，为老一辈革命家！"台长如是说。带着对老一辈革命家的尊敬和对陈毅家人及其工作人员的情义，陈宏临危受命，立即开始工作。

其实，在央视停播《陈毅元帅》之后，就有一个剧组接手开始重拍，可惜的是，这个剧组干了一年多便干不下去了。看着距离元帅诞辰105周年的日子只有3个月了，该片的总统筹才向康宁告急。不过，好在前两个剧组留下了400多盘的拍摄素材和大量文献，这为陈宏的紧急救援打下了坚实基础。

作为一部以历史纪实为特征的宏伟篇章，该片以陈毅革命生涯的人生历程为经，进行阶段性的主题划分，以《选择红色》、《井冈创业》、《赣南游击》、《跨江征东》、《决战中原》、《主政上海》、《外交风采》、《青松气节》这8集（每集30分钟）的规模来结构篇章，深入刻画了新中国缔造者率领中华民族走向复兴之路的历史画卷。

作为该片的总导演，陈宏一开始就感到很有压力。

首先，面对这样一位伟人，如何"纪录"，才能与其赫赫风采相匹配？这是压力的一个方面；另一方面，也是更关键的一个方面，是关于伟人纪录片，成功的作品已经不少，如何才能获得新的突破，这是必须考虑的一个大问题。

还是在1993年12月，为纪念毛泽东同志诞辰100周年，中共中央文献研究室与中央电视台联手打造的中国第一部伟人文献纪录片——12集大型文献电视纪录片《毛泽东》在央视首播。片子以真实、珍贵的文献资料作为由头展开历史，通过口述历史的表现手法，揭开了伟人创造历史、创建新中国的深层原因和精神品格，获得巨大成功。

此后，中共中央文献研究室与中央电视台又多次合作，打造了《朱德》、《邓小平》、《周恩来》等伟人纪录片。这些伟人纪录片，可谓是部部经典。尤其是，1997年元旦期间播出的《邓小平》，更是使许多观众"被那颗博大坚定的心灵震撼了"。其收视观众之多，影响之大，都是中国纪录片历史上前所未有的。就连片子的"主人公"——小平同志，都在301医院病房里一集不落地看完了播出。

高峰就在面前，如何独辟蹊径，就看高手如何发招了。

这个发招，其实也就是创新。陈宏说，他清楚地知道，这样的片子，没有创新，就是死亡。也就是经过一番"狠"劲，陈宏自认为，片子还是实现了一些颇有亮色的创新。

这个亮色，主要体现在创作手法的三个突破点上。

其一：以"自传"的表现方式，实现叙事上的创新。

以往的文献纪录片，虽然也大量使用历史文献资料和当事人"口述"历史等电视元素，但脚本的解说仍然难以掩盖创作者的主观意图，从而削弱作品的客观性。

《陈毅》的解说词，完全采取"自传"体例，目的不仅是要在纪录片的艺术手法上进行创新，而且是要更好、更真实、更客观地展现老一辈无产阶级革命家的精神风采。这种处理方式，在所有关于老一辈无产阶级革命家的片子中还从未用过。为此，创作组特地邀请了多次在电影、话剧中扮演陈毅的八一电影制片厂的特型演员来为本片配音。而解说词的内容，则主要来自陈毅在延安写的自传以及国家权威出版机构刊发的陈毅文稿。作为中国革命史上著名的儒帅，陈毅无论是诗词文章、讲话评述、报告总结，都是气势磅礴、文采飞扬、洞悉睿智、见情见性。所以，也只有这种精选自原文的"解说"，才能更为准确地刻画出伟人的精气神。播出效果证明，陈毅同志的人格风貌、精神内涵得到了很好的传达，在听觉上确实达到了格外感人的效果。以至陈宏自己也多次打趣说："这部片子的总撰稿是陈毅，总编导是陈宏。"

其二：用"诗词"来串联各集内部段落，并用四川话来诵读这些诗词，实现结构和听觉的双重创新。

作为一部具有历史纪实色彩的宏伟篇章，该片强调作品要达到的时代景深。为此，在结构方式上，陈宏设计一种特效背景板，把陈毅不同时期的照片和反映这一时期的重大历史事件的诗词作为电视表现的结构性元素，充分配合陈毅同志的革命生涯这条叙述主线的层层纵深。

与此同时，这部片子还精心收集整理了几百幅不同时代的陈毅照片。这不仅丰富了片子的图像资料，而且还有效强化了纪录片的背景阐述的形象性和细致性。

其三：把陈毅作为一个大写的人来刻画，实现领袖人物塑造的创新。

作为一部有着真正意义上的史学价值，拥有浓郁的历史人文氛围，最终实现历史、主题、人物三种元素的高度统一的片子，该片从一开始就把陈毅定位为一个大写的人。在创作组看来，陈毅元帅的个人魅力与民族精神相互激荡，才产生出了夺目异彩。为实现民族解放、人民幸福和祖国统一富强，陈毅和他的战友们一生都在从事着"为天下人所不敢为不能为"的活动，这些活动本身充满了震撼力与曲折离奇的故事性。但是，当我们从这些感人的故事中抬头远眺，就会发现这是中国历史中多么可歌可泣又激情澎湃的一瞬，它居然使中国的历史长河陡然改变了流向。于是我们有了今天的平静生活，也有无尽的缅怀，缅怀他们为祖国和人民建立的丰功伟绩。

我们纪念他、敬重他，一是因为他的品格，二是因为他的才华。他的品格如此高风亮节，他的才华更是如诗如画。可以说，只有深入了解了陈毅和他的战友，才能更好地了解中国；只要明白了人们为什么敬重陈毅，就能在思想上沟通中国的过去与现代；只有切切实实地把他们当做大写的人、榜样的人，我们这个民族的精神传承才有希望。

陈毅和家人在一起

无论是在革命战争年代，还是在建设时期，不论是主管一方行政，还是负责外交工作，陈毅同志都展示了他大气磅礴的民族精神和天下为公的个性魅力。与这种精神和魅力不可分的，是他那浑厚的四川口音。这口音与他的魅力，就像一个硬币的两面，深深地镌刻在了中国人民的心中。

正是出于对伟人口音与魅力这二者关系的深刻认识，创作组根据片子情节展现和推进的需要，精心选取了陈毅同志不同历史时期的几十首诗词，特邀曾经在史诗巨片《大进军》中为陈毅配音的著名配音演员诵读。其大气磅礴、雄浑豪迈的听觉效果，让观众充分地领略到"一柱南天百战身，将军本色是诗人"的伟人风貌，在听觉上确实达到了格外感人的效果。

"一语天然万古新，豪华落尽见真淳。"

对元遗山这句诗的意旨，陈宏可谓深有体味。《陈毅》这部片子，追求的何尝不就是一种"天然"和"真淳"？只不过，这种"天然"和"真淳"，是以"真实"的名义而得以实现的。

"纪录片与真实的关系，是一个深邃的哲学问题，"陈宏说。在《陈毅》这部片子的创作过程中，为了尽可能做足"真实"，陈宏和他的创作团队是五易其稿。陈宏非常明白，要用电视为这样一位开国元勋"立传"，作为创作者的他们与电视对象间的距离，只有通过全身心地沉浸其间，才能尽可能地拉近、融入！

为了这个拉近和融入，陈宏和文学统筹陈宏建、总统筹周瑞明（陈毅之子陈昊苏的秘书）、制片人王新岳（陈毅的外甥）以及几个分集编导等一干人用了3个月的时间。

在那3个月里，陈宏和周瑞明、王新岳、陈宏建等经常泡在北京三里屯北街的一个咖啡馆里商谈和筹谋；经常在美丽典雅且极具欧洲风格的对外友好协会的院子内一起恳谈、商讨、策划。一干人奔走在陈毅同志的亲友、相关历史事件的当事人、知情人，甚至包括过去陈毅元帅的敌人之间，有的上青藏高原，有的下四川盆地，有的西行法国马赛、巴黎，有的东临黄海、东海之滨，有的遍阅《人民日报》从1947~2006年所有关于陈毅的报道，遍览陈毅同志的文选、回忆、文稿、报告、讲话……

这些资料，在经过反复挑选之后，被陈宏巧妙安排进"三线"（故事线、情感线、思想线）之中，在推进情节发展的同时，为真实再现陈毅同志的伟大精神和人格风范发挥了独到的作用。

与制作团队部分同事工作
之余餐叙

2007年，大型文献纪录片《陈毅》，在陈毅诞生105周年前夕如期播出，并获2006年度中国十佳纪录片奖。

专家们一致认为，这部纪录片以陈毅自述为"经"，以珍贵的历史图景和字幕解说为"纬"，交织成为编年体纪录载体，增大了信息量，且较好地刻画了血肉丰满、性格独特的"陈老总"形象，完整地反映了陈毅功勋卓著的一生。该片的结构样式，也为中国伟人题材的文献纪录片制作，提供了一个新的视角。

请煤老板烹"国宴"

张六蛋，山西洪洞县的一个朴实农民、几家小煤矿的老板。

2002年的某一天夜里，他仰望夜空，想起自己小时候，家里穷得揭不开锅，7个弟兄姊妹饿得嗷嗷叫。而现在，一大家子都"不差钱"了。

"没有国家的好政策，哪有我这么好的今天啊！"他想，"我一定要用我自己这些年来挣的钱为国家做点有意义的事情。"想到这，六蛋有些热血沸腾，一种似乎可以称之为"崇高"的感觉，瞬间充满了他整个身心。

突如其来的想法，让六蛋有些寝食不安。于是，他开始盘算自己如何才能实现这个想法。

想来想去，六蛋决定去北京。为什么是北京呢？道理很简单，因为只有北京，离"国家"最近！

说动就动，六蛋简简单单地收拾了点行装，然后用外出打工的人们最常用的编织袋，装了50万的百元大钞，不紧不慢地，就来到了北京。

来到北京，六蛋才发现，这个"国家"简直大得让自己不知道该去找谁。既来之，则安之吧。六蛋决定先住下来，再慢慢找。六蛋没想到，自己这一住，就是半年；50万百元大钞，东散西撒，已经所剩无几，但自己想找的机会，为国家做点有意义的事情的机会，似乎还一点儿影子都没有。

六蛋有些着急了。

为了能找到机会，他甚至在趁人民大会堂有人开会的时候，跑去找人民大会堂的门卫工作人员，反复向工作人员陈述：他希望能把他挖出来的最好的煤运到北京，为人民大会堂做饭。

结果可想而知——所有听说了这件事的人，不是认为六蛋可笑，就是认为六蛋太傻。

几经周折，在朋友们的辗转介绍下，六蛋见到了陈宏。

在中国教育电视台一间不规则的转角房里，张六蛋见到了陈宏。听了张六蛋的想法，陈宏打心里为这位朴实的山西农民所感动。

"为人民大会堂做饭，那不是国宴吗?"六蛋"无意"之间的想法，一下子就点燃了陈宏的灵感。

"你投资，我来做一部关于'国宴'的纪录片。但我只以个人名义担任总编导，并组织好摄制队伍，至于制片运作及经费管理等等，你可以派人来做。"陈宏对六蛋说。

经过一番艰难的沟通，六蛋大致明白了陈宏的想法和这件事情的意义。

何为国宴?《国宴》的"卖点"究竟在哪里? 陈宏在他的导演阐述中写道:

"风萧萧兮易水寒，壮士一去兮不复还"——燕太子丹为国士荆轲辞行的宴席，是国宴;"天下英雄尽入吾彀中矣"——唐太宗为大唐仕子所设的宴席，是国宴; 项庄舞剑、意在沛公的鸿门宴，曹操、刘备青梅煮酒论英雄，诸葛亮舌战群儒，这些从广义上讲也是国宴。

作为一个特殊概念，"国宴"从远古演绎到今天，一般是指国家元首、政府总理为具有相应身份的外国领导人举行的宴会。不过，为了增加这部片子的包容量，陈宏对国宴的内涵和外延有所扩展。他认为，凡是国家元首、政府首脑以政府的名义，在重要庆典、重要节日为招待国宾、其他贵宾及各界人士而举行的正式宴会，都可归为国宴之列。

总之，国宴就是以国家名义、国家级别举行的有国事内容的宴会。对于一个国家，国宴具有无可替代的政治、经济和外交功能，也具有着无与伦比的收视"卖"点。

首先，国宴展示了中国饮食文化的精粹。

国宴的菜，汇集了全国各地的地方菜系，经几代厨师的潜心整理、改良、提炼而成，已经演变成为了独立于八大菜系之外的独特系列。国宴一般都设在人民大会堂和钓鱼台。如今，人民大会堂的宴会菜肴已被称为"堂菜"，而钓鱼台国宾馆的则称为"台菜"。

国宴菜系已流入了民间。前不久号称"餐饮国家队"的6名厨师受成都炎黄世家酒楼的邀请，专程去成都，所推出的"总统宴"，要价3800元/客。虽然价格不菲，但不少人仍慕名而来，这也充分体现出"堂菜"在餐饮行业的崇高地位。

其实，就菜肴本身而言，国宴上摆放的菜品一点也不特殊。即使是1997年7月1

日，江泽民主席在人民大会堂举行的庆祝香港回归的国宴，菜单所列也无非是冷盘、浓汁海鲜、清蒸大虾、罐焖牛肉、草菇绿菜花等热菜以及点心和水果。

但国宴的文化精髓并不仅仅是中餐西点的菜肴，国宴文化是个大文化概念，它体现在"良辰、美景、朋来、宴请"、"四美"俱在，体现在客贵主雅的和谐。

其次，国宴是跨文化沟通的一种方式。

1972年2月21日晚，美国总统尼克松实施"越顶外交"，赶到中国。周恩来总理设国宴招待全体美国客人。这次晚宴，尼克松总统生涩地使用筷子的场面，给全世界留下了很深的印象。其实，在来中国之前，为了熟练地使用这两根筷子，尼克松作了很多准备，他身边的工作人员为他准备了一些塑料筷子和一些塑料球，并对他说，如果你不断练习，并能用筷子夹起这些球，那你就不会在宴会上出丑了。

当今世界，纷争不断，而国宴，无疑是最具人情味、也最具善意的处理纷争的方式。既然是请客吃饭，当然就要照顾到主客之间不同的文化信仰、宗教习惯、思维差异等等因素，并力求宴会的愉快和祥和。所以，国宴其实也是一种不折不扣的跨文化沟通和对话的方式。

有朋自远方来，我们以什么规格接待？在哪儿接待？安排什么美味佳肴？宴会的会场怎么布置？礼宾仪式进展的程序如何？这里面包含着政治、经济、外交、文化等等意蕴，可谓太多太多。

第三，国宴的"精髓"就在于它的神秘性。

国宴受到广泛注目，不仅在于它的规格高、礼仪意义重，更在于它具有浓厚的神秘性。凡国宴，出席人员的入场次序、席位，都含蓄地透露出国家的信息。比如，1970年的国庆之夜，万众瞩目的天安门城楼上，党和国家领导人与民同庆，欣赏着漫天的焰火。而被视为中国"二号"人物的林彪，仅在餐桌边小坐5分钟就不辞而别，不少敏感的人看到毛泽东对面的空位，心中蒙上一层阴影。

总之，国宴深蕴着国家意志、国家形象、国家风采、国家魅力乃至国家文化，通过国宴这一特殊的载体，能够以极其广阔的视野，展示新中国内求团结、外求发展的波澜壮阔的大全景。为了既便于剧组记忆，也便于对外交流和沟通，陈宏将上述一系列想法用一句形象的话进行了概括——世界风云尽收宴底。

主题定位基本明确之后，驾轻就熟的陈宏，很快就细化了《国宴》（后来更名为《国事亲历》）的拍摄思路，并与投资人签订了相关协议。

根据协议，六蛋需要首付100万元。

朴实得让人有些不解的六蛋，立马回山西去取钱——通过银行打到卡上他不放心，他习惯于看着现钞在手才踏实。几天之后，六蛋扛着整整一麻袋百元大钞来到北京。

片子拍摄的时候，六蛋一直跟在后面，他一定要看着拍，心里才踏实；拍完之后，他又看着工作人员剪辑。

陈宏很理解六蛋，不久前东散西撒的50万，让六蛋不再简单相信任何人。

作为一部大型口述历史纪录片，《国事亲历》是建国以来150多名国事亲历者的口述史。"口碑历史"的电视手法，成为这部片子最主要的表现方法，而"文献资料"与"口碑历史"交相融汇，也使得这部片子越发端庄而亲切，郑重而灵动。

陈宏说，他要创作的毕竟是不可还原的历史。在这个过程中，最突出的困难有两个：一是记录关键历史点的第一手音像资料；二是寻找最有"历史资格"的亲历者，深挖"口可成碑"的人物，扩充采访信息点。为此，陈宏和他的团队必须以电视人的方式，去进行"考古发掘"。在创作过程中，陈宏一再要求团队成员们老老实实地走进历史，去感受当年的环境、氛围、事件及人物的精神世界。

作为一种电视作品，纪录片与其他片种最大的区别，就在于它是"记录"的艺术。然而，所有高明的纪录片人都清楚，任何类型的纪录片，如果仅仅只有记录，那一定远远不够。在这些方面，陈宏不仅非常清楚，而且一直都是以尽可能高的要求，来要求自己和自己的作品。

在充分考虑了整部片子的主题需要的基础上，陈宏为《国事亲历》设置了双重结构：宏观结构上是编年体；微观结构上，每一集都有一个分主题思想，并围绕这个分主题思想组织主体事件，塑造重大人物，展开故事情节。

在微观结构上，每一集的情节逻辑应当包含七个层次：这场国宴是在什么背景下举办的；因为什么原因而举办；都来了什么人；宴会的进程；发生了什么事情，解决了哪些问题；有什么花絮；和这场宴会相关联、互动的风云事件及世界背景。

确定了宏观与微观相互观照的逻辑，《国事亲历》整体上的情节展开方式也就基本确定了。与所有的电视作品所必须具备的基础一样：故事是根本。

在叙事方式上，各集都采取散文化或杂文化的方式进行。由于每集其实都是专题片，所以散文化或杂文化的叙事风格就必须紧紧围绕整部片子的主题思想，立足中心事件，打破时空，将中心事件前前后后的有关人物纳入其中，为我所用。

在叙事基调上，这部片子特殊的线索主体——国宴，其本身的独特个性就先在地决定了叙事风格应该是暖色调的，应该是轻松活泼的，应该是摇曳多姿的，也应该是和谐祥和的。因为国宴这一个特定的场所，流淌的情绪是化干戈为玉帛，体现的智慧是"止戈为舞"。

在叙述角度上，这部片子要求编导跳出当时的时空，与片子内在的叙述主体保持一定的距离，实现特定的"距离美"，才能达到"围坐国宴，立足中国，放眼世界，纵论天下"的客观效果。实现这一目标，创作者就必须掌握"举重若轻"的创作技巧，越重大的题材，越沉重的话题，越要轻松落笔，细微见著，这样才能体现出张力。

整体上，每一集的结构样式和叙事方式都要讲究跌宕起伏，要有矛盾冲突，要讲究悬念，要借鉴新闻专题片的开头方式，重视"由头"。

所以，在创作之初，陈宏就要求团队成员们一定要精心筛选每一个热点，精心刻画每一个焦点，这样才能牢牢抓住观众。

在向团队成员强调故事的细节的同时，陈宏还在不断地勾勒这部片子所蕴含的其他各个方面。这些方面包括：

悬念的设置。成功的电视作品都十分重视悬念和情节。尤其是电视纪录片，从故事的切入点开始，连续不断的悬念推动着情节的层层展开。用极简练的笔墨，烘托和渲染气氛。在情节展开过程中，将矛盾冲突、逻辑递进和内涵展延等逐层引进，这样的纪录片才好看、有趣。悬念，是情节发展的最佳引擎。

语言的应用。在电视纪录片中，围绕不同的事件，语言风格应当有所不同，有的直白明了，有的徐如清风，有的绵里藏针。不同的语言风格，将完成不同的情节塑造。好的电视纪录片，具有张力和弹性的语言锤炼对情节的推进和整部片子的风格、品质的提升，作用很大。语言，是塑造情节的秘密武器。

评论的使用。夹叙夹议，叙评结合，是电视纪录片比较主流的表现手段。但是，评论的使用，一定要注意分寸感，既要防止喋喋不休的干谈，又要防止情节描写的平庸浅薄。评论，是一部纪录片思想智慧的火花之源。

采访的地位。很多电视纪录片都把采访当配角——或是为了节目长度铺设，或者是旁白观点的诠释。采访的巧妙运用，能够突出个性化观点，并在一定程度上形成另一种思想体系，与旁白的观点相得益彰，互相烘托，相辅相成。采访，是拓展主题的第二个循环圈。

节奏的把握。一集30分钟的电视纪录片节目，就像中长跑，散漫不行，绷得太紧也不行。画面的起幅落幅，镜头的拉伸定格，都是对节奏的把握。这部片子，节奏应该是灵动的，自然的，它将紧紧围绕情节的展开，有激昂，有低沉，有柔缓，有急促。节奏，是情节变幻莫测的加速器。

包装的要点。视觉冲击力对电视节目很是重要。这部片子的包装，声画对位仍然是第一位的，同时，在找准画面落点的情况下，一定要把视觉冲击力放在更为重要的位置。在借鉴声画对位精髓的同时，把文字语言艺术中的排比、拟人、赋比兴等与画面艺术巧妙融合，以最大化这部片子的震撼力。

随着这些层级不同的关节点在陈宏头脑里的清晰，整部片子的风格也渐渐明朗起来。在陈宏看来，这部片子在叙事上应实现以下几方面的风格追求：

一是真实胜过一切。面对"国宴"，这部片子要创作的，就是不可还原的历史。在此，历史与创作之间最突出的矛盾有两方面：一方面，片中所要表达的关键历史点也许很难找到原生态的音像资料；另一方面，片子时间跨度非常之大，创作者也许没有能够承载这这一跨度的充分的影像资料。但创作者必须遵从于这样一条铁律："记录我们认识历史的过程，并把这个过程展现给观众，这正是我们这部片子所要做的事情。"为此，创作者必须做到两点：深挖"口碑历史"，扩充采访信息点；使自己所掌握的有限的文献灵动起来，实现以史实资料为依据，通过分析剪裁，达到史实、思想、政策、艺术的完美结合。

客观公正一直是历史文献纪录片的价值核心，它要求创作者时刻提醒自己摒除强烈的主观因素，不能进行主观情感的任意抒发，避免以任何噱头来娱乐观众。在某种意义上，历史文献题材的纪录片更像是用电视的手段撰写的学术论文。客观公正才是对历史负责，这样的纪录片才具有流传千古的价值。

但这并不意味着历史文献纪录片不能使用电视表达的流行元素。这部片子，在画面的组接、音乐的使用、包装的全面介入等方面都要积极采用流行元素，使观众在轻松解读"国宴"的过程中，徜徉在历史之河，与创作者一起去探索、去发现。

所以，在整体上，片子要求客观、准确、详实、丰富，尽量采用纪实资料，辅之以健在的当事人回忆，同时利用场景、图片以及实物。

二是要从历史的拐点去重新认识"国宴"。历史文献纪录片最大的难点，在于如何通过有限的篇幅去全面地反映历史。创作经验告诉陈宏，作为总编导的他，必须学会取舍，舍弃那些枝枝蔓蔓，而留下来的应该是对历史发展方向具有重大决定意义的"拐"点。

历史的拐点汇集着各种社会能量，激荡交融，最终影响着历史的走向。正是这些不同的拐点，一起汇聚成为民族命运的交响。因此，这部片子首先要使观众体会到的就是它所具有的强烈历史责任感。这既不是史料的任意堆积，也不是专家学者零散的思想火花，它要求编导们要用自己的"眼睛"和"头脑"，发掘出"国宴"所隐藏在浩如烟海的历史资料背后的东西，这是本部纪录片必须完成的使命。其次是这部片子的感染力和叙述的着力点，就在于"历史拐点"这一特定的历史概念。在独特历史环境作为背景的统束下，整部片子的每一集都应当有自身不同的分主题。也正是通过对历史环境的透析，使这部片子在具有真正意义上的史学价值的同时，还具有着浓郁的历史人文氛围，并最终实现历史、主题、人物三种电视元素的高度统一。

三是这部片子的影像构成元素比例。作为一部历史文献纪录片，这部片子的影像构成，在组成元素上，包括历史证人的回述、部分资料性图像、图片和文字资料，以及历史事件发生地场景和历史遗留物的还原。这些影像构成元素的合理组织，对烘托国宴气氛，深化主题思想将起到至关重要的作用。与其他电视纪录片最大的不同之处，是这部片子每一集都设立了主述人，由他统领全片、设置悬念、深化主题、推动情节的发展。而片子的采访嘉宾，将从情节的推动出发，围绕着历史事件和事件影响力这两个关键环节进行组合。

历史的当事人或见证者，或亲身经历了事件发生的过程，或对事件的影响和波及有着切身的体会，他们是纪录片不可或缺的"口碑历史"的组成部分，通过对他们的采访，片子的内容也就更具有可信性和权威性。在采访这些人的时候，要注意安排或提示问题，并注意人物个性以及环境，包括他们身边有价值的相关实物，如影集、证章、各种纪念品或收藏品等。

历史学家和专门的学者，在历史、社会等领域有专门的研究。他们可能是、也可能不是历史的当事人，但他们的研究，不仅能够提供一般史实，更能够对历史事件的背景和前因后果作出分析，并对该历史事件所产生的影响提出自己独到的见解。在这方面，需要特别注意的是，严格按照国家有关政策和规定使用被采访者提供的事件内容和观点分析，使其与国家相关的政策规定和正式表述相一致。

大体而言，这部片子的影像构成将呈现以下的全新布局：

一是口述历史部分，约占片长的50%~60%：其中，分集主述人讲述，每集约10分钟左右，占全片30%；历史见证人回述，每集为6分钟左右，约占全片20%；历史学者的评述，每集3~6分钟，约占全片10%~20%。

二是旁白解说部分，约占片长的30%~40%：其中，历史文献影像资料，约占全片30%左右，其中一部分穿插在历史见证人回述中使用；历史场景再现，约占全片10%左右。

三是包装特技部分，约占片长的10%左右：包括片头、片花、隔板等特技部分；音乐画面组合的片尾曲；数字图表、二维动画设计等部分。

2006年9月，长达900分钟的大型纪录片"国宴"通过重大历史文献专题片领导小组审看后更名为《国事亲历》，作为建党85周年的献礼片，在中国教育电视台首播，并于此后在全国其他电视台陆续播出。2007年，这部片子获2006年度中国十佳纪录片奖。

不过，多少有些让人难以置信的是，这样一部大型文献纪录片的投拍，竟然是来自于一位农民的质朴想法："我要用挖煤挣来的钱，拍一部最好地反映党和国家带领我们搞社会主义现代化建设事业的历史。"《国事亲历》的出品人——因挖煤而致富的山西洪洞县农民张六蛋在人民大会堂举办的新闻发布会上如是说。这一次，他真的走进了人民大会堂，走进了他心中最神圣的殿堂。

跨世纪的那些年，是作为电视人的陈宏电视生涯中很重要的几年，也是他以镜头所构筑的纪录之笔深情歌咏英雄丰功、深情倾吐家国情怀的几年。

这也就如中国艺术研究院研究员马也先生在陈宏所著的《八千里路云和月》的序言中所写到的那样，陈宏之所以迷恋英雄，研究英雄，呼唤英雄，不只因为他是历史的幸运者，还因为他曾经是军人——军人和英雄，总有剪不断、理还乱的联系。

当然，陈宏所呼唤的"英雄主义"或"英雄观"，不再是金戈铁马式的纵横驰骋，也不再是杀身成仁式的慷慨献身，而是一种具有现代意识和现代人格的、能代表民族精神、勇于担当、勇于奉献且富于创造性的"当代英雄"。

其实，从来就没有哪个时代不需要"英雄"。

今日之中国，对新型英雄的呼唤，是当今全球化背景下实现民族伟大复兴的必然要求。伟大的恩格斯，在他那《自然辩证法·导言》里那段对文艺复兴"巨人"的著名论述，完全适合于今天我们所呼唤的民族复兴英雄：

"这是一个需要巨人而且产生了巨人——在思想能力、热情和性格方面，在多才多艺和学识渊博方面的巨人的时代……因此就有了使他们成为完人的那种性格上的完整和坚强。"

要想早日实现民族复兴，离不开具有现代人格的英雄和巨人。毕竟，任何现代化，最终也得靠现代化的人来完成。

鲁迅先生有言："人立而凡事举。""立人"是"立国"的前提，也是"兴国"的前提。在全面建设小康社会的今天，"改造国民性"仍具有其迫切性。

陈宏深深地知道，单靠一个人，任何创作也都是很有限的——精力有限、时间有限、知识有限、思维方式也有限。纪录片的创作当然也不例外。但是，如果用一种组织的方式或平台，把更多的人聚集起来，使纪录片成规模、成批量、成周期地生产，如此，则既能满足播出媒体的需要，又能使更多纪录片人梦想成真，更重要的是，那将是中国纪录片的何等耀眼的进步！

这个梦一般的宏大构想，在陈宏全面完成《国事亲历》并决定步入新的岗位——从北京电视台调入中国教育电视台之后，终于有了践行它的机会。

电视史年度大事

2002年入世激荡：外资电视进入中国

2001年，中国正式加入WTO。

有人戏称，狼来了。

在闭门修炼抗狼本领的主旨之下，中国获得了短暂的若干年保护期。然而，随着市场国际化步伐的加快，中国内地电视市场这扇紧闭的大门早就从虚掩变为了半开；伴随WTO汹涌澎湃的浪头，中国内地的电视大门迟早要被推开。

顺着这股激流，野心勃勃的外资电视也踏浪而来、鼓吹着进驻中国内地电视市场的必然和胜利。

不过，外资电视当年扬言胜利似乎为时过早。欢喜而来，屡屡碰壁的外资电视比比皆是，诸如ESPN、Viacom等等，在没有完全了解内地电视市场的情况下，为抢占潜在市场的制高点，都曾付出过惨痛的代价。痛定思痛之后，外资电视正慢慢地找到了如何融入内地电视市场的门道。

2002年12月19日，默多克旗下的新闻集团与湖南广播影视集团签约建立战略性合作伙伴关系，实现了外资电视进入内地的重大突破。如铁板一样的内地电视市场终于在时间与形势的冲击下，渐渐露出了缝隙。此时，距离中国加入WTO，刚刚一年。短短一年间，新闻集团便与湖南广播影视集团达成合作，不得不视为一次意义非凡的传媒大事。而媒体所称"中国政府给予新闻集团的特许，是实质意义的突破"，或许才是默多克最喜闻乐见的事吧。

事实上，多年前便有学者指出，在全球化时代背景下，中国因其特殊国情和入世承诺，本土电视市场尚处于相对安全的地带，但这样的安全明显是短暂而又充满危机的。置身行业一线的电视人很清楚，要想在最短时间内取得飞升，就必须依靠向外学习不断扩充自身实力；而外资电视也同样明白，要想冲破重峦叠嶂进入内地电视市场，单凭一己之力实在略显单薄，不得不凭借本土电视的优势。于是，你情我愿的简单逻辑便催生出了双方积极展开合作的"协议"。

面对内地电视市场节目资源稀缺，同质化严重的现状，最具合作潜质的即是电视节目资源。不过，由于电视节目在流程意义上包括了节目制作、节目播出和节目传输这三部分，所以所有的合作也都一定是有流程前提的。毕竟，作为意识形态传播和建构最重要的环节，节目播出这一块，是不可能有商谈余地的。如此一来，外资电视与内地电视的合作，其实也就集中在节目制作和传输方面。

目前，内地电视与外资电视在节目制作和传输方面的合作形式大致有三类。一是外资电视通过贴片广告的方式，向国内电视台提供他们的节目资源，最著名的例子莫过于迪士尼公司。从1995年起，迪士尼就通过这一方式向国内48家电视台、近1亿6000万观众群提供儿童电视节目《小神龙俱乐部》，其中丰富的贴片广告资源令其他外资媒体羡慕不已。除此之外，Viacom也是通过这种方式实现本土化的。每天60分钟的《MTV天籁村》，是内地收视率最高的国外合作类音乐节目，而1999年举办的首届"CCTV—MTV音乐盛典"，更成为内地最具影响力的电视娱乐节目之一。

另一种形式，是与内地电视联合制作节目，并合资建立节目制作公司。此次新闻集团与湖南广播影视集团结成战略伙伴关系，就将在节目拍摄、世界性发行以及节目交流三个方面进行广泛合作。虽然，双方签约时尚未建立节目制作公司，但就节目资源上的密切合作而言，也算是一例。不过，此前的1994年，新闻集团早已悄然进入内地电视市场，并与天津广播电视局共同出资组建了天津金大陆公司，算是真正意义上的中外合资节目制作公司了。自金大陆公司成立以来，其重点就放在国内电视节目制作上，《中国茶文化》、《颜色》、《文化休闲》等节目，便是这一合作的本土化结果。

此外，像凤凰卫视、星空卫视之类的外资电视，则采取了直接落地的形式，在严格遵守中国媒体政策的前提下开展运营。这一形式，目前只在部分发达地区进行试点，还不具备推广的条件。不过，可以预期的是，推广其实只是时间问题。

由此可见，正是节目资源的竞争，为外资电视的资本渗透提供了机会，并在一定程度上松动了本土电视市场的保护壁垒。如此看来，外资电视进入中国，似乎是利好甚多。而当时当景的媒体集团化发展思路也给内地电视行业的发展创造了多方合作的机遇。走出去，迎进来，这又再次回到了改革开放的中心思路上。

但合作对双方的效果到底如何，迄今也还未到盖棺定论的时候。

在新闻集团实现与湖南广播影视集团的战略合作之后，人们所期望的中国电视大环境似乎并未发生实质改变。星空卫视在践行4年后，其发展仍未达到管理层预期的目标。峰回路转处，幕后的新闻集团经营20年的中国战略似乎也被搁浅了。ESPN长期与有线台合作采取月费加贴片广告的交易方式，但却面临不少有线台拖欠月费的问题。忍无可忍之下，ESPN发出通牒，虽掷地有声，却招来了"杀身之祸"：北京有线三台淡定地停播了像NBA这样的高收视率节目，不慌不忙地播起了以前的节目。

也许，这仅仅只是孤例。北京有线三台敢于说不的勇气，只因为内地电视的物理频道资源稀缺，节目遭遇了载体的挟制，确实略显尴尬。在僵持局面下，ESPN的收益因受众减少而遭到损失，他们终于明白，尽管已经有几十家境外电视节目有条件地在内地落地，但切切实实进入中国的"最后一公里"仍旧是座长城。

这不仅让人回想起多年前的论调：狼来了。

那个时候，他们被冠以"狼"的称号，人们对踏上中国土地的他们保持着每一丝空气的警惕。而在些许年中，他们殚精竭虑，未雨绸缪，只是为了适应新市场，以及生存的希望。多年之后，当他们终于可以立足探首的时候，却发现一切早已物是人非。他们依然在奋力中彷徨，在彷徨中等待。

或许这样的过程是漫长和反复，甚至充满了尴尬和讽刺，但路终究是向前的。新闻集团与湖南广播影视集团的战略合作，对于双方的战略联盟意义或许并非主要，而最为重要的，是外资电视这一米阳光，渐渐投入了中国内地电视市场这扇虚掩的大门之内。

世界的电视需要中国，中国的电视需要世界。还是在2002年的此前几年，初出国门的陈宏就有过这样的感慨。然而，在这新世纪都已走过了一个10年的今天，中国电视人拥抱世界的梦想还是多少有些飘渺。

"脚踏中国，眼望大海，心向世界，这也许就是中国电视人当下最该做的。"说这话的时候，陈宏盯着中线传媒总经理办公室内的地球仪。

这脚、这眼、这心，我们的电视从业者们，是不是都具备了呢？对此，似乎还不敢肯定。

2003年新闻立台：中央电视台新闻频道成立

1980年，由CNN创办的世界上第一个新闻频道在美国开播。此前，并不存在真正意义上的新闻频道。

进入20世纪90年代，世界各主要国家和地区普遍开办了电视新闻频道。新闻频道的模式也被浓缩成三个关键词：24小时滚动递进式传播、现场直播、24小时直播评论员。24小时不停地向全球播出新闻，使这个世界的许多事件，尤其是重大事件都能凭借电视而实现信息获取的基本同步。

国际传媒的迅猛发展，使得搭建属于自己的新闻频道已是迫在眉睫。

2002年12月中旬，央视新闻中心受命着手考虑新闻频道的架构。工作人员们参考BBC、FOXNEWS、CNN、凤凰资讯台等新闻频道的操作模式，与来自各部门的人员和业内专家研讨央视新闻频道的节目取舍、形象标识以及人员搭配等系列问题。

2003年2月，有关部门陆续批准了央视新闻频道的各项报告。央视新闻频道的栏目策划也在"两会"前基本确定。

2003年4月16日，央视新闻频道编辑室成立，这是唯一一个专门为央视新闻频道设立的机构，主要负责央视新闻频道的编排协调、动态宣传、选题策划、直播选择、调研反馈等。人员也从最初的不足10人迅速扩张到60人。

2003年5月1日早晨6点整，央视主持人罗京、李瑞英、白岩松、敬一丹等陆续出场，央视新闻频道正式与观众见面，此时距最初的策划不过4个多月。而通常，央视开办一个频道会花1年的准备时间。

　　央视新闻频道诞生在一个十分特殊的时期。筹备期间，一年一度的"两会"正在如火如荼地进行，美英对伊拉克动了武，"非典"肆无忌惮地横行。这一系列大事件，对于初生的央视新闻频道而言，无疑是一波接一波的艰难挑战；但这又充满了无限的机遇，对提升央视新闻频道品质有着极大的价值。正如时任央视新闻频道副台长的罗明所言："这些事件对新闻频道而言可谓一柄双刃剑。"

　　能够伴随这些风云事件的信息消长并迅速成长，对于央视新闻频道而言，的确是天赐良机。也正是通过对这些大事件的成功报道，央视新闻频道也算完成一场非同一般的大考。

　　当今世界，在一个国家的传媒系统中，有无全球性的电视新闻频道，早已是国家形象问题和"软实力"的问题。以这样的视角出发，央视新闻频道的创立就成为一个划时代的问题。不过转念再想，如果早就感知到这样的情形，那央视新闻频道似乎有点姗姗来迟。环顾四周，群雄傲立。仅在台湾，就有东森、民视、TVBS、三立、真相等多家新闻频道。而香港凤凰卫视资讯台作为海外第一个落地中国的24小时新闻频道，通过对"9·11"等重大新闻事件的成功报道，早已树立了自己的国际品牌。对央视新闻频道而言，这些既是优秀的榜样，也是艰难的挑战。

　　按照通行的国际定义，真正意义上的新闻频道应是全天候专门播出新闻节目和具有新闻属性节目的专业电视频道。央视新闻频道相对于早已成功的国际新闻频道大鳄而言，具备了后来居上的实力。它借鉴了各种优秀模式，从中厘定自己的模式，诸如建构动态综合新闻加分类（专题）新闻，在一个小时单元里将实效性强的动态新闻置于前，时新性突出的置于后，并辅之以分类和专业新闻，将新闻资源的整合做到了脉络清晰，缓急有序。

　　也正是通过这个频道，我们感受到了来自央视内部的崭新的电视新闻传播观：中国要根据自己的实际情况，构建一整套应对重大新闻事件的电视传播网络，同时以"守望者"的姿态，对公众日常生活给予全天候、全方位的关注和报道。在此当中，央视新闻频道仍力图以新颖的传播理念、价值理念、报道内容来体现自己的鲜明特色，而不仅仅是形式上的创新。

　　在开播央视新闻频道之时，央视内部就已开始酝酿对电视新闻运作机制的重大调整。伊拉克战事爆发后，央视前所未有的介入和报道，可谓央视新闻频道运作的一次大彩排。1、4、9三个频道总动员，采用长时间的直播方式，派出2000多人直接为战事服务。在战事最紧张的时候，直播室走廊里全是人，嘉宾排着队等候上场。无论是从力度还是广度而言，这些对于央视都是空前的。而效果则是，央视的收视率增长了28倍，直播花费了1000万元，但是广告创了新高。最关键的收获在于，在央视新闻频道开播之前就获得了一次资源整合的大好机会，树立了巨大的信心和积累了宝贵的经验。央视新闻频道开播之后，借鉴之前的成功经验，依靠央视这个巨无霸的平台，实现了新闻资源的强力整合。

不过，整合庞大的新闻资源并非一蹴而就的事。央视新闻频道正在尝试大新闻编辑部管理，即在新闻编播标准相对统一的前提下形成新闻生产的24小时流水作业。而这首先就需要打破部门所有制，以此作为前提，然后统一全体采访、编辑、制作、播出人员的新闻评价、选择和播出标准，实现真正的新闻专业化，进而充分结合市场运作，并调动与新闻生产相关的其他资源，最终达到全天候新闻频道的运作方式。

零点市场调查的相关数据显示，目前，新闻在必须收看的节目类型中名列第一。也就是说，不论高中低哪个层次的人群，新闻频道都会是合适的选择之一。

成长初期，总难免有问题出现。例如有一档叫《媒体广场》的栏目，仅在一个半小时内就重复两次，很容易让人质疑央视新闻频道的节目资源是否十分匮乏。再如不具备突发意义的直播频频现身，让人揣测央视新闻频道直播的泛滥，令观众不适。同样，缺乏深度的评点和分析，也会让节目在观众看来是浅薄和无趣的。

有人曾担忧过，若把央视新闻频道"一个不小心"做成了"宣传频道"，那将是一件多么危险的事情。24小时节目的不断更新只是一种视觉和听觉的表象。很多直播都是官方或军方的新闻发布会，而不是记者根据公众的利益和需求，把这些长篇大论放到一个公众可以批判地理解的语境中加以报道的。由此便可引申出新闻频道对新闻传播的有害影响。这其中包括对新闻价值判断的影响、公众消费新闻方式的影响以及新闻生产形式的影响等等。

不可否认，这样的担忧是合乎情理的。央视新闻频道同央视其他频道一样，都是"喉舌"，这一点毋庸置疑。关键就在于度的把握上，央视新闻频道的议题设置和报道过程，既要遵从国家意志，又必须考虑民众的心情，过分偏重任何一方都是伤及自我的行为。如此，考验这个本身具备客观性的频道便成了可大可小的事情。

这或许就是作为电视传媒的无奈，但至少会有可能让人感到他们追求真理与客观的勇气。

第三篇
中流击水（2004~2008 年）

行云映流水，中流荡砥柱。

一切伟力的汇聚之处，必有历史向前的声音。

到中流去，用激越和沉静的协奏，感受一切耀眼思想的光束，穿越历史，烛照现实。

到中流去，用清凌凌的源头之水激扬历史的沉渣，让历史的哲思擦亮出征的吹角。

到中流去，站在新世纪的海岸线，拉着时代的纤绳，去迎接壮丽的日出。

在中流，用流水的圣歌，为迷茫的双眼，织一道艳美而高远的彩虹。

每个人的心中，都该有这样一道彩虹，通向鲜花似锦的远方。

这是激越奔涌的生命之歌；这是静水流深的旷远之道。

在中流，让所有那些高唱大江东去的浪花——为君一跃，翅翔九天。

策划也是"生产力"

全球化是个好东西，也是个坏东西。说它好，在于它大大降低了国与国之间的门槛，为地球人提供了无尽的便捷；说它坏，在于它为"一损俱损"大开了方便之门。

2001年，举世震惊的"9·11"，不仅使得国际局势动荡起伏，也将以美国为首的西方国家拉到了经济衰退的边缘。经济增长大大放缓，直接影响了各类企业的广告支出，而国际传媒巨头维旺迪的会计丑闻和AOL时代华纳业绩大幅下滑，又进一步加剧传媒业的本已恶化的生存环境。

2002年7、8月，国际主要媒体集团在纽约证券交易所上市的股票达到了谷底。股价下跌幅度最大的当数AOL时代华纳，在线广告锐减和接入服务的停滞使得AOL在合并时代华纳之后业绩大幅下滑，数据显示，当年，AOL的股价下跌了54.66%。

与传媒业的国际境况相应，2002年的国内外传媒业，也正在感受新世纪的行业冬天。

大家都知道，在传媒运行的产业链上，节目（或内容）是核心，传输网络是渠道，而广告或其他收费项目则是资金回笼的主要途径。所以，对于大多数的传媒公司而言，广告收入通常占其主营业务收入的70%左右，这也就意味着，广告市场的发展状况是影响传媒公司业绩的重要因素。

在广告市场呈冬天之势的同时，国内包括电视业在内的整个传媒产业竞争加剧。以电视为例，21世纪初，国内有31个省级电视台上星，一时间，一个数目庞大的卫星电视群，出现在中国电视媒体的版图上。省级卫视的崛起逐渐打破了以往央视一家独大的电视业态格局，进而演变成央视、省级卫视、城市有线电视三足鼎立、多元发展的新格局。电视频道的数量增加，对中国电视业产生了根本性的变革作用——从此，电视观众开始"当家作主人"，因为只有他们，才是市场的"上帝"。于是，竞争的不断升级，成为电视业的常态。

因应这样的现实，2001年，国家广电总局、中央宣传部、新闻出版总署联合发布《关于深化新闻出版广播影视业务的若干意见的通知》，也就是业界通常所谓的17号文件，文件对组建媒体集团、跨地区、跨媒体经营以及媒体投融资等问题都提出了指导性意见。

在电视业方面，17号文件规定，电视剧、电影制作机构可吸收国有资本、非国有资本参与制作、发行、放映和技术改造等方面的合作，允许设立股份制公司。电影集团、电影制片单位、电影院等可以吸收境外资金合作拍摄影视片。允许外资改造基础设施和技术设备，允许以中外合资、合作方式改造或新建电影院。但不允许内地建立中外合资的电影制作公司。

另外，为配合国家的17号文件，广电总局下发了《关于广播影视集团多媒体经营和跨地区经营的实施细则的通知》，对于可以从事影视制作单位的资格以及参与的领域又做了详细的规定。

诸多"规定"，也都指向一个目的：影视制作对业内外资金和经营实体逐步开放，电影集团、报业集团、出版集团、通讯社等相关媒体的介入必将使电视业的竞争更加激烈。

这也就意味着，僧多粥少已是新世纪伊始电视业必然面对的现实。

在日益严峻的竞争态势面前，各个层级的电视台之间，各电视台不同的栏目之间，都在想方设法，希望自己能从有限的市场中，多分一杯羹。

于是，策划，作为多分一杯羹的手段和策略，开始受到前所未有的青睐。

"策划"，古作"策画"，在中国早已有之。"策划"一词最早出现在《后汉书·隗嚣传》中"是以功名终申，策画复得"一句。其中"画"通"划"，乃是计划、谋划之意。"策画"即"策划"，意思是计划、打算。东晋时人干宝撰《晋纪》，内有"筹画军国"、"与谋策画"之语，意即筹划，谋划、安排、设计、出主意、想办法、出谋划策之谓。大凡人类活动，在付诸行动之前，都要经过一番思考，乃至深谋远虑，作出怎样行动的决策，即进行策划。

从《辞源》上我们得知，"策"作为名词，有"马鞭"、"杖"、"简"、"策书"、"文体"、"占卜用的蓍草"等意思；作为动词，则有"以鞭击马"的意思，而其最重要的意思是"谋略"。"划"有"割裂"、"筹谋"等意思。"策划"合起来意味着筹谋、谋略、计策、对策等。

日本策划家和田创认为：策划是通过实践活动获取更佳效果的智慧，它是一种智慧创造行为。美国哈佛企业管理丛书认为：策划是一种程序，它在本质上是一种运用脑力的理性行为。著名学者胡智锋先生认为：现代意义的"策划"可以理解为借助一定的信息素材，为达到特定的目的、目标而进行设计、筹划，以为具体的可操作性行为提供创意、思路、方法与对策。

著名策划专家叶茂中认为：将适合的产品用合适的方法、在合适的时间、合适的地点卖给合适的消费者的一种技巧，就是营销策划。

总而言之，在我们中国，"策划"有着极为久远的历史，古为军师、策士、谋士，今为企划设计师、策划家。不过，"策划"作为一种独立的行业和产业，却是近年的事，它是知识经济时代的智慧之果和精神产品。

2004年，陈宏的人生，又迎来一个"大决策"——从北京电视台转战中国教育电视台。

回首那些日子，陈宏说，这个决策让他犹豫了一个月。留在北京台吧，有留下的好处；去中国教育电视台吧，也有去的理由。经过多次权衡和激烈的思想碰撞，陈宏最终选择离开北京台，到新的岗位去奋进。

2004年，伴随着整个传媒业的变化，电视业的内外竞争也越来越激烈。陈宏在思考，面对技术的进步和社会的发展，是否应该、是否有必要重新认识媒介的内涵和外延。整个社会文化情势的变化，催迫着置身文化产业前沿的传媒人，必须尽快转变观念，充分认识到单纯的依靠某一种媒介来发展和壮大自身的力量是远远不够的。

就这一点来说，对于包括电视在内的传媒而言，来自于团队的策划能力必然是很重要的核心竞争力。只有策划能力强，竞争力才强。策划有多强，媒介的效益生产能力也就有多强。也就是说，策划不一定直接就是生产力，但它一定是媒介生产力发挥程度的要件。

喜欢系统论的陈宏认为，从系统论的角度来看，策划也就是将媒介看做整个社会运行系统中的一部分，或者说作为一个子系统，这个子系统如何与外部系统互相耦合来达到最好的资源运行状态也就是策划的关键。换句话说，策划的要义，在于如何整合各种资源，使其效用最大化抑或最优化，并尽可能可持续地为我所用。

显然，并不是所有人都有这样的思维和能力。

《青春万岁》：策划搅动激情

2004年，初到新单位，陈宏被任命为中国教育电视台总编辑助理兼节目中心主任。

众所周知，也正是这一年，中国影视的产业化步伐空前加快。

这年2月，国家广播电影电视总局发布《关于促进广播影视产业发展的意见》，要求广播电视要把允许经营的资产、资源和业务从目前的事业体制中分离出来，面向市场进行企业转制和重组，与事业部分分别管理、分别运营。

这年5月，牡丹江新闻传媒集团整合了牡丹江市的广电集团和报业集团，把广播电台、电视台、有线电视台、日报、晨报等融为一体，把作为党报的地市级日报与广电业整合在一个集团内，并实行企业化管理。在少有人谈及媒介的时候，他们走在了前面。

这年11月15日，广州日报报业集团、上海文广新闻传媒集团和北京青年报社跨区域联合创办《第一财经日报》，这是中国第一张跨地区、跨媒体的全国性财经日报。

这年12月22日，北青传媒股份有限公司在香港联交所挂牌上市，成为中国内地主流传媒香港上市第一股。

这是中国影视产业在国家文化产业大发展背景下，机遇与竞争互生互显、相激相荡的年月。

上任伊始，如何给自己的新单位送上一份像样的见面礼，成为陈宏眼前一个比较紧迫的任务。

"策划一台大型电视文艺晚会，如何呢？"陈宏想。

策划和实施大型电视文艺晚会，陈宏并不陌生。

那还是2002年，国家确定西部大开发战略的年月。为配合这一空前的国家战略，中央电视台决定推出一个西部频道（后来改为"社会与法"，也即现在的央视12套）。为此，创作一台频道开播晚会也就成为一项紧要事务。按预定方案，这台大型晚会的时长为4个小时。由于针对的是西部频道，所以总编导的人选颇有些棘手——这个总编导，不仅应具有高妙的文艺晚会的创作能力，而且还必须谙熟中国西部深厚的人文地理。许是机缘巧合吧，此时的陈宏，刚刚结束20集的纪录片《西部的发现》的创作。于是，时为西部频道筹备组负责人之一的童宁（原《东方时空》栏目的创办人）便力邀陈宏来担任这台晚会的总编导。因为在他看来，陈宏已是这台晚会的不二人选。陈宏也欣然应承了下来。不到半年，陈宏和他的团队就把晚会节目创作出来了。初看了晚会的整体效果之后，央视决定先把这台晚会作为中央台春节大型特别综合节目播出。结果，这台晚会在当年央视春节特别综艺节目评比中名列前茅。

那台节目的最大亮点，是在结构上别出心裁地运用了阴阳五行的"金木水火土"，作为5个篇章。其中，金，代表西部富饶的矿产；木，代表西部的森林资源和环保；水，代表西部经济；火，代表西部的科教发展；土，代表西部厚重的人文历史。这5个篇章，分别由阿果、陈鲁豫、王端端等5个中央台的主持人担纲，并大胆启用当时还是上海台主持人的新人董卿做总主持。彼时，作为上海东方台当红主持的董卿，以其清新、知性的主持风格大为上海观众喜爱，但到北京主持央视这种大型综艺节目，还是第一次。不过，也正是因为这一次，改变了她主持生涯的轨迹——从上海台进入了中央电视台。

这台晚会，在创意上刻意包含了诸多电视手段：歌舞、专题节目、脱口秀、主持人竞技等等，无一不有。

节目不光是明星云集，同时还名流云集。

凌峰、魏明伦、余秋雨等名流亲临节目现场，有的为西部引吭高歌，有的为西部描绘宏图，出谋划策，支招指路。

2002年春节，该节目以央视10套的春节特别节目的方式播出。

播出不久，该节目就参加了本年度央视20个春节晚会及特别节目的评奖，博得了于丹等评委的高度赞誉。于丹后来说，在20台获奖晚会中，她为这台节目评了第一名，并在北京台南戴河培训中心举办的北京台集训班上专门讲评了此片。可以说，在本年度央视春节晚会的获奖名单中，这台晚会的性价比最高，因为它的花销最少——只花了60万元。

无巧不成书的故事，在命运垂青者那里，确实并不鲜见。

就在陈宏思考送什么"见面礼"的时候，中国教育电视台正好有一台名叫"青春之歌"的晚会在寻求新的突破，以实施节目品牌化战略。

立足中国教育台的立台宗旨，《青春万岁》系列晚会的策划新鲜出炉。

陈宏笑称，这个晚会其实诞生在K歌房里。

那是一个很平常的日子，陈宏与中央电视台新到任的文艺中心主任朱彤及几位文化公司老总的朋友聚会。有意无意之间，大家谈及此事。一阵头脑风暴下来，一台名曰"青春万岁"的大型电视文艺晚会轮廓初现。当然，它得到了教育台台长康宁博士的大力支持。康台长甚至还专门找著名作家王蒙为此题词，并亲自策划以后的每场《青春万岁》。

晚会以大学生喜闻乐见的艺术形式，以弘扬时代精神、激发青春激情、推动校园文化建设为主旨，以互动热烈、明星与校园歌手同台竞技、经典与流行曲风相映生辉为显著特色，在弘扬大学精神、咏唱青春激情、展现校园风貌、憧憬未来梦想的同时，进一步体现中国教育电视台贴近校园、贴近师生、贴近家庭的办台理念和创建全球最大的学习型平台的办台宗旨。

考虑到晚会目标受众的特殊性，陈宏将校园文化设定为晚会的表现主体，而在方式上，尤其强调晚会与大学生的情感互动和心灵碰撞。不过，在具体互动环节的设计上，陈宏摒弃了普通歌会所惯用的方式，在充分考虑大学校园这个特定环境和大学生

《青春万岁》文艺晚会现场

169

这个特定对象的群体需求的基础上，剧组根据康宁台长的指导思想，为晚会设计了传旗、拉歌、集体舞、篝火舞蹈、主题班会等别出心裁、格调高雅而又很具感染力的互动形式。

2004年4月29日，北京安定门外的奥林匹克体育中心上空，一曲"所有的日子，所有的日子都来吧，让我编织你们。用青春的经线，和幸福的璎珞，编织你们……"——这首激励了几代青年、昂扬豪迈的青春之歌响彻云霄。《青春万岁——纪念五四运动八十五周年主题晚会》如期启幕。5000多名来自北京35所大学的高校师生参加了晚会。国务委员陈至立、教育部长周济及北京市委市政府和教委的相关领导，都亲临了晚会现场，与广大师生同乐。

晚会开演前，举行了盛大的传旗仪式。紧接着，北京大学、清华大学、中国人民大学、北京师范大学、上海交通大学、浙江大学等全国10所著名高校校长在晚会上发表情深意切、字字肺腑的青春祝辞；10位学生会主席发表了豪情满怀、激扬文字的青春宣言。祝辞，是老师和长辈寄予青年的殷殷希冀；宣言，是当代中国青年继承五四精神、振兴中华舍我其谁的心声。

祝辞、宣言、心声，唤起了全场5000多名高校师生的强烈共鸣。晚会获得极大的成功，并为其成为中国教育电视台的品牌节目打下了基础。

为了演绎青春的真实，就必须是一台真唱的晚会。排练之初，陈宏就坚定了这个理念。为了很好地践行真唱，关牧村、万山红、蔡国庆等老歌星每次排练都不缺席，谭晶、斯琴格日乐等不厌其烦地参加排练。有几个歌星，还因为排练不是特别到位而临时被拿下。

严谨的唱风，真实的水平，激情昂扬的组织，使主题文艺晚会《青春万岁》一亮相，就受热捧。这场"动真格"的晚会，在大学校园和演艺界引起了较大反响。后来，陈宏还专门就此在《人民日报》上撰文发表了一些看法和感想，力倡真唱之风。

在2004~2006年，陈宏在教育部相关司局、教育台领导以及地方政府的配合下，组织《青春万岁》晚会走进北大、清华、复旦、北师大、山大、湖大等10余所大学，使得该晚会在深入青年学子的口碑的过程中，成为名副其实的品牌栏目。

2005年7月，《青春万岁——纪念抗战胜利60周年大型主题晚会》走进山西理工大学；

2005年9月，《青春万岁——2005国庆大型文艺晚会》走进中山大学；

2006年4月,《青春万岁——纪念五四运动八十七周年大型主题晚会》走进山东大学;

2006年7月,《青春万岁——"魅力晋江"大型主题晚会》走进晋江;

2006年9月,《青春万岁——纪念红军长征胜利70周年大型主题晚会》走进江西理工大学。

在这5场中,最让陈宏深刻体会安全重于一切的,是2006年7月,在晋江的那场。

这场晚会,云集的明星有来自港台的刘若英、游鸿明、苏慧伦、徐怀钰、阿牛和品冠;来自内地的杨坤、阿朵、杨臣刚、蒋大为、克里木、李琼、雷佳、希亚、范晓霞、韩娉婷、张芯和金霖;另外,晚会还邀请了曾以热辣舞姿和饶舌曲风称霸韩国乐坛的歌手刘承俊前来助阵。主持人则由央视名嘴张政和北京音乐台的红人滕兵共同担任。作为当天演出的压轴人物,刘若英是在演出接近尾声时才走上舞台,她的演唱受到了现场观众的热烈欢迎。但意外也就发生在这个时候。

就在刘若英演唱的时候,有一位穿着红色上衣的中年人——晚会主要赞助商之一、九牧王的老板林聪颖从舞台边上走了上去,他想为刘若英献花。但是就在这时,台上出现了一个穿黑衣服的大汉,试图阻止他上前,并且用手连续推了他好几下,最终导致他从舞台上摔了下来。这一摔,竟然摔断了他的跟腱。为了不影响正常演出,林老板坐在地上忍着剧痛一动不动,直到刘若英唱完最后一句,才招呼他的手下来抬他。这一下问题来了,林老板员工"不干了",要找刘若英算账去,而刘若英又强调事先跟负责安全保卫的部门说好不让人上台献花的,且又不认识林老板。

双方达到剑拔弩张的程度,各路记者也赶到泉州医院要采报"明星打人"。

情急之下,在晋江市政府的大力协助下,陈宏与市委宣传部长洪于权迅即协调了两方面的事情:安抚伤者及其家人,劝说干部职工;动员刘若英前往医院看望沟通,调动公安做好安保工作。康台长也推掉政府早已安排好的宴请,自己打车到泉州医院,像护士一样亲手抬护林聪颖受伤的腿。安顿好这些之后,已是深夜3点,饥肠辘辘的陈宏与洪部长从泉州医院出来,一起去晋江街头吃晋江街头名小吃。在街边,他俩一人端一碗糊涂面分析道,林老板从来不看歌会,不给明星献花,这次到了家门口,只想代表几千职工表达心情而已;而刘若英也不希望发生此事。因此尽管双方还在僵持之中,但明早起来还要分头做说服工作。

7点,陈宏来到刘若英下榻处。经过一番沟通之后,刘若英带着一束花来到医院,向林老板当面表示了歉意。意外事件因此得到了很好地化解。

从此，陈宏深切地明白，大型演出的安全，在考验整个工作组系统和缜密的同时，更考验着管理人员临危不乱的心理品质和临场决断的处理机智。

在这5场中，最让陈宏感怀的，是2005年7月，在山西太原那场。

为纪念抗战胜利60周年，《青春万岁——纪念抗战胜利60周年大型主题晚会》在山西理工大学登场。晚会以对山西这一特定领域抗战史实的回顾为主线，以大学生表演的节目为主体，围绕"弘扬爱国主义精神"的主题，通过歌舞表演、现场拉歌、主题演讲、人物访谈等表现形式，唤起大学生青春理想，激发大学生爱国热情，激励他们担负起历史赋予的责任。整台晚会由"众志成城"、"烈火青春"、"和平颂歌"和尾声三章五段组成，在倾情讴歌整个中华民族那一段救亡图存的辉煌历史的同时，激情四溢地颂扬了国人在抗日战争中表现出的伟大的民族精神。

我们知道，导演一台大型文艺晚会，尤其是重大节庆和纪念性质的晚会，就如同构思和创作鸿篇巨制的文章，这篇文章不仅思想性强、质量要求高，而且需要表达的意义也很复杂。要把这么一篇文章做到叫好又叫座，其难度可想而知。

排演一场电视综艺晚会，既是比较典型的大兵团作业，也是多个艺术门类、多个技术部门协调配合的复杂系统工程。这项工程的成果要得到各方面认同和满意，当然不是一件容易的事情。

作为这么一篇文章的构思者和执笔人，陈宏在其军旅生涯中练就的指挥功夫，可谓找到了真正的用武之地。

导演，也就是一个项目的帅。任何一个上得规模的项目，都需要帅。因为只有帅，才能指挥千军万马；因为只有帅，才能在不可预知的困难面前镇定自若、铺排有序；因为只有帅，才能在任何冲击和批评面前依然应对自如。也只有帅，才既有战略眼光，又能为实现战略目标而作出一步步精心细致的战术安排。

显然，这一切，也都是搞好一台大型综艺晚会最需要的。

一台好的晚会，并不只是有好战略就能成功。因为任何战略，都需要精细化的落实。这也就意味着，一个优秀的综艺晚会导演，就是一个战略家的同时，还必须是一个周密、翔实、勤奋、富于想象力、创造力，而且，能随时随地地明察秋毫的雕刻师。正是在这个雕刻师的手上，一个个音符将变成华美动听的乐章，一句句台词将化为幽默、感人、发人深思的锦绣文章，一段段舞蹈将成为流动的色彩长河。在这里，一段音符、一句台词、一个演员，乃至一缕灯光、一个镜头，也都是构成晚会这一篇宏大文章的标点、词语、句子、段落。将它们恰到好处地安排在具体而微的字里行间的，就是导演。

电视史年度大事

2004年数字浪潮：中国数字电视元年

早在2003年初，数字电视的热潮就随着广电总局《关于数字电视发展战略规划》的推出而逐步升温。按照这个规划，2003年将发展100万数字机顶盒用户。这也就意味着，光机顶盒就有10亿元的市场。更有专家指出，未来的整个数字电视产业化，所带来的市场价值可能超过13万亿元。

即便是水中月镜中花的数字，也给业内带来一剂强心针。众人摩拳擦掌，期待数字电视时代的来临。为了这个期待，海南博鳌举办了中国首届高清电视产业论坛。而在长沙召开的全国广播电视工作会议上，官方高调宣布将2004年定为中国数字电视元年。此言一出，市场欢躁，很多企业甚至开始悄无声息的战略转移。

期待归期待，而可期待的到底是什么呢？没有行市有比市，我们先转眼看看国外的数字电视的发展情况。

20世纪80年代，美国提出了数字电视战略，并在1995年正式确定了标准，1998年试播，此后逐渐成熟。到2003年4月，有线电视完成了光纤化和数字化改造，共拥有2000万数字电视用户。有线电视的这个数字相较于它整体7200万的用户和94%的覆盖率而言，只能算是完成了模拟向数字的过渡，而真正的产能似乎还没全部彰显出来。

相对而言，欧洲更为积极。2002年底，英国的数字电视用户已超过660万。各国计划2010年停止模拟广播电视，到那时，法国、德国、西班牙、意大利、英国的数字电视用户将超过整个电视用户的50%。

我们近邻的日本，计划2006年实现数字电视的全国覆盖，全部采用数字高清节目，并逐渐关闭模拟广播电视。

早在2002年，相关机构就预测：到2005年，世界数字电视观众将达6.25亿，数字电视的市场价值超过1000亿美元，电视收视费、视频游戏和以电视为基础的信息服务年收入也将达到450亿美元。

的确，电视的数字化是世界性的趋势。

2002年，央视在电视调查中显示出，国人多数仍以电视为最主要的娱乐方式。全国观众的日均收视时间为174分钟，比5年前增加了43分钟，且一直在稳步上升。这也成为很多人所说"中国是最具潜力的数字电视市场"的论据之一。的确，随着社会经济的不断发展，国力的逐渐提升，国民对电视娱乐方式的需求和偏好将变得更加旺盛，而数字电视的出现，或许会给他们带来前所未有的感受。节目将倍增，视听效果也将大幅提升，还有更多其他信息服务等待着人们去尝试和享受。

这也就是说，当数字电视一旦定调，那么整个电视机市场将掀起一股旋风，数字电视机很可能大行其道。

谋事在先，广电总局在当年下达了命令：要开播10套以上的付费影视频道和多套有线数字电视广播节目、多种增值业务，打出品牌，站稳市场；初步建立有线数字广播电视技术新体系和运营新模式；到2005年底前付费影视频道达到50至80个；全国有线数字广播节目达到150套左右；数字机顶盒用户达到3000万户；初步形成导向正确、品牌突出、特色鲜明、内容丰富、门类齐全的付费广播影视消费市场。

这一切，都让人觉得光明和美好。

然而，自数字电视元年被提出开始，有关数字电视的质疑就不断出现。尽管数字电视元年是一个极具官方背景的事件，但争论和批判并未因此偃旗息鼓，时至今日，仍没有停歇。

批评者认为，纵观天下，全面推行数字电视的国家，大部分是发达国家（并非所有发达国家），而中国作为发展中国家，如此追求与全球第一梯度同步，到底是出于怎样的心情？诚然，改革开放以来，不论经济还是文化，中国的变化有目共睹，但变化大始终只是与过去相比，若与发达国家相比，差距依旧十分明显。诚然，在中国，数字电视确实拥有一个巨大的潜在市场，但换个角度再想，这或许只是我们的一厢情愿。

国民对于数字电视的认知尚处于低的状态，而传统的信号电视和节目就调查的数据统计而言，已基本可以满足他们对电视节目的需求。而且就当前而言，更换数字电视的成本不低，再加上商家将数字电视和数字电视机混为一谈，虽为炒作，但实际却损害了消费者正确认知数字电视的诉求，于是，许多家庭并不愿意为此更换设备。

西方数字电视发展得如火如荼，有一重要原因，那便是电视资源的丰富。在电视节目的运作上，西方国家已经十分纯熟，这是我国目前无法与之相比的。电视资源不足，节目重复低俗，这就是我国电视节目的现状。空有巨大商机，却无摘桃之手，就算有再多的频道开通，如果没有更多新鲜的电视资源展现出来，那也只能是一种浪费。所幸的是，这一块空缺还未打开国门对外开放，否则后果不堪设想。

在国家推行数字电视的过程中，曾出现过一件极具争议的事件：推行数字电视的"青岛模式"。

在数字电视全国推行之初，现实并不理想，全国数字电视机顶盒仅发展了40多万户，远远低于预期数字。各地都在积极寻求突破口之际，"青岛模式"映入了人们眼帘。所谓"青岛模式"，就是通过行政力量在一个区域内全部切断模拟信号，逼着消费者看数字电视。他们把这种模式称为由模拟电视向数字电视的"整体平移"。在整个过程中，机顶盒以免费的方式送到用户家里，资金由政府、运营商和厂商联合分担。

此模式一出，立即受到业界看好，被称为"有线数字电视发展的必由之路"。甚至广电总局也派专人考察青岛数字电视的发展情况，并肯定和推广了青岛数字电视整体平移的工作经验。一时间，"青岛模式"成了各地效仿的范本，随着山西省率先完成"整体平移"，北京、上海、杭州、宁波等城市也相继推广，广电总局也趁势计划力争在2015年停止模拟电视的播出，换言之，就是在2015年实现全国范围内的"整体平移"。

诚然，数字电视的推广，确实会给人们带来不少便利，但这个结果却脱离了市场。毕竟，并不是所有人都需要数字电视的，或许传统电视更合胃口，这样强行要求统一步调，就算产业繁荣了，也不一定是真的繁荣。"整体平移"从本质上说，只不过是又一次计划经济的思路和手段。

2008年，有人称这才是真正的数字电视元年，理由是数字电视在数字电视产业的带动以及官方的大力助推下，已蔚然成为明显的趋势。姑且不论那些矛盾和问题是否都被解决了，但回顾2004年数字电视元年提出开始，中国数字电视确实经历了许多挫折和考验，到了2008年才日渐成熟，也难怪人们会觉得这才是真正的数字电视元年。不过，不管将哪一年作为元年，该面临的问题都是绕不过去的。不要到了下一年，或是再下一年，数字电视仍是表面的繁荣，暗涌的危机或问题，还是无处不在。

山西行："我的心被震撼了"

2005年7月，《青春万岁——纪念抗日战争胜利60周年大型文艺晚会》节目组走进山西理工大学，与师生同台演出经典革命剧目，通过歌舞表演、主题演讲、人物访谈等表现形式，激发大学生的爱国热情。

在结构上，《青春万岁——纪念抗日战争胜利60周年大型文艺晚会》采取"三章五段"的结构方式。"三章"也就是太行丰碑、九曲黄河、威风锣鼓这三个乐章。"五段"，就是在三章之上加上序幕和结尾。

在充分考虑了晚会整体节奏的舒缓和抑扬之后，陈宏将晚会的主题和时长具体安排为：

序幕（15分钟）：

中华民族面临着血与火的考验。

第一乐章　太行丰碑（30分钟）：

20世纪年代，时代风云使大批的海内外优秀中华儿女聚集三晋大地，擎起抗日救亡的旗帜，筑起八年抗日共御外侮的铜墙铁壁，太行山、吕梁山成为中华民族不屈的脊梁。

第二乐章　九曲黄河（30分钟）：

黄河，从雄伟的巴颜喀拉山奔腾而出，穿高峡，越大漠，于老牛湾折头而南，再于风陵渡浩荡东去，将一方沃土揽在臂弯中，在这里孕育了灿烂的华夏文明。早在180万年前，华夏的祖先就踏上这片古老的土地，在黄河之滨点燃圣火走出蛮荒，在汾河岸畔耕作渔猎，艰难立世，度过了漫长童年，创造着迷人的神话。山西大河汹涌，山岳峻峨，黄土丰厚，民风淳朴。集此精灵之气，山西人在漫漫长史中，用粗粝的大手，托起一方灿烂的文明。

第三乐章　威风锣鼓（30分钟）：

鼓文化已成为三晋文化的代表，成为黄河文化的一面旗帜。威风锣鼓流行于山西霍州、洪洞、汾西、临汾一带，是独特的民间广场艺术，激情的锣鼓声揭示出山西人民的奋斗精神，也激发了黄河儿女建设家园的热情。

结尾（15分钟）：

对美好和平的礼赞，对灿烂未来的向往。

在对这台晚会的舞台分析中，陈宏认为，晚会的成功，主要取决于两个关键词——立意上紧抓"青春"，表现上紧抓"结合"。

在立意上，这一台晚会与众多庆祝抗战胜利60周年的节目的不同，在于它将紧紧围绕"青春万岁"和"民族精神"这两大主旨。

不管是内容架构还是气氛营造，晚会自始至终以"青春"为红线，既唤起青年学子们的青春理想，也激励他们响应时代的召唤，奉献年轻的力量，担负历史的责任。"青春"与所有的现场观众有着无比的亲近性。它点燃年轻的和曾经年轻的人们心中理想、浪漫和爱的激情，凝铸着人生最美丽的心绪、最珍贵的记忆、最诗意的经历，定然产生出激情澎湃、动人心魄的力量。

为全面凸显主题，晚会的主体内容也由抗日经典名篇和新时代的爱国歌曲构成。从黄自的《抗敌歌》、洗星海的《黄河大合唱》、郑律成的《八路军大合唱》，到《吕梁山大合唱》、《义勇军进行曲》、《救亡进行曲》、《大刀进行曲》、《游击队歌》，再到《新四军军歌》、《抗日军政大学校歌》、《救国军歌》、《在太行山上》、《松花江上》、《嘉陵江上》、《延安颂》、《五月的鲜花》等等。对抗战精神的讴歌，对伟大祖国的礼赞，贯穿始终。

在表现上，晚会把多方面、多层次的"结合"做到了一个相当的高度。

一是各路明星的结合。参加晚会的明星，主要由四个层次构成：国内知名歌手、国内著名表演艺术家、港台地区明星、国际影星。各路高人穿梭出现，在保证晚会群星闪烁的同时，很好地实现了晚会流程中不断有出乎意料的亮点。

二是写实与写意相结合。晚会根据节目内容，通过屏幕和灯光的切换变化，充分展示山西高天厚土、黄河激流、巍巍太行的造型魅力，这是写意；运用细节元素刻画人物（比如朗诵抗战初期朱德总司令在太行山区的一封家书），这是写实。而写意和写实的结合，又具体体现在灯光舞美及节目内容设计等一切舞台元素之中。

三是台上与台下相结合。《青春万岁》现场气氛浓郁的秘诀，靠的就是台上台下的结合。而实现的手段，是把握山西大学的个性特点，并巧妙地点缀在晚会节目当中。这些设计在节目推进的层次中的内容，使台上台下高度默契，现场高潮一浪压过一浪。

四是舞台与广场结合。纪念抗日战争胜利60周年这场晚会，是一个大主题，内容决定形式，大主题要求大场面，这是晚会艺术必须遵循的法则。为烘托表演气氛，在表演中，设置了威风锣鼓、舞龙灯等山西特有的广场艺术；晚会的"青春风暴"，也根据山西大学青年学生的表演实力，穿插安排街舞、拉歌、烛光造型等节目内容。

五是历史与现实相结合。晚会将《女起解》这样脍炙人口的唱词、毛泽东的《对日寇的最后一战》、全民抗战的不朽史诗《吕梁英雄传》、中国解放区文艺创作的代表作之一《小二黑结婚》和反映农民智慧、农民反抗精神、农民坚韧性和幽默感的《李有才板话》以及左权将军的故事等内容巧妙融和，让历史和现实在舞台这一特定时空中实现交融和对话。

六是时尚与民俗相结合。山西既是中国诗歌无愧的发祥地，也是中国戏曲的发祥地，还是民歌的海洋。晚会把山西传统的艺术内容通过时尚的舞台元素和流行手段进行包装、烘托和演绎，实现时尚与民俗的无缝对接。

红线明晰、结合完美，决定了这台晚会其实也就是一篇气势恢弘、结构新颖、情感逼人而又一气呵成的妙文。

源于对这一篇妙文的盛赞，晚会刚一结束，时任山西省委常委的宣传部申部长，不顾夜已渐深，与剧组的主创人员和记者们兴致高昂地畅谈了两个多小时。

他们从场面谈到灯光，从灯光谈到布景，从布景谈到服装、谈到化妆、谈到串词。

仅凭自己多年来对文学、艺术和美的理解，陈宏就很清楚，对一台晚会而言，场面、灯光、布景一样也不能少。综艺晚会，对场面的美的诉求是非常重要的，它决定着晚会能否在最短的时间内刺激到观众的视觉，引起观众的注意。灯光，绝不只是照明那么简单，因为正是灯光的明暗、强弱、色彩等要素的恰当组合，才能营造不同的表现气氛、提供不同的视觉效果。而对主持人、嘉宾和出场演员的服装、外型加以塑造，本身就是晚会必不可少的一个看点。如果晚会在现场效果之外还要强调电视的画面效果，那就还需高度强调镜头的重要性。谙熟镜头的陈宏当然知道，电视的画面呈现，也都是依靠镜头从不同的角度、以不同方式来产生景致效果的。而在镜头的使用中，广角、摇臂的有效利用也都能产生特殊的效果。尤其是，这些特殊效果，不仅能让观众感觉很多细节中的美，而且还能营造出恰到好处的情感氛围，在煽情中，唤起观众情感共鸣。

如果说，场面、灯光、布景之类是晚会这一篇文章的语法和修辞的话，那对观众的定位就是这篇文章的立意。从市场的角度说，一台晚会也就是一个产品，有自己的目标消费群，如果导演对这个目标消费群的喜好、需求吃不透、抓不准，那这个产品的市场状况肯定是难以乐观的。从文学的角度说，一台晚会就是一个作品，有自己的期待读者，如果写作者对作品的期待读者不明确、不了解，这作品的阅读群自然是难以集中的。

导演《青春万岁》这样的文艺晚会，首先就要吃透文艺需求。这一点，作为总导演的陈宏，自然是非常明白。

作为伴着电视成长起来的一代，当前的大学生，对节奏更敏锐，也更追求晚会视觉化元素的丰富。更为关键的是，他们具有不可小视的独立意识，对各种符号，他们也都有自己的认同与解读。

陈宏很清楚，晚会要得到青年学子们的欢迎，就必须充分把握并尊重他们的视听心理，在这个基础上，才能根据他们期待的文化符号，来架构晚会的内容和行进节奏。

生活在当前这个各种视听媒介日益发达的环境中的大学生，是比较讨厌说教式、灌输式的意义和观点传播方式的。所以，以"平等"为基本理念的互动环节的设计，对像《青春万岁》这种意义内涵很是主流，而呈现方式又必须非常时尚和潮流的文艺晚会，就显得至关重要。因为，只有充分地互动，才能使青年学子们从中感受到、体验到理解、认同和被尊重；只有多样地互动，才能以多种方式，将主流的文化意识自然而巧妙地植入其中。

当然，过犹不及，物极必反，强调互动固然重要，但防止互动过度，更为重要。早已是颇具综艺晚会经历的陈宏有一整套把握这个度的基本原则和方式方法。

在他看来，掌握这个互动的"度"，首先就是掌握好引导的度。一台文艺晚会，从导演的角度看，对观众满足与引导一定是辩证的、动态的。过分强调二者中的任何一方，都是对晚会主题和功能的偏移。这一点，对青年学子尤为重要，因为，他们的思维具有很强的解构性，如果晚会的意义呈现是他们认为太过于直白的"寓教于乐"，那他们的互动热情就会大打折扣，从而让满足和引导双双受损。

其次是处理好内容的度。目前，社会文化的多元化发展已是不争的现实，面对青年学子，文艺晚会在内容的架构上中特别需要平衡多元文化中的"元"，如传统与现代的关系、外来与文化的关系、娱乐与社会责任的关系等等。此外，价值观的度，也是很值得强调的一个问题。任何文化，其内核都是价值观。所以，晚会的内容架构不管如何呈现多元，基本的价值观念一定是最中心的东西。

虽然，我们也许不能说陈宏执导的在山西太原的这场晚会在这些方面都尽善尽美，但至少，这台晚会在各个层面的设计和处理上，都有诸多可圈可点之处。这一点，晚会的观众应该是最有评判权的。

能印证观众"评判"的，一是当地的报媒，二是直接反应观众心声的网络。

晚会结束的第二天一早，陈宏回北京，一上飞机，就看到山西太原的报纸，头版巨幅照片和醒目的标题——《青春万岁 点燃太原》。

如果说，报纸上的评判还比较间接的话，那在网络上，尤其是校园BBS上，作为现场观众的大学生们的留言，就是最直接的了。

青春万岁！祖国万岁！

"用春天的汗水收获秋天，丰硕的喜悦哪用收割的镰；用青春的浪漫收获秋天，唱出希望，唱出甘甜……

"青春万岁！祖国万岁！"莘莘学子倘佯于梦想的广袤海洋，翱翔于理想的万碧晴空。青春的歌点燃爱国情怀，青春的晚会坚定理想信念。

《青春万岁》走进校园，展示校园文化的五彩斑斓；

《青春万岁》走进校园，唱响学生报效祖国的心声。

台上台下，幕前幕后，千百万学子发出共同的呐喊：青春万岁！

校园内外，荧屏上下，千百万学子发出共同的心声：祖国万岁！那一刻，呐喊、挥手、拥抱，都难以表达激动的心情！

那一夜，青春的激情毫无保留地释放了出来！

青春万岁！祖国万岁！这是所有人的心声，这是整个时代的最强音。

一张张灿烂的笑脸诠释着一颗颗真诚的心。当美丽的焰火照亮夜空，当我们抬头仰望天空，我们看到了辉煌，看到了希望……

青春万岁，是我们不变的旋律；求是创新，是我们永恒的主题。晚会落幕了，但它带给我们的震撼永存，青春永驻。《青春万岁》晚会现场的气氛高涨，同学们纷纷挥舞着手中的彩旗，飘扬的红丝带，闪烁的荧光棒，欢呼声一浪高过一浪。每个人的脸上都写满了幸福与自豪，尽情地欢歌舞蹈，尽情地呐喊，发自内心。坐在《青春万岁》的晚会现场，我的心被震撼了，一种感动从心底升起，慢慢地扩大，渐渐地充满了整个心房。整个晚上，我的手都在微微地颤抖！

当《青春万岁》晚会在歌舞声与欢呼声中结束的时候，当舞台上的彩灯一盏一盏黯淡下去的时候，当会场里的学子、老师慢慢散去的时候，校园似乎又恢复了往日的宁静。

但，那场地里整齐码放的座椅，分明还留存着刚刚同学们激昂澎湃的气息；那操场中央忽而寂静的舞台，分明还回响着刚刚演员们轻盈欢快的脚步；那曾被眩目的灯光照亮的夜空，分明还倒映着刚刚每个人幸福的笑脸。

内心，一次次被感动，一次次被陶醉。人们在欢呼，人们在祝福！

青春万岁！祖国万岁！

这些热情洋溢的"观后感"，不正是这台晚会"阅读"效果的最佳证明吗？

《青春万岁》留下的"关键词"

世间一切事，谋定而后动，动之而三省。

善于计划，是每一次成功的前提。

善于总结，是下一次成功的开始。

2006年初，回首2005年《青春万岁》的几次演出，陈宏告诉我们，他的最大收获，是以下几点启示。

启示一：加强策划，创新《青春万岁》内容形式

孔子曾说过："凡事预则立，不预则废"。"预"，其实就是策划。

《青春万岁》是大型主题晚会，在策划上，它必须使节目既能打动观众，又能产生尽可能最大化的经济效益和社会效益。

其实，作为一个主题晚会，《青春万岁》每一场晚会的节目都必须既有欣赏性，又有互动性，才能最大限度调动观众的共鸣；要通过感人的故事和细节，找到载体，不知不觉地传达思想；晚会中绝大部分节目要在大学里寻找，最大限度地调动大学生的积极性。

启示二：借用明星，提升《青春万岁》人气

随着电视节目的同质化，《青春万岁》要想在激烈的竞争中占有一席之地，就必须要有自己的节目特色和个性。作为节目的符号，主持人的特色和个性同样会给节目加分。

清华大学那场《青春万岁》晚会，何炅、李湘两位主持人一上场就引起了全场热烈的欢呼声。主持人年轻健康的形象和《青春万岁》的节目定位十分合拍；他们清新、自然、极具亲和力的主持风格，一改《青春万岁》传统、呆板、程式化的主持风格，把节目现场调动得极具活力。在主持人的调动下，现场观众不再是看客，他们不自觉地与整场节目融为完美的一体，在现场掀起一浪高过一浪的青春风暴。

《青春万岁》是大学生的节目。她应该和大学生的校园文化生活融为一体。因此，《青春万岁》的主持人一定是大学生喜欢的、熟悉大学校园生活的青年人。何炅和李

湘当然是最佳人选。签约两位主持人，在某种程度上，凭借主持人的人气，提升《青春万岁》的影响力，才能更快更好地把《青春万岁》，打造成引领高校校园文化时尚潮流的大型文艺晚会品牌。

启示三：整合资源，联合其他媒体合作举办《青春万岁》

作为一档大型综艺节目，《青春万岁》在中国教育电视台并没有建立起一支基本的创作队伍。长期以来，《青春万岁》的撰稿、导演、音乐、舞美、灯光、音响等主创人员全部是对外招聘，而且每一次的队伍都会面临重新磨合的问题，可以说，每一次都是从头来。

为了尽快摆脱这种境况，《青春万岁》寻求资源整合——与湖南台合作。创作队伍完全由湖南台负责，湖南台主创人员全方位参与《青春万岁》的创作。这种台与台之间的合作，在总体战略合作框架下，不仅降低了合作的风险，同时凭借综合媒体已有的传播优势和成熟的创作队伍，扩大了《青春万岁》的传播范围，同时有效提升了《青春万岁》节目的整体质量。

在机会恰当的情况下，《青春万岁》还要与其他媒体或者专业的制作公司合作，共同策划、制作，把《青春万岁》进一步做大做强。

启示四：商业运作，持续发展

《青春万岁》系列晚会，是规模较大的活动项目，它具有投资巨大、制作宏大、影响重大的特点。晚会资金投入如果总是靠教育台拨款，显然难以实现可持续发展。本着"品牌栏目化、栏目商业化"的市场逻辑，需要尽快启动一些推介活动，将"青春万岁"栏目的"冠名权"或"广告代理权"面向社会公开招标，从而吸引众多商家、广告公司的参与，通过商业运作，共同打造《青春万岁》。同时，鼓励所有人为《青春万岁》提供运作经费，并给予一定比例的奖励。

启示五：以人为本，培养稳定的制片管理队伍

通过几场实战锻炼，大型活动暨纪录片制作中心已经逐步培养了一支较为稳定的制片团队。团队成员们，初步熟悉了大型活动节目的工作流程、项目合同的拟定、经费使用管理等，有了一定的大型活动节目的运作管理经验。但是，根据相关制度，目前制片组人员的编制属于节目系统，工资从项目中支取。但是，目前项目具有不确定性，团队成员可能面临工资得不到保障的问题，特别是核心人员的工资得不到保障，不利于调动大家的积极性。鉴于此，应建立以人为本的机

制，只要勤奋工作，工作有成绩，通过考核和一定的程序，就可以转为管理岗。这样，就可以充分调动每一个员工的积极性，形成人人有追求、人人有奔头的双赢局面。

启示六：大型活动，安全责任重于泰山

安全，是大型活动的生命线。2005年12月31日，在歌手齐秦的演唱会上，鼓手黄建福掉下舞台摔死。此时，距2005年12月28日《青春万岁》晚会举办不过3天。血的教训，使得大家更理解"大型活动安全责任重于泰山"绝不是一句简单的口号。

晚会作为中宣部、教育部支持的大型系列综艺晚会，《青春万岁》的每一场，观众规模少则3000人，多则上万人，而且观众都是在校的大学生，在安全上如果发上一点点差错，影响绝非一般商业性演出可比。

每一场晚会，教育台领导都对安全问题给予了高度重视。在台领导的直接领导下，《青春万岁》的每一场晚会，都制定了严密的安全工作方案和突发事件应急处理预案，已经逐步建立起一套完整有效的安全工作流程与预案。

《青春万岁》演出成功，与时任教育部部长的周济（右三）碰杯祝贺

电视史年度大事

2005年选秀奇迹:《超级女声》走红

音像俱全的电视，天然就是一个表演场，一个秀场，一个专门制造一夜成名的梦工场。这个梦工场，很多电视策划人都想方设法地用过。当然，作为本书主人公的陈宏也用过。也就在本年度，他策划实施的《青春万岁》，依然延续着上一年的热力和魅力，在中国数个高校激励着追梦逐日的莘莘学子。而2005年湖南卫视创造的"超女"，则是当年最值得记忆的电视事件。

2003年，湖南电视台娱乐频道打造真人秀节目《超级女声》（以下称"超女"）。该节目原型来自美国大型选秀节目《美国偶像》。"超女"创办者夏青坦承这档节目的框架是"舶来的"："我们学的是它的形式，并没有学习它的内容。关于它的内容，我们进行了长时间的调查和研究。"

2003年，一个偶然的机会，夏青在一份报纸的角落看到一篇豆腐干文章，说《美国偶像》在美国产生了多大的社会影响。媒体人的脑壳转得快，看到这，夏青转念一想，"为什么我们不能做这么一档符合中国国情的节目呢?"

想法产生，调研先行。那段时间，她和她的团队找了很多资料来研究，特别是关于《美国偶像》节目，几个人天天泡在咖啡馆开会。3个月后，方案出来了，确定比唱歌。因为在中国，"只要能说话的，就一定会唱歌，哪怕是3岁小孩"。"超女"创办人之一廖柯在接受《今日美国》采访时说："《超级女声》能如此流行，和中国整个社会的生活水平迅速提升有很大关系，人们可以选择更丰富多彩的娱乐方式。每个人都想展现自我，湖南卫视恰好成为了这个平台。"

荧屏甫一亮相，"超女"便引起观众的热烈回应。

2004年，湖南卫视将"超女"重新包装，推向全国。啼声初试，获得阶段性的成功，出现了如安又琪、张含韵等一批平民偶像。先行热身后的"超女"，在2005年挂上了"蒙牛酸酸乳"名号，并以迅雷不及掩耳之势红遍了大江南北。

2005年，更多的平民偶像雨后春笋般涌现出来。李宇春、周笔畅、张靓颖、何洁、纪敏佳，等等，一群青春靓丽的女生引领了2005年的娱乐头阵，"玉米"、"凉粉"、"盒饭"这样的新意旧词纷至沓来，并成为一种新的文化片段。

这一届"超女"，将全国分为长沙、成都、郑州、广州、杭州5个赛区。报名人数达到16万人，参赛者的年龄跨度从4岁到89岁。海选、淘汰、夺冠的整个过程呈现在荧屏上时，有近3000万观众热切关注。

调查显示，2005年"超女"决赛，收视率白天达12%，晚上9:30~10:20更是达25%，高居同类节目前列。决赛的广告，提前就被预定一空，15秒广告费以套装11.25万元的高姿态超过了湖南卫视的其他广告价位。10场总决赛，为湖南卫视带来2000万以上的广告收入，短信收入为2500万元左右。而"超女"品牌的延伸产品——各种相关音乐唱盘和书籍等，也成为其品牌持有者天娱公司的主要收益点。作为"超女"独家冠名的蒙牛酸酸乳，依靠"超女"平台，也赚了个盆满钵满。节目策划人之一、蒙牛市场总监孙隽先生说，蒙牛在湖南卫视的广告投入、销售费用再加上参与播出的费用大概2400万元。而据许多媒体报道，蒙牛投资2800万元买断超级女声的冠名权，再追加8000万元用于公交车厢、路牌灯箱等广告。截至6月底的半年业绩，蒙牛纯利达2.5亿元，上涨了34%。

"超女"的大红大紫，令人感叹"电视湘军"的独领风骚。从"超女"的运作上

"超女"成为2005年的热词

看，主办方对整个商业链条开发目标很明确。长达半年的赛歌，跌宕起伏，不断制造热点，加之商业运作的环环相扣、其他媒体的立体造势，充分吸引了全国人民乃至海外华人的眼球。

从海选到决选，10进8、8进6、6进5、5进3、3进1，湖南卫视垄断播出一个星期一次的持久战，使"超女"的吸引力在时间上得到了最大的延伸。不仅如此，聪明的湖南卫视还在每天傍晚《娱乐无极限》做特别报道，吸引忠实观众关注。加上时不时传出所谓的"黑幕"、"内幕"，自始至终的投票大战，其实都在谨守一切为"好看"服务的宗旨——只有这样，才能保证观众注意力的不流失。

新兴事物横空出世，总是难免争议。"超女"所带来的社会效应，犹如一场龙卷风——随着其外围的不断扩展，参与讨论的人越来越多，最终成了一件极具标志性的文化事件。

在这一场娱乐盛宴中，最让人津津乐道的便是大众文化的大行其道。在"超女"策划里，"大众"被定义为最核心的关键词。主创人员一致认为，要使这个节目覆盖社会中各个年龄层的观众，成为一个"合家欢"式的参与品牌。定位于"大众文化"之上，是这个节目取得成功的根本立足点。没有参与门槛、制作成本不高、乱而有趣的比赛规则、拿捏得当的噱头设置、一团和气的亲民形象，这些作为优秀娱乐节目的元素，"超女"都一应俱有。

在大众文化时代，人们想知道偶像是如何被炮制出来的，甚至想将偶像的价值完全颠覆和解构掉，而不是一味地去建构它。"超女"的出世，满足了人们"将有价值的东西撕碎，再拼凑一个新价值"的欲望，让人们接触到一种全新的无距离感的偶像塑造，实现了娱乐的民主化。不过，有趣的是，有舆论认为，"超女"所走的大众路线事实上是一种"反偶像反精英"的表现，但在整个过程之后，新的超女偶像又会诞生，再代表精英发话，这样的大众路线难免让人唏嘘。到底大众文化是不是真正的核心，还是被借壳闪现，争论还在继续。不过，电视人白岩松的一个观点值得品味："'超女'首先是个娱乐行为，是媒体秀，背后是强大的商业运转……大家对这个游戏规则太明白了。"

作为本土选秀节目的先驱，"超女"在获得了众星捧月的殊荣背后，仍然遭受着不小的质疑和责难。

继"超女"的大获成功后，纷繁如星的选秀节目在国内遍地开花，漫天飞舞，充斥着日常的电视时段。似乎除了选秀，娱乐就无从选择了。尽管，这些盲目跟随匆忙上马的选秀节目良莠不齐，但依然吸引了数量可观的民众参与。从来就是精英化的艺术舞台和现代传媒，突然带上了"平民"的面具，出现在公众面前，这使得公众一时之间无法确认这种机会意味着什么，也没有人知道这种机会是否还会再有。

电视高强度的宣传和直播现场的热烈气氛，就好像无形的漩涡，越卷越大，越深越有吸引力。当一场全民盛宴被炒得内外焦糊时，这样的选秀就已经走火入魔了。

当艺术和现代传媒结合，很容易制造一种癫狂性的崇拜，这种集体行动的"强迫症"，本身就具有强大的传染性。然而，"超女"并非一个突如其来的现象，我们从此前诸如鸡血疗法、疯狂英语、集体传销等群体行动中不难发现——这一次，只不过是借了歌唱比赛的名义罢了。

2006年纪录中国：《大国崛起》开播

20世纪80年代，以历史为主要题材的电视纪录片在国内大量出现。《丝绸之路》《望长城》等都是其中的优秀之作。90年代，这类题材的纪录片热度有所降低。2002年，北京电视台陈宏创作的15集大型历史题材纪录片《潮涌东方》在全国各省市电视台热播，明示着新一轮历史题材纪录片的强势回归。

今日中国，正走在民族复兴的大道上。早在20世纪末，就有西方人断言：21世纪将是中国的世纪。姑且把这当作戏言或是炒作，但毋庸置疑的是，中国的再次富强，将创造人类发展历史的重要事件。近代以来160多年的追赶，让世界再次听到了中国的声音；尤其是改革开放30年的巨变，更让国人能够自信从容地立足于世界，去探索自己的强国之路。

中国领导人反复强调，要吸收和借鉴全人类的文明成果来发展自己，用他山之石，来做攻强国之玉。2003年11月，中共中央政治局进行了第九次集体学习，学习内容便是世界上9个主要国家自15世纪以来的兴衰史，它最初是以广播新闻的形式宣传出来，但却被任学安先生暗暗记下，成为了《大国崛起》诞生的契机。

作为该片总编导的他回忆道："……最初构思，我知道是从3年前的一天清晨开始的：当时是在上班途中听到收音机里播报了一条新闻：中央政治局集体学习'15世纪以来世界主要国家的发展历史'……后面的3年时间里，我们经历了很多，也收获了很多。"

《大国崛起》全片共12集，讲述了15世纪后陆续崛起的葡萄牙、西班牙、荷兰、英国、法国、德国、日本、俄罗斯、美国9个国家，以"站在人类文明发展"的高度、以历史的眼光和全球的视野解读了这9个国家的兴衰成败。片子一经播出，便在社会上引起了强烈的反响。据央视索福瑞调查数据显示，《大国崛起》首播平均每集收视量400万人次，郭振玺先生提到，《大国崛起》首播过程中，央视2套办公室就不断接到观众的电话，有的观众甚至说看一遍不过瘾。频道临时决定，在11月27日，首轮播放过后仅3天，就启动了第2轮播放，随后应观众要求又进行了第3轮播放，这在中国纪录片发展史上是绝无仅有的。同时，《大国崛起》的DVD和书籍也都非常畅销。

经济学家厉以宁先生在看过《大国崛起》后，有感而发地说道："《大国崛起》用电视让更多的人了解世界历史上强国崛起的故事，非常好。"

在这一看法上，大部分人的观点都是一致的：这样一部历史纪录片的出现是十分及时而有意义的。中国正在走向世界，这个时候，要让我们的学者、学生，甚至全体国民都要充分了解比我们国家大得多的世界，特别是对大国兴衰的规律，要有清醒的认识。《大国崛起》所带来的诸多启示，也成为人们茶余饭后的主要话题之一，而话题的要点之首，就是对教育的重视。

公元1805年，德国在世界上第一个实行了义务教育。距今已有200多年的历史。普鲁士国王威廉三世曾说："正是由于穷困，所以要办教育。"德国先行一步的效果，表现为在这个教育普及的国家仅柏林洪堡大学就有29位科学家加冕过诺贝尔奖。最极端的是，铁血宰相俾斯麦发动的三次王朝战争时期，在攻陷了法国首都巴黎后，德军总参谋毛奇自豪地说："德国的胜利早已在小学讲台上就决定了。"

同样的，1886年明治维新时代，明治政府宣布在全国实施义务教育，经过了30年的努力，终于在全国范围内普及了初等教育。二战后日本的迅速崛起，除了一些政治机缘外，基本都得益于几十年不间断地重视教育和人才。

位于欧洲伊比利亚半岛西南部的葡萄牙，当初仅仅是为了获取香料这个简单的愿望，却不知不觉地开创了大航海时代。在恩里克王子的指挥下，葡萄牙一代代航海家们开辟了从大西洋往南绕过好望角到达印度的航线。

在英国，随着新教确立其统治地位，人们被禁锢的思想得到释放，工业革命随之开始，诞生了诸如牛顿、瓦特等一批伟大的科学家。英国可以为出身卑微的牛顿举行国葬，皇室成员、亲王亲自为他抬棺。英国首相丘吉尔曾说："我宁愿失去一个印度，也不愿意失去一个莎士比亚！"。

17世纪时，法国国王路易十四对文化艺术的喜好培育了国民对思想文化的推崇，席卷了整个欧洲的启蒙思想在法国得到了普遍传播。启蒙思想打破了欧洲中世纪的神学枷锁，开启了理性的大门。

美国的《独立宣言》中写道："人人生而平等，造物主赋予他们一些不可剥夺的权利，其中包括生命权、自由权和追求幸福的权利。"正是由于美国人对自由精神和民主制度的崇尚，美国才能在短短几百年历史下发展成为世界超级大国。

改革开放前夕，国家领导人邓小平要求解放思想，国民的思想意识才从过去岁月中逐渐清醒，才造就了30年的伟大成就。

有人认为，《大国崛起》的播出尚有弦外之音：正值中国崛起之时，而且幕后有央视撑台，是不是在纪录片播出的背后，有中国不可告人的野心或是企图？任学安先生对于这样的质问，提出过自己的看法："曾有媒体非要探究，由我们官方电视台去做这样一部片子，有什么政治背景。根本没有，一定要说有，那也是时代背景。这是我们最不希望别人误读的地方。央视作为全国主要文化传播机构，应该以全球化视野关注各国发展脉络。

"我们严格遵守的是：一定从历史出发，而不是从观点出发。我们想要表达的，在片子里已经都表达了。如果有人从中读出各种各样的含义来，那是每个看片子的人自己的思考，我们不可能左右大家的思考。"

当然，有一个基本史实：过去的帝国崛起，主要手段之一就是对外侵略。这充满了血腥的掠夺，却是《大国崛起》中少有提起的。

二十世纪二三十年代，德国、意大利、日本等国相继崛起，但这三个国家却错误地选择了一条穷兵黩武的发展道路，悍然发动了世界大战。这次战争，共造成了全世界5000多万人死亡，经济损失达40000多亿美元。作为战争策动国的德国、意大利和日本，并未逃脱自掘的灾难深渊，城市厂矿被夷为废墟，人类几千年的文明遗产付之一炬，各国数十年的发展成果毁于一旦。

战后，美国和苏联这两个超级大国，在全球范围内展开了长达半个多世纪的霸权角逐。结果，拖垮了苏联，拖疲了美国，也把全世界人拖进了核大战的梦魇之中。

一个策划赚了20亿

说起美国好莱坞，我们会想起一部部票房火爆的大片和一个个国际巨星。

众所周知，好莱坞不仅是全球时尚的发源地，也是全球音乐电影产业的中心地带，拥有着世界顶级的娱乐产业和奢侈品牌，引领并代表着全球时尚的最高水平，梦工厂、迪士尼、20世纪福克斯、哥伦比亚公司、索尼公司、环球公司、WB（华纳兄弟）等等这些电影巨头，还有像RCA JIVE Interscope Records这样的顶级唱片公司都汇集在好莱坞的范畴之内，这里的时尚与科技互相牵制发展，自然不造作，拥有着深厚的时尚底蕴和领先的科技做支持。

陈宏的一个朋友戏言：陈宏的一个策划案差一点儿就成就了一个"中国好莱坞"，好莱坞未成，却为这位商人朋友带来了整整20个亿的收益。

奇迹，通常都发生在不经意之间。不过，这个所谓的不经意，永远只对内在储备非常充分的人才有效。

那是2006年初夏的一个周末，陈宏珠海那边的一个朋友吴总，邀请陈宏到珠海的淇澳岛走一圈。一路上，吴总就像导游一般不停地介绍这介绍那，而且还特别跟陈宏透露了这么一个情况：这个岛屿，除了政府预留的土地外，就是李嘉诚和他的。买这个岛屿上的土地，已是差不多十年前的事情了。当时，在一个香港朋友的撮掇下，他花了1个多亿购买了这块地；现在，这片地已经升值到10个亿了。最近，他想出手转卖，但因价格分歧比较大，所以一直没能顺利出手。

一边听吴总讲故事，陈宏一边欣赏着这颗海上明珠的美景。

淇澳岛，位于香洲东北部13公里，珠江口内西侧，东距内伶岛13公里，北与虎门相对，南距唐家大陆1.2公里。全岛面积23.8平方公里，林木覆盖率达90%。岛内高100米以上的山有18座。南北侧各建有突堤式码头一座，50吨以下船只可乘潮离泊。岛南侧建有突堤式岸壁码头和"T"形码头，300吨以下船只可停泊。岛四周均有航道，东为帆船水道，西为横门航道，南为金星门港，北为横门东航道。北部设立了红树林湿地保护区。

此岛历史悠久，人文资源丰富，岛上有一条长达1000多米的花岗岩条石铺成的淇澳白石街和一个土炮台。据当地民间传说，这与鸦片战争前淇澳村居民抵抗英国人的武装入侵有关，而白石街是用侵略者的赔款修筑的。岛上的"沙丘遗址"是珠江三角洲最完整的新石器时代末期渔猎文化遗址，岛上有始建于宋代的淇澳祖庙，建于明代的天后宫，建于清代的文昌宫等，以及革命家苏兆征故居等。

在对淇澳岛丰富的资源和优越的地理位置有了比较充分的了解之后，陈宏告诉吴总，手握如此一块风水宝地，现在要做的不是想法出手，而是要将一颗理念的种子播进这块土地，以赋予她前所未有的价值。这颗种子是什么呢？这就要从当下社会最关注、时代最需要的、并与这里的实际情况和区位特色联系起来考虑和抉择。当然，这个抉择难免会打上一点策划者个人的烙印。说到这些，陈宏当即就建议吴总，在这里建一个东方好莱坞。

第二天，陈宏就离开了珠海。临行前，他留给吴总一句话：等着，下周末我还来，并给你带来一份惊喜。

大胆的想象，慎重的思考，快速的行动。5天后的又一个周末，一份长达8000多字的、题为《创建澳莱坞国际影视文化基地暨在淇澳岛建设全球富人区可行性报告》的策划书送到了吴总的案头。5天就做出一个战略性的策划？吴总将信将疑地摊开这份策划书。

策划书以开发淇澳岛的实质是通过什么样的方法获得高额利润为出发点，以"如果你投资的是房地产，你销售的是房屋；如果你生产的是奢华，你销售的将是荣耀"这句格言为基调，详细论证了在淇澳岛建设暂定名为"澳莱坞"的国际影视文化基地的可行性、必要性和市场前景。策划书由"全球八大富人区要素分析"、"淇澳岛富人区如何才能横空出世"、"开发建设淇澳岛该怎样出牌"、"淇澳岛将怎样生产奢华"、"澳莱坞：全球富人区的经典绝唱"这五大部分构成。可以说，也就是这五大部分，确实就足以构成一个国际影视文化基地横空出世的路线图。

那几年，中国社会的富人阶层伴随中国经济的高速增长而日益壮大。而与之相伴生的，便是他们日新月异的消费需求。作为社会的精英阶层，他们需要用符号化的消费标识来凸显自己的地位、价值和成功。如此一来，他们对稀缺的人文、自然资源的占有更加强烈，"稀缺性"，甚至是"唯一性"，也就自然而然地成了他们显示"个性"的消费选择。毕竟，奢华品，在较为普遍的意义上，其实就是人们尚未普遍拥有但却

策划澳莱坞影视基地，现场堪查

有普遍欲求，且被认为是能够给人带来极大愉悦的，特别精美或者具有极高品质而又相对稀有的物品。

2006年的中国，希望能以拥有这样一些物品来显示自己的社会身份和社会地位的群体，已是较为庞大。

显然，总能号准社会大势之脉动的陈宏，确实是以一个高端传媒人的敏锐和智慧，很精准地抓住彼时中国社会的"概念"热。赋予产品或服务以全新的概念并以此实现市场的抑或经济的目的，这在当时的金融、房地产、汽车、保健等等行业可谓如火如荼。顺此之势，陈宏为这块土地注入了一个"好莱坞"人文理念，并以大笔挥洒的架势，和他的朋友一起拟出了很具执行性的美好蓝图。仅仅只有5天呀，这也着实有点太不可思议了吧。

《创建澳莱坞国际影视文化基地暨在淇澳岛建设全球富人区可行性报告》目录：

一、全球八大富人区要素分析

人类用自己饕餮的历史证实：只要不发生暴力革命，奢华和荣耀就意味着财富。

1.全球公认的富人居住区

A.比弗利山庄：美国顶级知名人物居住的地方

B.霍克湾区：主题式的城市生活方式

C.Noosa湾区：世界真正意义的海岸豪宅

D.东京湾：世界上第一个主要依靠人工规划而缔造的湾区

E.Burau湾：世界富人度假、休闲的天堂

F.双水湾：标志着世界城市文明下的海滨生活魅力

G.浅水湾：香港最高尚的住宅区之一

H.长岛：价钱让大部分美国人望而却步

2.全球富人区的共性

A.水岸带状区

B.独立别墅群建筑

C.必须成区

二、淇澳岛富人区如何才能横空出世

1.掂量一下淇澳岛的"成色"

2.百年一叹淇澳岛

3.淇澳岛富人区的对象是知识经济时代的暴富者

4.谁将成为淇澳岛富人区的居民

三、开发建设淇澳岛该怎样出牌

1.创办澳莱坞国际影视文化有限公司

2.在淇澳岛建立影视文化基地的必要性

3.在淇澳岛建立影视文化基地的可能性

4.好莱坞启示

四、淇澳岛将怎样生产奢华

最好的设计师是大自然，它千锤百炼千万年的地表地貌，才是最有价值的艺术品。

1.发标寻找世界上最杰出的规划设计大师

2.开放性国际开发平台

3.澳莱坞山庄

4.淇澳大道

五、澳莱坞：全球富人区的经典绝唱

澳莱坞将全力以赴，为贵族生活提供全球的经典样板。

为了让自己"澳莱坞"的这个战略设计更具可执行性，陈宏还在《可行性报告》的后面，提交了一份名为《投资100亿——打造澳莱坞国际影视文化城》的规划，作为附录。在规划中，这个未来的东方好莱坞，由以下几个板块构成。

澳莱坞歌舞剧场：一座10万人的露天剧场，以天为幕、倚地而席，采取公元前5世纪的希腊扇形结构，与天然景致结合为一，从舞台前方的包厢到后方的一般座位席，一样可以欣赏台上节目，眺望远山景色。

此处是澳莱坞交响乐团演出的固定场所。平日这里经常举办各种艺术演出，在10月1日国庆和其他节庆假日，这里都将举办庆祝音乐会，并有精彩的烟火表演。当然，到此欣赏演出以全家为佳，来时不要忘了自行准备靠垫和野餐布，在节目开始之前，先享受野餐的乐趣。

澳莱坞金色大厅交响乐团：金色大厅是澳莱坞的音乐圣殿，它独具匠心的木质地板和墙壁设计，就如小提琴的共鸣箱一样，产生华丽璀璨的音响效果；而它金色的美称，来源于金碧辉煌的建筑风格，在演出时不需要再附加任何灯光。

金色大厅是一个真正意义上的表演艺术世界。歌剧、芭蕾舞、电影、话剧、音乐剧、交响乐、歌唱艺术、室内乐，以及形形色色的民族歌舞和民族剧，都在这里不同的舞台上轮番表演。

这是一座令人震撼的庞大艺术宫殿，而与它同名的澳莱坞金色大厅交响乐团，将是世界的第一乐团，因为它是一个荣誉机构，它的成员来自全世界，如同人类这一高雅艺术的元老院。

澳莱坞创意产业研究院：这是由国内外著名专家学者、社会名流组成的文化托拉斯，它将囊括包括软件开发、出版、广告、电影、电视、动画、广播、设计、视觉艺术、工艺制造、博物馆、音乐、流行行业以及表演艺术等13项产业在内的顶尖人才。

这所研究院是带有民间性质的跨国际交流的研究机构，它接受来自官方、企业和个人赞助的创意产业研究课题，并每年定期展开国际研讨，开办自己的论坛，拥有自己的期刊，以珠三角为核心，影响着整个东亚地区文化产业的发展。

澳莱坞大酒店：这是一个由国际管理公司打理的超五星级的大酒店。酒店充满了浪漫的东方情调，提供最杰出的商务服务。

澳莱坞大道：澳莱坞梦幻生活的最重要的标志。

在这里，戏院、茶坊、影院比肩而立，每一个回廊，每一套桌椅背后都有逸闻趣事。街头的星路，有各个明星所留下的签名、手印、足迹，每个到此一游的游客，不是忙着拍摄自己偶像的足印，就是把自己的手放在明星手印上好好比对一番。

这里有亚洲最有名的女用内衣专卖店，外观为粉红色与紫色交错。店中除了销售各式各样的女士内衣外，商店后方的小型纪念陈列室，展示许多明星穿过的内衣，包括玛丹娜、雪儿、伊莉莎白·泰勒、玛莉莲·梦露、西碧雪佛等，同时还有女性内衣设计的演变历史介绍。

这里有大型的明星服装化妆间，各式各样的假发、戏服、珠宝、面具应有尽有，还有符合各种年龄的玩具可供挑选。

这里有世界各民族风格的建筑，有世界知名影视、音乐明星的蜡像，有希奇古怪的招牌、千奇百怪的展览。

这里有各种电影院、博物馆、收藏展室、创意机构和画廊。

这里是澳莱坞大道。

澳莱坞影视及动画制作中心：澳莱坞影视制作中心包括制作和外景两部分。

游客在它的制作部，可了解详尽的影视制作过程，亲身坐在星际争霸战的驾驶座，体验遨游宇宙的感觉；此外，游客还可以参与拍摄过程，跟随摄制组到淇澳岛依靠自然地理环境搭建的外景地了解拍摄过程。

在这个规划的最后，陈宏刻意强调：

20世纪初，美国打造好莱坞，缔造美国影视文化产业的神话；

20世纪80年代，印度宝莱坞兴起，催生印度文化产业飞速发展；

进入21世纪，时间之窗再次打开。

经过20多年改革开放的中国，依靠经济转型的巨大动力，一举融入了世界大潮后，面临着从传统向现代转型，开始了由增速到和谐发展的探索。

就在这时，改革开放的前沿珠江三角洲核心区域珠海再次发力，铸造澳莱坞，推动中国发展迈入全新的创意经济时代。

澳莱坞的崛起，一石击起千层浪。南中国海浩荡的洋面，展现中华文明的博大精深。在人类文化璀璨的星空，书写华夏56个民族的辉煌梦想。

世界将目光聚焦在东方，凝视着澳莱坞影视文化城。

21世纪，是文明对话的世纪，是文化融汇的世纪。

和谐将是这个世纪的主题，而澳莱坞倾力打造的，就是诠释这一主题的最佳注解。

"我们销售的是荣耀；我们推动的是和谐。"

世界各种文明，将在这里以影视文化的方式交汇、演绎和传播。

为了能把这个蓝图更快更好地变成现实，吴总决定马上着手，专门为澳莱坞项目搭架一个注册资金上千万的公司。而陈宏，则被吴总视为这个公司最恰当的总裁。面对吴总热情而诚恳的邀请，对朋友一向是"义"字当先的陈宏又不好马上拒绝。

于是，吴总迅速向外界透露了公司对淇澳岛的开发战略。颇为意外的是，这个战略向外界披露不久，公司就和美国一家风险投资公司签订了6亿美金的风投意向。一家西班牙公司，也已经为这个战略作了图版——堆积多达半屋子的设计稿。

与项目外界反响和相关动作不大一致的是，吴总意向中的这个总裁迟迟不能到位履职。而此时，自己有着一大摊子事情的陈宏，也就只好向吴总明言自己不能应邀的种种缘由。找不到恰当领头羊的吴总，在经过几番权衡和犹豫之后，也就只好将这个战略初现的项目转让出去。项目的转让消息一出来，多家香港及内地公司竞相争夺，价格也节节攀升。最后，一家地产开发公司，以31.5亿元的价格获得了这个项目的继续开发权。

想当初，这个岛曾想以10亿元的价格转让出去，还都没人接招的啊！

广告英雄郭振玺那句"心有多大，舞台就有多大"的妙语，或许就是对陈宏这个多赚20亿收益的策划的最好诠释。

策划"中国奥斯卡"颁奖典礼

2005年，中国电影金鸡百花奖，被确定由宁夏首府银川市来承办。银川市委市政府信心百倍，愿投千万巨资来承办一届轰轰烈烈的大奖，目的是利用这次机会把银川的人文历史、发展历程、建设风貌等等通过这个号称"中国奥斯卡"的颁奖典礼宣传出来。于是他们寻找高人策划，谋求国内最好的制作团队承制晚会，为此找过《同一首歌》等，最后找到陈宏。

陈宏请来几位朋友一起头脑风暴，包括央视的童宁、《人民日报》文艺部主编向兵、央视舞美设计陈岩，还有长期合作的陈宏建等等，最后拿出了方案。陈宏、童宁、向兵等一同前往银川，向银川市政府进行了PPT形式的汇报。当时的银川市市长刘学军对这个方案赞赏有加，他说单是这个方案为颁奖晚会取的名字就让他激动！这台晚会的主标题被定名为《银幕山川》，它的简称就是银川！

刘市长说这个方案好就好在从题目就开始宣传银川了，而且还很有气势！特别是还很贴切！改革开放以来，中国的电影70%都是在银川市镇北堡电影城拍摄的，《红高粱》、《黄土地》等等许多国内外获奖大片都诞生在银川这片土地上，你能说这里不是"银幕山川"吗？另一方面，银川从改革开放前的"两个警察看完一条街"到现在的繁荣发展，短短二三十年的变化，难道不像一幕幕山川银幕吗！

《银幕山川》的主题定为"中国当代电影从这里走向世界"，用这句取自镇北堡西部影城的豪言，来作为第十三届中国金鸡百花电影节开幕式晚会的主题，是对电影节活动12字方针"精彩电影、魅力银川、感动中国"的最好诠释，它将真正把电影的魅力与展示当代银川的人文精神和独有的地域特色紧密结合起来。

晚会为六人轮播的情景主持方式，六名主持人分别为：

配音界黄金搭档乔榛、丁建华为爷爷、奶奶；

影星巩俐、姜文为爸爸、妈妈；

宁宁、夏夏为女儿、儿子。

宁宁、夏夏身着回族民族服饰，他们是宁夏的形象代表，要通过"海选"诞生，他们的名字就是宁夏的意思。

开幕式文艺晚会为四章六段结构方式，即：

序幕

第一乐章　西部雄魂：中国当代电影的崛起，源于这块博大的土地。而银川的镇北堡影城，已成为中国电影在全世界的符号象征；

第二乐章　塞上湖城：中国西部电影所揭示的西部魂魄，在于人的奋斗激情；而慷慨悲歌的西部电影催人奋进，激发了塞上儿女建设家园的热情；

第三乐章　回乡风情：在西部，各种民族文化得到了进一步发展，形成了一种独特的电影文化奇观，它们相互激荡，使银川成为西部的一支奇葩；

第四乐章　宝塔之夜：喻示从这里走向世界的中国当代电影，有着无比灿烂的未来。

结尾

整台晚会整体风格如同一部交响诗，跌宕起伏，荡气回肠，力争达到可视性、知识性、思想性、奇观性的完美统一。

后来刘学军市长还专程带领政府的班子代表进京盛邀陈宏执导这场晚会，但由于种种原因，陈宏未能承接，至今说起来，陈宏还认为是一个遗憾。但被刘市长的热情所感动，他当时就把这个方案无偿贡献给了银川颁奖典礼领导小组。

受邀策划"海南纪事"

2008年的一天，陈宏接到海南电视台一个朋友的电话，说是代表海南省委宣传部邀请他飞赴海口策划为海南建省20周年献礼的大型系列电视纪录片，并希望他再叫几位高手一起参与策划。海南是中国改革开放的前沿阵地，海南省又是在改革开放的大潮中诞生的，当年十万人才下海南的盛景陈宏仍然记忆犹新，他的一些朋友也多有试水海南的。再往前推，《红色娘子军》及充满浪漫情怀的《绿岛小夜曲》等等也在陈宏心中编织了一幅令人神往的海南图景。

于是他邀请了中国纪录片学术委员会会长刘效礼将军及原《东方时空》创办人之一、央视社教中心编辑部主任童宁一同前往。

海南省政策研究室、社科院、文联、作协、电视台以及社会知名人士等各界参加了本次研讨会，海南省委常委、宣传部长周文彰主持了这个研讨会。会议是高朋满座，畅所欲言。作为三位专程从北京请来的专家，陈宏与刘效礼将军、童宁主任分别阐述了自己的观点、思路、方法，得到了各与会者的称赞，特别是得到了周文彰及宣传部副部长兼海南电视台台长张松林的赞赏。

回到北京后，陈宏找朋友、查资料，进一步完善自己的摄制构想，在一周之内拿出了一个反映海南省建省历程的6集大型文献纪录片《海南纪事》策划案，高质高效完成了朋友之托。

众所周知，海南，一座与台湾大小相差不多的宝岛，一颗镶嵌在浩瀚南海上的明珠，美丽而神奇。历史上，人们一提起海南，几乎就是蛮荒、落后、贫穷的代名词。千百年的封闭与孤悬海外，使海南不仅隔绝于世界潮流，也远远落伍于中国大陆文明。

公元1988年，党中央正式决定海南建省办经济特区，从此，海南拉开了全面开发建设的历史序幕。

20年过去了。海南已从一个孤悬海外的穷岛僻乡，发展成为举世闻名的美丽宝岛。历史证明，20年前党中央关于海南建省办经济特区的重大决策是非常及时和英明的，海南翻天覆地的变化已成为中国改革开放历史上又一个成功范例。20年来，在这片红土地上发生了许多故事。作为改革开放的试验田、排头兵的海南，一路走来，留下了自身社会经济发展特有的历史轨迹，积累了许多宝贵经验，它影响着今天，也催生着未来……

要拍好这样一部跨越20年的大片，陈宏认为，首先要面临创作的重点和难点。

第一，电视专题片的镜头叙事，需要有宏观、中观、微观巧妙结合，才能表达出波澜壮阔的社会图景。二次创作要通过大量细腻的特写镜头，弥补框架脚本的不足，充实微观层面的镜头落点。

第二，电视专题片的情节推进，需要思想、故事、情感三线贯穿，才能表达出惊天动地的感人力量。一味喋喋不休的说理，反而会降低本片的感染力。本片的二次创作，要挖掘大量灌注着哲学思想的人物的命运故事，在跌宕起伏的情节中，不断推动本片达到一个又一个高潮。

第三，电视专题片的宏观结构，难度最大的，就是多主题并列的展开方式，这种系列片虽然每集的主题各有分工，在时间跨度上，每集都从过去反映到现在。这种结构方式的特点是主题鲜明，缺点是内容容易交叉。本片的二次创作，将体现出一种细致的微调，以达到这样的目标：它的宏观结构无疑应是编年体，而微观结构，即各集自身的结构则是一个"分"主题集中的专题片，就是每一集都有一个分主题思想，并围绕这个分主题思想组织主体事件，塑造重要人物，展开故事情节。

而《海南纪事》策划中，很好地解决了这些重点和难点。

6集的内容分工分别是：

第1集　历史跨越

本集为"历史篇"，它不仅是整部系列片的开篇，也是6集内容的浓缩，表现出了时代的大背景、决策的大手笔、战略的大智慧、海南的大发展。

跨越之"跨"，是农业文明向现代文明的跨越。

思想、观念、人才、资源……

每一个层次的描写，都要符合题中之义，都不能枝枝蔓蔓。

第2集　敢为人先

本集为"改革篇"，它的落点是海南特区肩负的历史重任、在中国改革开放中所承担的庄严使命。

海南不能算是中国最早开放的，但海南特区一建立，就被推上中国深层次改革的前沿，扮演着中国深化改革排头兵和试验田的角色。

选择"小政府、大社会"的新模式，架构海南省级行政管理体制；催生各种社会团体、行业组织和社会中介组织；为发展社会主义经济探路闯关，提出建立"社会主义市场经济体制"的改革目标；率先实现由生产生活资料价格由计划和市场同时定价的"双轨制"向市场价格并轨；改革社会保障制度……

20年来，这个中国最大的经济特区，演绎着影响和辐射全国改革的壮丽诗篇。

第3集　开放前沿

本集为"开放篇"，它从资金流、人才流、商品流、文化流等不同角度，描绘出海南如何借用外力，强筋壮骨。

第4集　特色之路

本集为"求实篇"，它最大的亮点，在于描写海南如何走出其他沿海开放地区的发展模式，依托本体优势，摸索出自己独特的运行轨迹。

第5集　生态立省

本集为"创新篇"，它描写的是海南人对这座美丽岛屿的发展，有了更深的认识和更高的诉求，真正找到了自己的后发优势所在。

第6集　和谐家园

本集为"展望篇"。一个经济、政治、社会、文化协调发展的全新的魅力海南，展现在观众面前。

既然这部片子的定位是宣传展示，用平铺直叙的白描，将大大降低观赏的趣味，陈宏们定位该片将围绕海南特区20年发展历程变化，在跌宕起伏的情节推进中，展现和阐释海南岛波澜壮阔的变化，同时别有韵味地解释变化背后的动因。

1.情节逻辑

本片的情节主体应当包含以下几个层次：

第一，这项有关海南变革的重要决策是在什么背景下作出的；

第二，为什么原因而决策；

第三，主要决策者是谁；

第四，决策的进程；

第五，发生了什么事情，解决了哪些问题；

第六，有什么花絮；

第七，和这项决策相关联、互动的风云事件；

第八，取得的重大成果；

第九，对海南特区发展的重大影响。

2.结构元素

第一，故事化的切入点。

比如用倒叙手法：沼气，是人粪、猪粪在池子里发酵后产生的气体。在海南，由于推广沼气，已经有十几万农户不再砍树做饭，他们用上了跟城里一样的煤气灶。

比如悬念式：一条海底隧道的建设，始终牵动着全国人民的心。琼州海峡海底隧道工程，究竟对海南、对中国意味着什么？

切入点切忌揭示其中所蕴涵的全部意义，要留给下文以作评判。

第二，悬念迭生的情节推进。

在情节推进中，不同人物组成共和国群像雕塑。

决策人物：

如邓小平确定的开放战略；

江泽民执政13年期间，对海南特区发展的瞩望；

胡锦涛为总书记的新一代领导集体，注重均衡发展，关注弱势群体，对海南特区发展的新的要求。

主体故事：

十万人才下海南，"洋浦模式"的形成，文明生态村建设等，这些故事展现的筋脉，将紧扣国家走出去战略、新农村建设战略等。

模范人物：

如草帽书记黄成模等，这些国家级重大典型人物的故事，都是海南特区发展起来的坚强保证，是本片内容应当纳入其中的。

3.节奏旋律

交代时空背景的字幕；

符号化的镜头语言：如歌曲《红色娘子军》，能勾起几代人童年的记忆；

民谚，民谣，口语……

种种电视元素一起奏出美的旋律。

4.内外统一

一部成功的艺术作品，能够在结构上给片子一种力量，表现在其内在与外在具备的"统一性"。就电视专题片而言，外在的"统一性"主要是指节目展开方式的"行动统一性"，也包括整体视觉效果的"形态统一性"。而内在的"统一性"主要包含了制作思想、思维逻辑、作品节奏等的统一。

5.隽永结尾

为构筑和谐海南，海南在全国第一个免除学杂费，在全国第一个提出免除农业税，在全省乡镇卫生院全面启动农民新型合作医疗建设……

在全国许多地区没有做到的事，海南凭着这么低的财政已经把它做到了、实现了。

回望20年的发展，海南作为中国唯一一个以农村人口为主的经济特区，在全国改革开放的大格局中，无愧为一个超前试验场这一荣誉。

每一滴万泉河水，都是惊涛骇浪。

每一棵怒海红树，都是顶天栋梁。

6集策划堪称做得大气磅礴，有血有肉，得到海南省委宣传部的认可。因为档期等原因陈宏未能组团去拍摄该纪录片，但策划方案对后来其他的拍摄起到了很好的借鉴作用。

超越，前行的纪录片

佛曰：人活在呼吸之间。

对这句话，我们当然会有许多种理解。不过，在陈宏看来，这句话至少道出了人永远生活在现实的当下这么一个真理。

当下，是人最真实的现在。而这个现在，又是过去的一切在今天的延伸。这也就如同上网：当我们点开一个窗口之后，我们只能沿着这个窗口所显示的往下点。时间的一维性，决定了我们任何选择的不可逆。如果说，最初的我们，点开人生的某一个窗口是偶然，那我们此后的点击，就一定是这一偶然的窗口中业已限制了的——是划定了范围的"偶然"。

放在社会学的眼睛下，这也许就是人生的"路径依赖"吧！

自从不经意间点开了电视纪录片这个窗口，似乎就注定了陈宏将把自己此后岁月的相当一部分贡献在这上面。中国教育电视台这样一个国家级的平台，使陈宏对中国电视纪录片的发展之路有了更为高远的认识。

回首世界的纪录片发展史，我们可以说，几乎所有国家的电影，其实也都起源于纪录片。作为以现代传播科技为基础的电影，在其发轫之初，似乎就是为记录而存在的：从简单的物理位移到复杂的化学反应，从微小的粒子变化到宏大的天体运行，从神奇的物种更迭到频繁的社会变迁，从自然的风风雨雨到人世间的恩恩怨怨……这个星球上的风云变幻，似乎都逃不过纪录片人的眼睛。

始于1905年的中国纪录片，至今已经走过百年历程。在一个世纪的岁月荡涤中，几代电影人和后来的电视人，拍摄了许许多多记录风云变换、透视历史沧桑的大作：从辛亥起事到北伐战争，从抗日烽火到解放战争，从建国之初的兴奋到文革时期的狂热，从改革开放的大潮到新旧世纪的交替。这些作品，以记录之眼，描绘了厚重而壮美的历史画卷：既有重大的历史事件又有平凡的日常生活，既有迷人的领袖风采又有亲切的百姓容貌，既有壮美的山川河流又有多姿多彩的飞禽走兽，既有庞杂的社会新闻又有丰富的科学知识……

一直以来，真正有影响力的纪录片，几乎都是以其对社会现实的关注和反省，而使得自己具备了明确的现实指向性。

我们甚至可以说，纪录片对社会现实的关注程度，也就决定着它的历史位置和对社会的影响力。一个纪录片人，其实也是如此。

新世纪以来的中国社会，阔步行进在国际化的大道上。在此行进之中，不管是古老民族的文化嬗变、精神重构，还是每一个社会个体的成长轨迹和生活指向，无一不是纪录片人大展风华，纪录波澜壮阔的社会风云、社会变迁的好战场。

世间一切，皆在螺旋的步调中延伸和发展。在一此一彼的轮回中，旧得到了新的发展，新也站到了另一个新的起点。世间万物，成于一理；世间万事，依于一律。天道在变，不变则穷，穷则又不得不变。世间万物，惟渐而无所待，惟变而得真正的大自在。

2004年春节，陈宏在日本和东京电视台合作拍摄北海道的雪，参观北海道的雪博物馆，陈宏从未见过种类如此众多的雪花，但竟然没有两片是相同的！

瞬间的震动，让陈宏再次坚信，事物在个性中成长，一方面一沙一世界，世界任何一物都能反映事物的普遍性，另一方面，世间万物无一相同。造物主给我们的启示

2004年春节，日本北海道，与NHK电视台纪录片人合作拍片

是，艺术创作也应该追求各自个性的特色、独特的个性。不创新，毋宁死。

陈宏经常告诉他的团队，也经常告诉自己：要不断地迈出新的步伐，要不断地给自己一个梦想。

王之涣说，欲穷千里目，更上一层楼。

杜甫说，会当凌绝顶，一览众山小。

王安石说，不畏浮云遮望眼，只缘身在最高层。

这都是在告诉我们，登得越高，站得越高，我们视野就会越广阔。只有广阔的视野，才能启迪我们的心灵，才能让我们以另一种思维方式，思考我们的周遭。超越自我，走向高处，我们便会到达另一种境界。在这种境界中，我们眼里和心里，收获的才是更高境界的风云变幻。

攀向高处，使自己不畏浮云。

攀向高处，我们能够看到更远的远处，看到未来。

攀向高处，让远方激荡我们更宏远的梦想，激发我们生命中的巨大潜力，释放出最大的能量。

攀向高处，一往无前，穿透明天，影响周遭和未来。

瞄准中国电视纪录片事业的陈宏，在中国教育电视台这块行业高地上，目极远方。

向着"太阳",编织未来

横与纵,是美学思维的两个基本向度。

纵观近些年来中国电视纪录片的发展,陈宏认为,从美学思维的两个基本向度来看,中国电视纪录片,长期以来都是"纵"美独秀,甚至可以说是"纵"美独霸。

《望长城》、《让历史告诉未来》、《新中国外交》、《潮涌东方》、《百年中国》、《一个时代的侧影》、《河殇》、《大国崛起》等纵论历史变迁,审视文化兴衰的作品,是这样的美学思路;从长江源头说到入海口,其中兼顾了天文地理、风土人情,并捎带了历史沉思和现实巨变的《话说长江》,也是如此。

并非只有历史才能为纪录片创作者提供主题和素材,一日千里的中国社会,足以容纳包括纪录片人在内的所有时代思考者的各种探索和创造。这也就如迈克·摩尔,始终将目光聚焦于美国社会,尤其是美国社会的不足——《罗杰和我》、《康拜恩的保龄》、《华氏911》、《医疗内幕》、《超码的我》、《夕阳的故事》、《信贷时代》、《金门大桥》,都是立足深厚的现实土壤而"纪录"出来的作品。

我们需要另一种美学思维指导下的纪录片——"横"美的立意,但也不排斥"纵"美的纪录片。

很快,实现这一想法的契机来了。

2005年,国家相关部门号召文艺创作应当为建设和谐社会贡献自己的力量。

丰富的创作实践,结合自己多年来对社会的深入观察和思考,陈宏敏感地意识到,新的纪录片大制作的机会很切实地来了。

人们常说无独有偶,正当陈宏在思考如何寻找这个机会的突破口的时候,康台长提出了一个颇为大胆的想法——以"我的太阳"为主题,为中国当下的小人物立传。这个想法一提出来,陈宏立马就邀请业界的大腕名家进行研讨,立足康台长的指导思想,整理出了长达3万字的策划方案,详尽地阐述了这个为小人物立传的片子的创作理念、创作风格以及操作手册。

在这个策划方案写作过程中,陈宏通过溯源中国电视纪录片主题和内容取向的历史脉络，一条基本线索在他心里明晰起来：中国的电视纪录片起步于二十世纪五六十年代，在此发展历程中，有一个清晰的轨迹，即从新闻记录、文化反思、平民记事、生存关照一直到人物立传，它所环绕的核心就是人本意识的日趋觉醒。20世纪60年代，中国电视新闻纪录片起步，"人民"生活状况是那个时代关注的重大内容；80年代，国门敞开，对"民族"的思考占据了显著地位；90年代，改革开放深入发展，社会日益多元化，电视纪录片进入多元化；21世纪以来，"以人为本"观念深入人心，平民化取材日益凸显。那么，在这条发展道路上，电视纪录片合乎当前时代精神的走向又是什么呢？

非常肯定的答案是：中国当代普通人的生存状态。

那这个"普通"又如何与和谐社会这个宏大的时代主题产生逻辑关联呢？

直面中国的社会现实，陈宏认为，如果我们把"和谐"作为一个重要的哲学范畴，那它反映的也就是事物在其发展过程中表现出来的协调、完整和合于规律的存在状态。在这个基础上，"和谐社会"也就是社会结构中的各个部分、各种要素处于一种相互协调的状态。

当前中国，经济成份和经济利益格局多样化，社会生活多样化，社会组织形式多样化，就业岗位和就业形式多样化。生活在这么多个"多样化"中的普通人，都不普通。因为正是这些普通人身上的品格，构成了整个社会良性运行的基础。正是这些普通人的精神塑造与品质追求，构成了这个社会和谐而又极具活力的不竭之源。

想到这些，智利纪录片导演顾兹曼所说的那句"一个国家如果没有纪录片，正如同一个家庭没有相册"再次回响在陈宏的耳畔。

是啊，纪录片作为人类精神生活的反映，就像一面望远镜将看似遥远的世界拉近，又像一个显微镜可以将你视而不见的东西放大。中国的此时，正需要这样的放大——只有在这样的放大中，我们才能向世界呈现一个多样的而不是刻板的中国。

相对于电影所需要的想象力和原创力，纪录片所需要的核心材料其实也就只是真实的故事——真实的、关于这个时代的故事，发生在我们身边的故事。中国人，在短短几十年间，经历的酸甜苦辣，经历的个人命运的翻江倒海，就是取之不尽用之不竭的"真实"。

显然，国人需要这样的故事，世界也需要这样的故事。

于是，一部不同寻常的纪录片的轮廓渐渐浮出脑海——纪录当前中国社会普通人的日常生活。

这也就如同康台长所说，每个人都是一个社会角色，他们有欣喜、有失意、有无奈，当新的太阳出来的时候，他们走向自己的岗位去完成自己的事业。我们的纪录片，就是要表现这些人的生存状况的不易与坚持。更为重要的是，这应该是一个系列，一个与时俱进，因时谋变的系列。而我们马上要做的，也就是这个系列的第一部。这第一部，我们就把它叫做《我的太阳——64个普通民众的非常24小时》。一则，借教育电视台春节期间刚播出的24集科幻贺岁电视剧《非常24小时》备受观众热捧的势；二则，以"24小时"写普通人的一天，也顺理成章；三则，这部片子的时长，就设定为24小时。

有了康台长这样的思路，在接下来的讨论中，题目的内涵更加清晰："太阳"表现的是理想、信念、梦想及对未来的憧憬、对美好生活的追求，《我的太阳——64个普通民众的非常24小时》将展示在社会转型过程中的中国人平凡琐碎的生活，虽然平常甚或有些无奈，但却依然怀揣梦想和追求。我们这部纪录片就想表达这样一种特有的象征意义。我们的拍摄对象，不是大红大紫的明星人物，不是各单位评选出来的，而完全是我们身边的普通百姓，他们在生活的细节中流露出一种可贵的品质，正是这些普通百姓的可贵品质构成了整个和谐社会的基础。

陈宏强调："这些镜头中的主角，代表了我们随时可以从身边信手拈来的'生命个体'。'我的太阳'在我们大家的头顶，升起又落下，落下又升起。这枚沉重而美丽的日头，犹如西西弗必须面对的巨石，人们推动着，升起落下，落下升起，日复一日，永无休止。在这循环往复中，人们品尝着生活的酸甜苦辣，体验着生命不朽的价值，倾听着万物世界、大千社会鸣奏出的和谐的乐章……"

日出日落，只是生命长河中的一瞬，这一瞬间的影响构成了无数生命间的交织，最终汇合成一个社会宏大的奔腾不息的巨流，奔向美好的目的地。每一个生命的梦想最终则汇集为一个民族复兴的交响曲——我的太阳。

《普通民众的非常24小时》，为小人物立传

题目有了，立意也更清楚了，接下来的工作，就是主题和思想的细化及具体的实施。

在一阵更为细致深入的思考和紧张的忙碌之后，《我的太阳——64个普通民众的非常24小时》的完整架构新鲜出炉。

这个构架，站在中国电视纪录片历史之"纵"和现实之"横"的经纬线上，为该片细致化了几个不一般的"不同"。

一是内容的不同。

作为一部纪录片，《我的太阳——64个普通民众的非常24小时》的主体内容取自这些老百姓正常生活当中的某一天，而非惊心动魄的危机事件；作为一部纪录片，它反映的是以普通老百姓的生存状况和人文生态环境，"考察"的是群体为纽带和背景的个体生活。

努力探究一个社会和谐有序的运转与平民百姓的关系是这部纪录片的主旨。这个主旨，通过对普通百姓生活细节的挖掘、揭示和反映来展示，以此告诉社会，构建和谐社会最基本的因素，是体现在芸芸众生每个人身上的品质品格：公平诚信、宽容大度、坚韧不拔、奋发进取、不怨天尤人等等。这些品质，润滑了人与人之间的交往，滋生出了祥和的生存环境，汇聚成为群体生活的人文精神。

21世纪，是中国社会现代化进程中最为关键的百年。但是，建设现代化中国社会的道路究竟该如何走呢？决定这一取向的关键，显然不是那些类似古龙、金庸笔下的大侠们，也不是那些高高在上的精英，而是在平凡普通中默默生活的中国老百姓。他们在各种困难面前奋发向上的力量，他们对美好生活生生不息的追求，才是中国社会走向美好未来的铁拳头。

美国的建国之父杰斐逊认为，自耕农的道德和价值，才是国家的精神基石。而一向以精英主义著称的日本，也要通过挖掘小民百姓的精神价值来建立自己的现代性。

只要有一双慧眼，普通人的可贵品质随处可见。矿难发生了，一个矿工临死前把

自己的帽子交给身边的同事，希望这个遗物能够最终落到自己的妻子手上。当妻子拿到这顶帽子时，人已经不在了。帽子里面，写着几行字："孝敬父母，带好孩子。还欠张主任200块钱……"

一个普普通通的农家老汉，为了让客死他乡的伙伴返家安葬，千里背尸。这份信义，这份忠诚，可谓感天地泣鬼神。而也正是这些默默无闻的人和他们行为中展现出来的道德情操，才是历史长河中挺起中华民族最基本的人文精神的铁脊梁。

这是一个没有英雄的时代，这也是个人人堪称英雄、人人自为英雄的时代——因为，我们每个人的内心，都是藏龙卧虎。

定位为社会记录的《我的太阳——64个普通民众的非常24小时》，以电视人的名义，扛起"为小人物立传"的旗帜。

这面旗帜，展示的是社会转型过程中，中国人平凡琐碎的生活和这平凡琐碎背后的理想、信念、梦想及对未来的憧憬。

二是方式的不同。

20世纪最善于运用色彩的画家、野兽派的代表人物亨利·马蒂斯认为，"一切艺术都带有它的历史时代的印记，而伟大的艺术是带有这种印记最深刻的艺术"。

真实胜过一切。

从这几点出发，陈宏为《我的太阳——64个普通民众的非常24小时》的"真实"，设定了三大基础要素——真实的事件、真实的声音、真实的画面。而使这三大基本要素灵动起来的基本方式，就是通过分析剪裁，达到事件、思想、政策、艺术的完美结合。

盯着这个目标，陈宏为纪录片勾画了一个"方式"要求——无论是结构样式还是叙事方式，都要讲究跌宕起伏，要有矛盾冲突，要讲究悬念，要借鉴电影叙事上"5分钟美学原则"，要重视"由头"，要格调轻松。

为了能更准确地落实这个方式的基本要求，陈宏特别圈定了"四个重视"：

重视之一：重视刻画人物个性特征，塑造个性鲜明的人物形象。

发掘每个人物身上的某种为人处世的品质或者某种人生态度，如诚实守信，如坚韧不拔，如乐于助人，如积极进取，如疾恶如仇，如幽默风趣，如大度宽容，如苦中求乐，如善良友爱等，每个人身上凸显其中之一即可。因为正是这些因素，构成了人与人、人与社会包括人与自己的良性互动的基础，和谐社会的景象正诞生于这种良性的社会人文沃土之中。

重视之二：重视在矛盾冲突中展示人物的个性特征及人物的生活态度。

没有矛盾冲突的作品会如一杯温水，不能满足受众的收视心理；矛盾冲突将人物置于"必须面对"的绝境、"必须选择"的最后关头，凸显其价值取向；转型社会的一大特征就是，在道德体系、价值观念及制度安排的新旧交替中，寻常百姓每天都在面对林林总总的"小矛盾"，都要作出并不重大却必须回答的"yes"与"no"的抉择——这为我们创作所需要的"矛盾冲突"提供了生活的源泉与基础。

重视之三：重视人物生活场景与生存环境的典型化展示。人物的生活场景可以折射人物的内心世界。人物生存环境的描述可以揭示人物命运的时代背景。

在抓拍人物生活场景时，应注意"大全"镜头和"大特"镜头的运用。"大全"可以给观众总体印象；"大特"可以抓住些标志性物件，暗示隐喻人物内心的喜好或品性。在交代人物生存的社会时代环境时，可以借用一些被拍摄人物身边的信息载体，以准确传达出与拍摄人物密切相关的时代信息。

重视之四：重视人物命运的描述。在人物一天"24小时"的安排中，把拍摄对象经历过的人生重大转折或生命中重要故事（与表现主题有关的）穿插在若干段落之中。可以自己讲述，也可旁白交代等，拍摄对象的生命轨迹由此呈现。

三是拍摄方式的不同。

《我的太阳——64个普通民众的非常24小时》是片长达24小时的巨型纪录片，也是最强调创作原生态的纪录片。

为了在较短的时间内能更好地完成这样一部巨制，陈宏决定采取中国电视纪录片制作史上从未有过的群体操作，并以此作为集体创作的一次试验行为。

确定方式之后，一支人员上百的队伍组建起来了。队伍的主力由来自全国各地的纪录片制作行家们构成。

在摄制组探讨这部片子的创作时，作为这个片子总策划的康台长深情地说："我们宏大的摄制思想，背后依托的是整个大社会。艺术源自生活。这个上百人的摄制队伍，其号召力不是来自某家电视台，而是来自于社会，是被当前的主旋律所感动，其精神根基就在故事中那些人物的向往和希望。我们并没有拿出更多的钱，而是靠编导的那种社会责任感。当前的社会有太多的浮躁，某些媒体去放大时很容易失真，《我的太阳》就是要还原到生活中去，就是要把别人捧到天上的东西拿回到原本的生活中来。社会是多样的，也应该有严肃的东西，应该有集中展示普通人物真实生活的纪录片。它不是空幻，不是舞台上的话剧，不是现在电视荧屏上随处可见的带有投机和博弈心理的梦幻泡沫，而是生活的本真所在——中国教育电视台愿意树起这样一面旗帜。"

可以说，《我的太阳——64个普通民众的非常24小时》这个班底，本身就是一个创作平台，是电视人展示理想与自我的试验田，也是中国教育台为铸造电视纪录片新起点的尝试。

又经过一阵子忙乱，《我的太阳——64个普通民众的非常24小时》制作细节全面敲定。

在内容层面，《我的太阳——64个普通民众的非常24小时》将镜头锁定64个普通人的普通生活。在这64个人物当中，女性占32%，男性占68%。年龄跨度从14岁到74岁，25岁以下占11%，25~45岁占62%，45岁以上占27%。职业种类涉及42个不同职业，包括工人、农民、教师、退休老人、出租汽车司机、地铁司机、民间艺人、村长、个体户、打工者、建筑师、设计师、FLASH制作者、反扒英雄、保险推销员、记者、家庭主妇、物业管理员、摄影师、飞机加油员、配餐员、安检员、机场地勤人员、戏剧人、酒吧业主、广告人、流行歌手、京剧爱好者、复读生、大学生、自由职业者、公务员、职员、小店主等。

这部片子中的64个人，都是生活的一个连接点，都是生活乐章的一个音乐符号，合起来就是生命乐章。它还记录着每一个生存个体的昨天、今天与明天的过程，呈现为行为与结果的动因、效果、预期、影响，都可能昭示着这个社会在转型过程中生机勃勃的方向和代表生命力的最大潜能。

在结构层面，《我的太阳——64个普通民众的非常24小时》分为《蓝调北京》、《黄天后土》、《橙色交响》、《紫禁城下》、《赤热丛林》、《绿意葱茏》、《青云扶摇》七个篇章。

为了带头和示范，陈宏除了担任全片的总项目的负责人之外，还亲自承担《蓝调北京》9集片的总编导。《蓝调北京》记录一群怀揣梦想到北京的寻梦人。这群人并不知道明天会怎样，但都顽强地面对生活的每一天，在酸甜苦辣中执著地坚持自己心中的太阳。拍摄强调写实与写意相结合。

《黄天后土》的人物全部选自山西省临汾地区，通过8个人物来表现和反映现代农村农民的生活状态和村庄的变迁。拍摄大量采用纪实手法，从现实生活中捕捉值得捕捉的画面。

《橙色交响》用生动的镜头语言为我们展现大都市独有的城市节奏，描写大都市中各行各业忙碌的人们，人和机器共同演奏的大都市交响曲。

《紫禁城下》抓住每个人物常态生活与经历，在一天时间里跟踪拍摄正在发生或将要发生的故事，让一个个极具个性的人物从小胡同走向大都市。纪实的风格与架构隐含编导的预知与同步，各种环境下的人物关系、时空转换、人物行为构成顺畅的蒙太奇语言，捕捉那些京味儿的调侃、生活中的喜忧、每家每户的矛盾，使其在镜头前既自然流畅又相得益彰，让受众感受到其中的张力与情趣。

《赤热丛林》表现在北京辛勤工作的不同层面的人为实现各自心中的梦想，都在用自己的方式默默辛苦地工作。

《绿意葱茏》以人物为线索，通过他们的不同性别、年龄、职业、层次、工作、生活，特别是不同国籍等，穿插上海的历史、人文背景，表现一个多元的上海。绿色体现了一种勃勃生机。

《青云扶摇》依托航空港这一独特载体，通过8个人物在24小时中角色的变化，来诠释"和谐社会"的图景和理念。

应该说，片子架构为七个篇章，这个"七"，也是大有讲究的。

这"七"，至少有三层意义。其一，节目播出时间确定在"五一"长假期间播出，七天的假期，每天播出一个篇章，总体上又作为音乐的七个音符；其二，"太阳"之光，由"赤橙黄绿青蓝紫"七色构成，这"七"也就是太阳作为和谐色彩的主旋律；其三，"七"，也象征着七彩生活，它能折射出当前社会生活方式的多样化和生活观念的多元化。在这个多样化和多元化的生活大舞台上，每一个社会个体都希望谱出属于这个七彩生活有力度、有希望的旋律。

随着创作和摄制的深入，项目组对《我的太阳》分系列主题开始有了新一层领悟，作品七个系列的不同个性与社会发展的时代特征发生契合，作品实现了外在统一性。

普列汉诺夫说："一个时代的社会精神取决于那个时代的社会关系。这一点没有比在艺术与文学的历史表现中表现得更明显的了。"《我的太阳——64个普通民众的非常24小时》正是以"和谐社会"这一崭新视角，在错综复杂的社会关系中，重新审视中国的现代化、民族传统、中西碰撞、文化多元等重大人文主题。同样，《我的太阳》每个系列所记录的8个人物，他们的故事是在同一主题下展开的，或者是同一空间，或者是同一行业，或者是同一身份，总之，具有高度的统一性。

为了保质保量保时间，陈宏和台里其他领导一起带领项目管理团队组织9个导演组进行攻坚战，来自全国各地的上百位电视工作者，为整个片子的摄制和后期，行程上万里，硬是在3个月之内完成了任务。据陈宏讲，此片的成功，还与副台长、总编辑陈力倾注了大量心血分不开。这位已是年过半百的老大姐在该片拍摄期间，每天早早来到项目组，指导项目专员如郭思言等如何写剧组简报，如何与分布于祖国大江南北长城内外的各摄制组电话沟通。当时的于禾总监也提出了诸多策划建议，甚至"我的太阳"这个名称也是他提出来的。

普通劳动者生命的赞歌

2005年"五一"黄金周，节目如期播出，观众、学者、业界同行，好评如潮。

2005年5月19日，中国教育电视台与中国电视艺术家协会纪录片学术委员会共同组织召开专家研讨会，探讨中国教育电视台隆重推出的《我的太阳——64个普通民众的非常24小时》的得失。

中国文联副主席、国家广电总局副总编辑仲呈祥，国务院发展研究中心社会发展部部长丁宁宁，教育部办公厅副主任、新闻发言人王旭明，中国视协秘书长王锋，中国视协纪录片学术委员会会长刘效礼，中国视协纪录片学术委员会常务名誉会长陈汉元，中国视协纪录片学术委员会常务副会长朱景和，北京电影学院教授司徒兆敦，中国传媒大学教授张雅欣，清华大学教授尹鸿，中央电视台研究室主任王甫，北京电视台新闻评论部主任陈大力，纪录片著名编导彭辉，电影频道《电影人物》栏目制片人张海芳，中国新闻周刊主笔黄艾禾，中央戏剧学院教授路海波等相关领域的知名专家参加研讨。

在大家看来，《我的太阳》抓住了当代社会的主旋律，抓住了社会中最基本存在的元素，是反映当代社会普通劳动者生活和工作状况的一部最真实的纪录片，不仅体现了社会对广大普通劳动者的关注，也使他们各自对社会的贡献进一步为人们所了解，是为普通劳动者谱写的一曲生命的赞歌。专家表示，《我的太阳》很巧妙地抓住了电视观众的心理，起到了媒体应该发挥的正确的舆论导向作用，既是纪录，又是宣传。

而且，这个创意是中国教育电视台独有的，也是这部片子最可贵、最成功之处。其实每一个人都在自己的平凡岗位上从事着不平凡的事业，而正是这一个个小的单位和个体，使得我们庞大的社会机器得以和谐、平稳地运转。社会发展和前进的真正动力，正是我们身边这些平凡而又勤劳的普通劳动者。从老百姓职业的角度记录他们的生活状况，纪录他们每天的生活状态，教育电视台开创了先河，是一个成功的创举。

中国视协秘书长王锋认为：在"五一"期间，利用劳动节的契机来反映64个普通人物的平常生活和劳动，非常有意义，这本身就是办台理念的一个重要实践。教育台是一个平台，应该从原来单独的文化教育职能向社会教育转型。在电视体制改革当中，像教育台这种电视媒体，无论与国际接轨还是学习国外的电视事业发展先进经验都应该走公益之道，应该以社会教育为主题。《我的太阳——64个普通民众的非常24小时》是做了64个人物的普通但又有普遍意义的纪录片专栏节目，它能够在广大电视观众当中引起心灵感应，它所起到的宣传教育意义，是和我们整个国家的教育目的合拍的。

从艺术层面，这部纪录片把关注点放在小人物身上，用众多的社会各阶层的劳动者的生活表现来作为一期或者一组电视节目，这个创意非常好，每个片子都只有20多分钟，每个人都只有20多分钟，汇集起来却使我们对社会各层面有了一个全面的认识。

中国文联副主席、国家广电总局副总编辑仲呈祥认为：本片思想深刻，视角独到，既是对全面建设小康社会的直观表现，对民族精神的一次鼓舞，也是纪录片艺术的一次成功尝试。社会纪录片就是要记历史、记社会，创造历史、创造社会，记录每一个个体真实的情况和思想，这种意识不是没有构思的，如此都是人，我抓个人来拍就行，为什么做成赤橙黄绿青蓝紫的片子？为什么这个片子有反映社会关系的，也有反映人和自然关系的，还有人和人的关系以及反映我们不同层面的人的？在这种意识上，我认为它为社会纪录片，为电视纪录片，开创了一种新的样式。新的样式构成一个整体，从制片方式、创作过程，一直到最后播出方式，教育电视台在整个的运作过程中，形成了一整套的创作理念，这一点非常重要。

中国视协纪录片学术委员会名誉会长陈汉元认为：本片没有一句说教，而是充分地表现了人物，把最平淡无奇的生活片断拍如此有趣，如此深刻，很是惊讶，很是佩服。上百人同时行动，以这样的速度拍，结果风格上还大致一样，这在中国电视史上是史无前例的。

《光明日报》文艺部主任沈卫星认为，这部片子有以下几个特点：

第一个，抓总。抓选题、抓人物，抓要求，抓现在社会的主旋律。

第二个，抓新，抓社会关系。我们今天的社会关系，变得越来越复杂，越来越新，这种社会关系原来是没有的。这里我看到很多很新型的社会人群，比如有一些谈广告创意的人，他们那种精神状态，那种心理活动，那种心与心的感受，他们真正的生活和隐秘的东西，这种方式给我们提供很大的观赏力和亮点。片子里有很多新的生活的途径，新的东西，这点是很重要的。

第三个是抓精。怎样表现出一天的生活当中有意义、有价值的东西，这是很难的。但这个片子里确实有很多很精的东西，很有代表性，也有典型意义。在这个作品里抓得很精，拍摄的对象虽然都是第一次上镜，但都很自然，一些谈话也是很从容的，这一点很不容易。所以在选材和提炼主题上，都是做得很精致。

第四个是抓深，就是社会深层次的矛盾。片里有很多深层次的东西反映出来。我们今天的生活方式，二三十年的改革开放，社会的背景完全变了，社会的价值观念、意识也已经变了，价值趋向、生活方式、行为方式，都有巨大的变化。在这种巨大的变化当中，每个人都面临着一个严峻的挑战，比如调试这种社会关系。挖掘这个作品当中首要的东西，则是一个巨大的框架。我非常赞同司徒老师说的，这类东西长期往下做，会不断地有观众群，非常有观赏价值。现在社会风险程度越来越大，人们干一件事，与自己预期的目标往往反差相当大，所以这里我们可以开寻、挖掘出很多东西来。

第五个是抓神。《我的太阳》里有很多东西呈现给我们，主创人员比较善于挖掘，在很多日常生活当中寻找时代的价值所在，营造提炼时代的价值观和生活态度。片里有很多细节，有很多思想，比如飞行员讲节油，说得非常平常，非常普通；还有一个女设计师，她每天就是要高兴，现在的社会压力带给人们心理上的挑战是非常大的，你需要强大的心理承受能力。我们在潘石屹那一篇里看到，很多工程人员、设计人员生活压力都很大。现在社会流传一句话：要找两个"点"，一个是对别人宽容一点，一个是对自己宽松一点，不要绷得太紧。社会提供给纪录片创作人员的素材是很多的。反过来，观众也通过这些东西，再次受了教育，也再一次感悟了生活。从这个意义上讲，教育台拍出这样一部专题片《我的太阳》，从某一个方面，满足了观众的感动需求，那份感动和深刻，不是来自于明星，不是来自于不可企及的，而是来自于大众，来自于最底层最普通的人民大众。这64个人，相当一部分都是真正地来自于弱势群体，所以他们引起了我们的感动，引起了我们深刻的思考。

会议快要结束的时候，各路高人还觉得意犹未尽。

片子创意新颖、主题鲜明、突破常规，以"平实"为基点，真实细腻，亲切自然，情感真诚，使人共鸣，这是各路高人的共识。不过，也有高人觉得，片子在整体上稍显粗糙；从地域意义上看，人物选择在整体上的代表性也值得商榷。

纪录片也不缺收视率

《我的太阳——64个普通民众的非常24小时》播出过后，收视率突破1%，创近期纪录片收视新高，网络专题页面点击量突破1000万次，观众热线电话平均每天50人次以上……

打开《我的太阳》网络留言专版，我们会发现，在网络空间中，最活跃的是大学生、工作不久的年轻人和中学生的父母。让他们产生交流欲望的原因，大体有三个：一是看了《我的太阳》，发现大家混得都挺不容易，给自己宽了心；二是片中主角是跟自己同类的普通人，他们在遇到困难时所表现的坚强，感动了观众；三是少男少女们的家长，从片中找到了教育孩子的依据。

随着节目的播出，越来越多的观众拿《我的太阳》当人生的一面镜子，并从中汲取了精神的力量。关于《我的太阳》所产生的社会价值取向，中央宣传部刘祖禹指出，《我的太阳》记录了这么多各行各业普通人一天的生活，原汁原味原生态，每个观众都能从中发现生活中有这么多美好的东西、美好的事。人总是要有追求的，对信仰的追求，憧憬生活，去实现梦想。人有了这种非常强烈的追求以后，生活就感到充实，就会有成就感。

作为一部真正具有广泛社会意义的中国电视纪录片，电视编导们有意识地将纪录的镜头从游离的边缘窄众推向了主流民众。这轮"太阳"让社会大众眼前一亮的很大原因，是它通过一个又一个平民百姓的故事，对现代人的主体性内涵进行了多方位的全面注释。片子的主角们，在对物质生活更高质量进行追求的同时，对精神生活同样表现出了高质量追求，64个人物，他们以个性的自由、广泛的兴趣、丰富的情感、平等的观念、自我实现的体验以及理想信念的展示，交织成一幅和谐社会的全景图。

挑战电视纪录片传统

在对片子进行整体性的总结时，陈宏特意强调了这部片子"挑战中国电视纪录片运作传统"的时代意义。

陈宏认为，《我的太阳——64个普通民众的非常24小时》从节目策划制作到完成播出，不同于以往的电视纪录片的制作，它融入了全新的创作理念。

首先，在节目的结构上，运用交叉蒙太奇的编辑手法，将同一类别的不同人的故事交叉开来，平行推进。以时间为线索，以一天24小时为周期，采集不同的时间点，关注在这些点上不同人的不同的生活，也就是用数字表现生活。节目中各种人物的故事是在时间线上并行展开的。这种结构，打破了以往纪录片以人物的故事或事件的发展为线索独立成片的方式，更多地表现的是生活在社会当中的人或事与外界的关联。可在一个屏幕中展现若干个画面，反映被记录的人在同一时间的生活状态，这种结构所反映的不是生活的线，而是生活的一个截面，更能够表现出社会生活的状态。

其次，在节目制作的操作方式上，向好莱坞同行学习，采用影视项目管理、工厂化的生产方式，依据统一的标准进行节目制作。该节目的制作，由中国教育电视台组织实施，由全社会参与创作，借助电视台以外的，甚至非专业的社会力量，让老百姓参与到节目的制作当中来，用自己手中的镜头，记录自己身边的生活。在短时间内，由非专业的人员参与制作，可能不会有太多精彩的东西，但是生活本身就是平凡的，我们要表现的就是这种平凡，这平凡同样会吸引百姓的注意力。

第三，在节目播出方式上，采用分时段播出的方式，让记录中的时间与我们生活中的时间同步，带给观众更真实的现场感受。该片"五一"期间在中国教育电视台一套节目中，每天播出3个半小时，7天共24小时。这种播出方式，改变了以往电视纪录片一部片子完整播出的常态，把节目拆开，分段落展示给电视观众，可以使观众与电视节目的关系更加密切，关注度更高，同时也更能够体会片子所要带给我们的感受。

锦绣文章如美玉，天下君子无不识。

没有任何意外，该片被中国电视艺术家协会评为：2005年中国十大纪录片；被中国广播电影电视协会评为：2005年全国十佳纪录片；并于2006年，荣获西班牙马拉加影视节特别贡献奖。

把"太阳"推到中天

为了"乘胜追击",依照康台长的整体思路,陈宏和他的团队决定趁热打铁,继续创作一部《我的太阳》,作为"十一"特别节目。

选什么作为这个特别节目的拍摄对象呢?

团队!

超越个人,并作为连接个人与社会的通道的团队!

人不能孤立地生活在社会之中,他总是生活在某一个团队之中。团队的形态与状况、团队的心理特点、团队的集体氛围、规范,团队的沟通及人际关系、团队的竞争与合作、团队的认同感等,对团队的每个成员都有很大的影响。

既然是拍摄小团体,那么,在拍摄中,小团体的概念该如何框定呢?

陈宏认为,这个特别节目要拍摄的小团体,是指那些通过人们彼此之间相互交往、相互联系、相互影响而形成的为达到共同的目标、满足共同的需要,以一定的社会活动方式和一定的社会规范联系在一起的一种组织的集体形态。

那些萍水相逢,偶然汇集在一起的一群人,虽然在时间、空间甚至某种目标上有某些共同的特点,但他们之间在心理上没有什么相互影响、相互作用,不是我们所要拍摄的小群体。

因此,审核符合拍摄条件的小团体应当具备的基本条件是:

第一,小团体的成员有共同的目标和目的。这些目标和目的能为小团体成员清晰地意识到,并且由团体成员合作来实现,它是构成和维持团体的基本条件。

第二,为了达到和实现团体目标,团体有公允的规范和规则。这是团体成员共同制定的,要求每个成员必须遵守。团体的规范和规则并不因成员的去留而改变。

第三,团体要满足各个成员的归属感。团体中的每个成员都意识到其他成员的存在,也意识到自己是团体的一分子。团体成员之间相互作用、相互影响、相互依存、相互联系着。

第四,团体有一定的结构,每个成员占有一定的地位,扮演一定的角色,执行一定的任务，有一定的权利与义务。

第五，团体成员之间有工作、信息、思想、感情上的交流。

之所以要强调这些，是因为团体不仅是个人与社会融合的桥梁，它还寄托着个人的情感世界。任何人都有自己深厚的情感，喜怒哀乐的复杂情绪，并需要通过与他人交往表现出来；或者投入自己的感情，表现自己的愿望，支持、扶助、安慰他人；或者接受他人的感情，得到同情、温暖和帮助。在这种相互关心、相互爱护、相互理解的基础上，发生感情共鸣，达到心理上的相容。而这种感情交流，大多是在团体内部进行的。

为此，我们要纪录的，不仅是故事的纪录，也要体现出一个团体的情感特征：团体内部各成员之间相互依赖、相互联系，在心理上相互意识到对方；团体各成员之间，通过活动与交互作用，在心理和行为上能彼此影响；团体各成员在情感上有"我们同属一群体"的感受。

为了摄制组能更好地理解这三个特征，康台长多次举美国故事片《云梯49》作为例子，作为导演组统一认识的参考。片中，刚刚入伍的杰克毛手毛脚地来到49路消防纵队，向纵队长迈克·肯尼迪进行入队报告。经过一番有意无意的刁难式拷问后，他如愿以偿地加入到这支拥有优良传统的队伍。杰克第一次穿上消防服，乘上汽笛鸣叫的消防车奔赴火灾现场，感觉既紧张又兴奋。在团队的支持和鼓励下，杰克迅速成长为一名出色的消防战士，消防站成了他的第二家庭，而他也结婚生子过上了幸福的家庭生活。

杰克和队友们渴望拯救每一个受难的人们，不论严冬酷暑，他们接到火警警报就会第一时间出现在出事现场。可是，他的妻子琳达对出生入死的丈夫感到担忧。于是只要接手危险系数极高的任务，杰克就会用事先编好的谎言来欺骗琳达和孩子。工作会随时夺走自己的生命，但是得到的报酬却与此极不相称，杰克对家人充满愧疚。一场前所未有的大火使杰克陷入困境，在迈克指挥队友们全力救助他的过程中，生命和家人、尊严和勇气一一浮现在他眼前。

通过这一参考，大家意识到，与《我的太阳》以单个的人为拍摄对象不同，这个特别节目的对象是小团体，而且是社会生活离不开的具有一定职业奇观性的小团体。比如，每个城市的地下，都布满了密密麻麻的各种管道，在暗无天日的工作环境中，管道修理班的工作人员，他们心中的太阳在哪里？而边境的兵站，东海西沙的守卫战士，日复一日守望着海水中跳出的旭日，他们在想什么？医院急诊的护士们，妇产科的大夫与护士们，他们对生命有什么不同的认识？诸如此类的问题，都只有在拍摄过程中一一作答。

为了把升起的"太阳"推向中天，按照台里的总体思路，陈宏带领他的团队，又开始了具体细致的拍摄选择的繁杂功课。这功课的结果，就是：

《我的太阳》"十一"特别节目，分《国本》、《国情》、《国威》、《国风》四部分，共24集，每集52分钟，拍摄的题材为农村、企业、部队、学校、医院、科研、体育、文艺等行业的基层团队。

上一部的经验和教训，从正反两个方面告诉陈宏——选好每一部分的导演，对节目质量，很是关键。

凭借自己丰富的导演经验和对全国电视纪录片人整体情况的了如指掌，陈宏对组建这个特别节目的导演团队做了一些规定，按照这个规定，有三类导演可以参加《我的太阳》"十一"版的创作：

第一类是中国教育电视台选定合作的导演。

第二类是未与中国教育电视台合作过，但愿意加入合作行列，拍摄经费来自中国教育电视台。此类导演合作的前提为：一是该导演是业务熟手；二是该导演工作地是《我的太阳》所确定选题拍摄对象的所在地；三是从业简历及代表作品邮寄教育台并经过资格审查；四是来京参加教育台招投标活动并中标。

第三类：未与中国教育电视台合作过，拍摄不需要中国教育电视台投资，自筹经费，参考教育台选题计划自拟选题，征求教育台同意备播的初步意见后，自筹资金拍摄，成片送教育台审后，列入播出计划。

本着这些基本要求，导演团队很快就建立起来了。

在拍摄正式开始之前，陈宏又向摄制组强调了这部片子的制作原则和主题，要求每个摄制组在3个月的时间内，能够较从容地完成一部长度为60分钟的纪录片。片子所拍摄的主角，要以小团体为背景，片中要体现团体之间的人物关系、团体与社会的关系。

众人拾柴火焰高！

团队的力量，就是棒，也能把这轮已经是颇具高度的"太阳"捧上中天。

品牌化，还是品牌化

如果说《我的太阳》"五一"版24小时节目，是投石问路的实验活动，那么"十一"版的特别节目就是把"太阳"打磨为品牌的关键一步。

保证这个"关键"的关键，就是各个层次、各个阶段的环节和细节。

在陈宏看来，对这部纪录片，导演团队尤需就以下要点有明确而统一的认识。

一要：选题原则

这个特别节目，在选题原则上，必须考虑两重性：一是地域性，全国范围，东西南北中的分布，要体现出地域意义上的国家感；二是拍摄对象在职业上要有广泛性和代表性，这样才能突出个体与群体、社会、国家的关系，才能以小见大，以点带面。

对此，作为总策划的康台长，反复强调了三点最基本的要求：人物塑造精神是向上的；故事的发展解决了现实生活中的问题；团队中人与人之间要有真性情。

按照这些要求，这部专门针对团队的社会纪录片，虽然每一集只有一个主角，但要真正完成这个主角的纪录，自然就必须对他所融入的基层团队进行全面的纪录。节目将拍摄的24个动人故事，都必须有着强烈的团队背景。

二要：电视元素和艺术风格

在拍摄中，针对每集一小时的长度，应着重增强纪录片的节奏感，充分使用各种电视元素，减缓观众的收视疲劳。要很好地把这一点做到位，把握以下八条很重要。

第一条　精心设计团体每个人物的出场。

第二条　节目内容一定要有矛盾、有冲突、有看点。

第三条　节目内容要围绕着一个基本的事件展开。所拍摄的团体关系，必须通过一个完整的事件去塑造。

第四条　节目内容一定要有情节，而且通过细节雕刻来塑造情节。

描写成功的团体，必须能看到统一的群体特征。比如服装的特点、语言的特点、办事的程序特征。但群体中个体的特性展示一定要充分，只有个性鲜明，才能让观众印象深刻，因此群体中的个体，要塑造出各具特色的个性风采。

第五条　要找准团体与时代相连接的"点"，并在"点"的环节上体现群体的价值观和群体意识。

第六条　时刻保持洞察力。虽然我们要报道的群体具有典型性，但当下一些仍处于边缘性、非主流性的群体，未来很可能就是时代的主流群体，我们对此一定要有深刻的洞察力。因为实践证明，对这些属于未来主流、而现在处于边缘性的群体的报道，具有很大的感染力，容易引起共鸣。

第七条　我们的创作，"要有一滴眼泪，要有一缕微笑"，要在情节推动进程中，充分调动三条清晰的线索：故事线、思想线、情绪线。

第八条　把握好片子的结构，可以根据所反映的不同主题，以及片子的结构特点，分成上下集，也可以按照由头、事件、背景、过程、结果等逻辑结构分成五个部分，部分与部分之间，用小片花或隔板隔断。

艺术来源于生活，风格取决与实践。这个特别节目的创作，涉及人员广泛，协调工作十分繁重。配合这样一场中国电视界前所未有的战役，每个工作人员的艺术追求首先要服从于整体的艺术标准，其次才是自我艺术的实现。所以，在艺术风格追求上，要特别注意保持《我的太阳》的操作性特点，那就是——专题的策划思想，纪录的制作风格，栏目的整体包装。

三要：纪录手法

手法之一：《我的太阳》"十一"特别节目，不用解说词。这一硬性规定，要求各导演必须用电视的画面语言将情节介绍明白。

手法之二：不许用专题采访方式处理主角对白，决不允许出现主角对着镜头自言自语；片子里的对白不宜过长，太长了观众会厌倦。60分钟的片子，对白长度顶多15分钟左右，不许超过20分钟。

手法之三：我们强调纪实，但纪实主义绝对不是自然主义，原汁原味也不等同于原生态。一定要充分注意同期声和现场音效。尽量避免导演借着所谓"生活流"而演化为拖沓。

手法之四：如果镜头语言已经很充分，能够不用字幕，就尽量不用字幕。

四要：结构形态

一部成功的电视纪录片，在结构上有一种力量。这种力量，来自片子内在与外在的"统一性"。外在的"统一性"，主要是指节目展开方式的"行动统一性"，也包括整体视觉效果的"形态统一性"；内在的"统一性"，主要包含了制作思想、思维逻辑、作品节奏等的统一。本着对"统一性"的这种认识，这部特别节目的结构形态，要从宏观和微观两个层面去把握。

宏观上：按康台长的提议，用"国字号"的元素，如"国门"、"国礼"、"国宝"等等，来作为统束各集的符号。

经过导演团队的认真思考，决定把24集分为八部，每部3集，正好在国庆假期每天播出一部。而每部名称都冠以"国"字。

这样为每部取"国"字号，而每部集纳的3集纪录片的片名则不必带"国"字，但必须内容和主题相近，与每部的名称达到高度统一，从而解决了"十一"特别节目在结构形态上的内外在"统一性"问题。

微观上：每一集的拍摄，首先要确立拍摄的主体事件。

其次是遴选团队的主次人物。

三是根据主体事件及团队特征确定拍摄主角。他可以是团队的精神领袖，可以是对团队有新鲜感的新加入者，也可以是团队的"边缘"人，要根据拍摄主题需要来确定。

四是除包装素材，纪录片每集实际片长为52分钟，为了方便观众收看，节目每集将按上、下篇进行包装，各26分钟。

五是节目播出将按照上、下篇的结构，构思叙事的段落层次。叙事要完整地包括事件的发生、发展、高潮、结尾、影响等信息。针对每集的时间长度，导演应着重增强纪录片的节奏感，充分使用各种电视元素，减缓观众的收视疲劳。

最后要强调的是，每个基层团队都有自己独有的性格特征：有的快乐，有的郁闷（比如快要下岗解散的车间班组），有的沉重（比如目标压力较大的团队），也有的轻松明朗。这些基层团队的个性特征来源于社会变迁的影响和生存环境的变化，这些需要通过细微的刻画来展示。

明晰了各个层次、各个环节的"关键"，团队作业全面开工。

60多个单位、400多位项目工作者协同作战。

整整一个盛夏，再加上一个初秋，总计100天左右，项目组实际拍摄32集，每集52分钟。

一场纪录片的"战斗"

2005年9月28日，中国教育电视台举行《我的太阳》"十一"特别节目的首映式。中国视协纪录片协会会长刘效礼将军、中国视协纪录片学术委员会常务副会长朱景和、中国视协纪录片学术委员、副会长李安东、中国视协纪录片学术委员会副秘书长韩亚利、中国视协纪录片学术委员会副秘书长郭西昌、中国传媒大学教授何苏六等中国电视纪录片的权威人士应邀出席。

在首映式上，来自部队的李安东，作为《我的太阳》"十一"特别节目参与者，同时也是纪录片界的资深导演，在别开生面地评价这部片子的同时，还谈了自己的感受。

他说，首先，作为一名军人，从组织策划的角度来看。中国教育台组织策划《我的太阳》的全过程，用军事术语概括，就是：集群作业式的拍摄，集团进攻式的会战，集束轰炸式的播出。中国教育电视台联合多个部门和单位，等于组成了一支同盟军，打了一场有声有色的颇具规模的战役，在不到3个月的时间里拍摄完成了近30集50分钟长的电视纪录片。参与了这个节目的编导和工作人员有一个共同的感受，他们说这些日子就像打仗一样。的确，这就是一场战斗，在这场战斗中，《我的太阳》全体创作人员体现出了军人的团队精神和强大的战斗力。

真正的名将是从枪林弹雨中走出来的，优秀的电视人是在实践中摔打出来的。中国教育台通过这次战役，不仅制作了一批好节目，更锻炼了一支队伍，培养了一批骨干，这一点尤为可贵。再过若干年，更能显现出中国教育台所做的这项工作的深远意义。

其次，作为一个纪录片人，从市场运作的角度来看。电视台不是军队，不能靠命令来实现战略意图。一个好的策划和构想，靠什么完成呢？要靠市场运作。中国教育台引进了项目管理的方式，向社会招标，借社会的力量来进行创作，以较小的投入创造最大的成果去争取市场，这是一种大胆的尝试，也是一次成功的尝试。可以说，这是对纪录片运作理念的一种颠覆，是对纪录片创作手法的一个挑战，是对纪录片收视率的一次冲击。

第三，作为一个电视编导，从受众参与的角度来看。这29集节目，在选材上，涉及的面很广，工农兵学商、东西南北中，囊括了社会生活的方方面面。如果单从收视的卖点来看，有些选题是不占优势的，如大寨、小岗、三元朱村、衡阳消防队、青岛港务局、丰乐社区，等等，中国教育台选择她们，就是为了让更多的人关注中国几亿农民和几千万产业工人以及无以数计的普通城市居民的生存状态，透过这样一个大群体的展示，描绘一幅中国当代社会的清明上河图，给人们以思考和启示。

如今的电视媒体，非常注意同观众的互动，让被拍摄对象参与不仅是提高收视率的需要，也是对他们的尊重。选择反映这样一个大群体，就是一种更广泛意义上的互动，一种最大限度的参与。因此，纪录片人不该老盯着自己的一亩三分地，把镜头瞄着那些边边角角的小事情，自我边缘化，而应该融入时代的大变革中去，勇当弄潮儿，拍摄出无愧于这个伟大时代的作品。

他还说，作为一个电视编导，自己也作为普通编导参与了这部片子中青岛港务局这个团队的一些摄制工作。在这个过程中，如何做好命题文章，对他感触颇深。

《正午阳光》的彭海波编导，最大的愿望居然是：什么时候能听一下这部片子。在谈及自己的创作过程感受时，他说："我拍摄的是盲人足球队这个题材。盲人足球是一项极限运动，片子拍完以后，这些盲人孩子希望什么时候能听一下这个片子，他们希望给家里打电话，让家里人也听一下，他们家里也是盲人。通过拍摄这部片子我感觉到，中国的这么一群弱势群体不经常被人们所关注，他们的生活状态其实也需要人们去看到。盲人学校里面的孩子们非常有朝气，他们非常愿意去运动。他们这个学校去年刚刚在雅典奥运会上拿到一个奥运冠军。这些盲人孩子觉得自己生活在幸福的花园里，是因为有一双双手在牵引着他们。我觉得，我们正在通过一种方式，书写着我们现代生活中非常生动的一面，因为有些东西是我们在生活中接受不到，也有很多东西是我们感受不到的，这更让我觉得《我的太阳》的策划有一种价值。"

《民企消防》的刘火编导对自己的拍摄对象又是另一番感触，他说："我所拍摄的这个消防队跟普通的消防队大不一样，是没有报酬的民办消防队。他们很有特点，有个性，善于思考，志愿奉献。有一次，在我拍高速公路灭火的时候，车就在我身边擦过去，有个交警把我拉过来，说'你不要命了'。我感觉是这些消防队员的奉献精神和牺牲精神感染了我。最令我感动的是，这些消防队员没有一分钱的报酬，完全是志愿的。这个片子的主人公，也是这家制衣厂的老板李利辛，打了一个报告，想成立一个民办消防基金，他说会沿着这样一个思路走下去。其实他们不愿意面对媒体，许多媒体想采访他们，他们都拒绝了，但他们接受了我们，是我们的创意打动了他们。"

《小岗村》的王编导用"团队的作用"来概括自己的拍摄。他说："这次拍摄小岗村历时22天，前期拍摄、后期编辑各一个星期，我第一次感受到过去拍纪录片是单打独斗，个人英雄主义，但这次团队运作给了我们很大的精神支持和鼓舞。团队的精神鼓励支撑着我们，让我有信心打造心中的太阳。"

《根系深深》的李编导，感叹于他们与拍摄对象之间的相互感动。他说："《根系深深》的主人公开始不理解媒体，因为他特别讨厌媒体，特别讨厌宣扬自己。我起初特别犯愁，觉得拍摄对象不配合，这片子怎么拍呢？后来在拍摄中，我们摄制组的团队精神也感动了他们，他说开始的时候是为完成领导的任务才勉强同意拍的，但由于我们的工作精神和态度感动了他，他从讨厌到理解，从理解到支持，从支持到配合了。有时我们拍摄的时候，他就像个孩子似地远远地关注着我们。他们这个团队也感动了我们，由此我想，《我的太阳》有24个拍摄团队和24个被拍摄团队，片子播出后，不知会感动多少人。"

《英雄无悔》的马编导，在拍摄过程中，真切地感受了中国足球工作者的执著和努力。他说："北京现代足球队的主教练沈祥福特别讨厌媒体的人，他是唯一在国外做过主教练的中国足球教练，由于国奥的失败，他被各方面人士骂得一塌糊涂。但他对足球的热爱，对足球的责任促使着他把全部的心血倾注到年轻的队员身上，他是特别想看到中国足球未来的希望。也许他们在这个时期里面没有取得成功，但是你能看到他依然在执著地努力着。"

《丰乐纪事》的王编导，通过拍摄，接触了社会最基层。他说："我们这个选题接触了社会最基层，尤其是东北老工业城市老百姓的生活状态。许多老百姓确实很困难，有的家庭冬天烧不上煤，有的用不起电，家里的小孩子到邻居家去写作业，还有的无依无靠有了病干脆不看。但通过拍摄我发现，他们虽然很困难，但是他们还满怀信心地生活着，这给了我很多的感悟，今后不管遇到什么情况都要乐观地生活。"

"太阳"的光芒

按照康台长的总体部署，在《我的太阳》的思想纲领引领下，陈宏和他的团队，先后推出了：

2005年：《我的太阳——64个普通人的非常24小时》23分钟×64集

2005年：《我的太阳——30个基层团队的真实纪录》52分钟×30集

2006年：《我的太阳——创新360》10分钟×73集

2006年：《我的太阳——创新记》10分钟×72集

2007年：《我的太阳——我的梦》20分钟×21集

2008年：《我的太阳——奥运留下什么》30分钟×10集

2008年：《我的太阳——大爱汶川》20分钟×12集

2009年：《我的太阳——看中国先锋导演计划》

这些节目的获奖情况：

2005年获中国十大纪录片

2005年获全国十佳纪录片

2006年获西班牙马拉加影视节特别贡献奖

2006年获中国电视纪录片系列片十佳作品

2006年获中国·玉溪国际环保纪录片展映周入围作品

2007年获第十五届北京影视春燕奖最佳长片电视纪录片奖

2007年获社会主义新农村建设小康电视节目工程奖

2008年获国家广电总局授予"优秀节目"光荣称号

2008年获中国广播电视协会主办的"我们在一起"抗震救灾电视节目表彰嘉奖评选"电视纪录片类嘉奖节目"

2009年获四川金熊猫国际电视节优秀节目奖

受《我的太阳》的启发，中宣部联合中央媒体，共同推出了宣传基层劳动者爱岗敬业、无私奉献精神的《劳动者之歌》。《我的太阳》作为项目管理模式案例，还同时被中国传媒大学作为研究课题立项研究。

数以百计的专业纪录片人士，参与了中国教育电视台的实践。一大批新崛起的纪录片人创作群体，加入其间。包括中央台、上海台、重庆台、成都台、广东台等等电视媒体的纪录片人，多达千余人次。

业内资深人士认为，《我的太阳》从内容到形式都不受以往纪录片模式的禁锢，思想解放，从策划、定位到创作，没有太多条条框框的约束，力求创新，积极探索，用放射性的思维展示出"大纪录"的特色。它引入了现代科学管理体系中项目管理的模式，使得在较短周期内成批量生产纪录片成为可能，使得个人化的、零星的、小作坊式的纪录片创作变为规模化的现代大生产成为可能。

而且，《我的太阳》还培养出了一支纪录片优秀编导队伍，这也是对中国纪录片发展做出的贡献之一。

这也诚如康台长所说："《我的太阳》独特的运作方式，为推动中国纪录片产业化进程提供了借鉴。但最令我们感到欣慰的是观众们对《我的太阳》高度的认可，而这正是中国电视纪录片走向世界的基础。"

潮平两岸阔，风正一帆悬。

这轮高挂于中国电视纪录片之中天上的"太阳"，在兵团式作业的大智慧、大手笔的拉动下，在中国教育电视台这只迎着劲风的大航船上，越来越耀眼。

电视史年度大事

2007年人文电视：教育人文纪录频道开播

2007年10月17日，北京多家媒体报道了中国教育电视台三频道改版为人文纪录片频道的新闻。当时，这条新闻并没有得到人们太多的关注，普通观众仅仅是在某个无聊的周末做"土豆色拉"的时候，恍然发现这个频道竟有一半以上的时间播放纪录片。

而频道定位的转型对于中国的纪录片人来说，有着莫大的意义，它意味着中国纪录片公共播放平台的构建进入了一个实质性的阶段。

这是电视分众时代，中国唯一的"国字号"专业电视台在一个全新分众领域首次试水。

作为唯一的国家级专业电视台，中国教育电视台从1986年10月1日正式通过卫星电视向全国开播。其间，教育电视台一直不温不火、缓慢而坚定地走在专业电视定位道路上。作为中国专业电视的开路者，教育电视台从一开始，就没有离开过寂寞。副台长陈力说："中国教育电视台从诞生那一天就是走专业化的道路，只是我们走得比较艰难。"

伴随中国省级电视纷纷亮剑并与央视割据称雄，全国数字电视大开频道空间，电视市场一片硝烟之时，一直行走在专业化之路上的教育电视台按捺不住，借助《我的太阳》系列纪录片，将纪录片专业频道走马上位。

可以说，没有《我的太阳》，CETV纪录片频道也就无从谈起。

纪录片向来是一个寂寞的事业，尤其在国内，目前仍属少有的市场化程度较低的影视产品。从欧美发达国家纪录片的发展经验可以看出，一个有效公共播放平台的建立对纪录片的产业发展相当重要。纪录片的收入，基本上是以电视台播映为主：通过收取版权费以及DVD等二级产业，来确立播出方作为买方市场的地位。由此，电视台尤其是专业频道对纪录片经济效益的作用可见一斑。

其实，教育电视台并不是中国纪录片专业频道的第一人。早在2002年，上海电视台SMG纪实频道和中央电视台科教频道便开始了纪录片频道化生存的探索。

2003年，康宁走马上任中国教育电视台台长，她的三把火指向了新媒体、纪录片、空中课堂。2004年，康宁明确提出发展纪录片。

其实，还是任职于教育部的时候，康宁就组织策划和拍摄实施过大型纪录片《千秋基业》。也正是这一段经历，加深了她对纪录片作为最好的教育电视节目形态之一的认识，拉近了她与纪录片的感情。

随着"太阳"的持续制作，康宁提出将项目管理机制引入影视制作体系。项目管理将过去纪录片单个、零星、小众、小作坊式的生产，变为一种规模化、有周期、适应商品流通的批量生产，可以满足按时、按量、按质的定单式生产要求，这为纪录片的市场化运作打开了通道。"太阳"也由此得以长期运行平稳地持续制作。

当《我的太阳》做到第七部的时候，一个专门的播放平台需求浮出水面。《我的太阳》品牌的成功运作使中国教育电视台意识到，纪录片是教育电视最好的节目形态之一，同时又是电视节目中最具国际传播价值的节目形态之一。这两个"之一"，是教育与电视的最佳结合。兼任CETV-3频道总监的陈宏说："多年来，中国教育电视台一直在探讨这样一个问题，是做教育节目还是电视节目？通过《我的太阳》找到最佳节目形态——纪录片。这是《我的太阳》品牌运作的重大价值和重要发现。"纪录片是教育与电视最好的结合方式，既把教育的功能体现得恰到好处，又将电视传播的功能结合起来。

2006年底，教育电视台内部开始讨论将CETV-3转型，改版为"以纪录片为主的人文教育纪录频道"的定位。2007年，陈宏带领团队剑走偏锋，着意"打造教育电视台纪录片专业频道"，纪录片占整个频道播出节目量的50%左右。其时，台内颇为忐忑。深圳电视台的纪录片频道败走麦城，中途改道；"反响不错，收视不高"的SMG纪实频道当时经营也还未上去。……这些都让部分人对这个频道的改版并不看好。国内小众的纪录片市场的情况并不乐观，即便是像央视《见证》制片人陈晓卿与《东方时空·纪事》制片人周兵这样对纪录片行业了如指掌的，也曾对《南方周末》记者说："（纪录片）没有市场。"甚至有传媒界著名人士警告说：这会把CCTV-3做死的！

顶着压力，康宁对CETV-3频道下达的任务是：转型当年力求实现持平。对此，相当一部分人持观望乃至悲观态度。临危受命的频道总监陈宏，深入研究市场，精心组织运营。康台长下达的任务，不仅顺利完成，而且，破天荒地实现转型当年就赢利3000万元。这一让人意外的结果，更加坚定了教育台对CETV-3频道转型的信心。

转型初期，CETV-3有意识地强调了卡位编排、整点编排和带状编排，通过编排手段，固定节目的播出时间，形成特定的播出规律。就全频道总体看，纪录片收视率好于娱乐节目、电视剧，《首播记录》、《寰宇地理》、《首都记录》等纪录栏目，收视率排在同时段的北京地区60家可以收看到的频道中同时段的前几位。

新千年，中国纪录片从作品时代进入栏目化生存时代，又逐步走向频道化生存时代。2001年，中央电视台科教频道开办；2002年，上海纪实频道开办；2007年，重庆科教频道开办；2007年，CETV-3转向纪录片频道；2008年，湖南金鹰纪实频道开办。众多的频道开办，其实也都源于电视台本身原有的节目制作。制播一体，是这些频道的主要方式，也是它们的共同特点。

2009年，纪录片频道终于也被中国电视早已闹腾多年的体制改革所影响。多年来，体制问题长期困扰中国纪录片发展，民营机构普遍被排除在公共播放平台之外。

2005年，中国（广州）国际纪录片大会专门召开的关于中国纪录片公共播放平台的讨论中，与会的民营机构普遍反映，虽然目前中国有很多独立纪录片制作人和民营制作公司，但是他们制作的纪录片却很少能获得在电视栏目中播放的机会。

在CETV-3转型两年后，中国电视的纪录片频道开始进入改革时代。上海文广新闻传媒集团更名为上海广播电视台，并出资组建上海东方传媒（集团）有限公司，上海纪实频道也改为真实传媒有限公司。CETV-3频道实行制播分离，北京中线传媒有限公司承担中国教育电视台的节目制作。重庆科教频道则走得更早，早在2007年就成立了重庆广电纪实传媒有限责任公司。制播分离，为中国纪录片打开新空间，以品牌为特征的制作、播出与经营将成为主流纪录片模式，以此推动纪录片市场的建立。

在此背景下，2009年，CETV-3确定了以国内外经典纪录片为龙头，系列活动为亮点，以活动带节目，有效地拉动频道收视的整体编排思路。将频道编排的节目组织作为一个整体，塑造"我的太阳"纪录片频道品牌。参照以往收视数据以及各电视台编排重点节目的习惯，CETV-3开始尝试大型纪录片活动的编排季，将结合自制的大型纪录片节目，围绕建国60周年等重大题材，在频道编排、节目配合、宣传推广、活动组织等方面统筹兼顾。这样的编排策略收到了明显的效果：1月份全天平均收视率从改版前的0.24%上升到0.31%（6:00~24:00），增长了29%，市场份额1.50%，增长140%，其中18:30~19:30播出的内容全部都是国内纪录片的《首播纪录》栏目，收视排名为同时段北京地区60多个频道中的前5名左右。这在国内纪录片栏目中可谓异常骄人的收视成绩。这意味着，观众对纪录片的关注与日俱增。教育电视台纪录片频道终于依托其专业频道的背景，实现了纪录片在电视市场的突围。

纪录片与家居服务、综艺娱乐、财经指导、体育等分众栏目不同，是一个为业内公认高端市场受众的小众化栏目。同时，它的受众又是中高端厂商所极力吸纳的客户群体。1985年开播至今、赢得声誉无数的Discovery，就将高消费和富裕成人（25~54岁）、略倾向男性的观众定位为目标受众。CETV-3的广告，是由频道经营，交由4A广告商代理，具体方式是按照收视点收费。也就是说，广告费高，意味着收视好，反之，广告费则低。这也比较适合纪录片频道本身的商业特质。CETV-3广告客户都是国际大品牌，纪录片一个点的价值要远远高于电视剧。广电总局有关领导表示，CETV做了大胆尝试，纪录片频道在当年实现盈利，开了国内纪录片频道经营先例。

而真正的先行者——Discovery探索频道，将记录、纪实的触角延伸至自然、科技、

参加广州国际纪录片论坛，右一为中国国际电视总公司节目发行副总
经理程春丽（上图）

千禧年春节，与法国巴黎13区区长在一起（下图）

古今历史、探险、文化和时事等领域，每年赢利约40亿美元，比中央电视台全台收入高出数倍，而它的所有人员加起来也就不过3000人。这让目前国内记录、纪实频道只能望其项背，也同时是CETV-3等一众纪实频道发展的灵感与模板。一直被模仿的Dis-covery，能否被超越？对此，我们拭目以待。

从"太阳"到"太阳花"

"认识你自己",这是西方先哲苏格拉底的传世名言。

中国教育电视台拿什么认识自己呢?当然是教育。

所以,教育电视台的节目,既要考虑作为教育的特有属性,又要考虑作为传媒的本质属性。没有教育内涵的电视节目不是好的教育电视节目,反之亦然。而在众多的节目类型中,能统筹兼顾这二者的,首先就是"人生之镜"的电视纪录片。

作为一种重要的影视文化载体,电视纪录片具有很深的文化内涵和很强的社会教育作用。它以深邃的人文知识、精美的艺术感染力吸引着广大观众。通过电视纪录片,广大观众,特别是青少年观众,得以认识大千世界、社会历史,认识他人,也可以认识自己。可以说,作为一种最好的教育电视节目形式之一,纪录片对于增强教育节目的可视性,同时又使之不失丰富的思想知识内涵,增强教育电视节目的竞争力具有相当的重要意义。

国家相关部门对电视纪录片的发展非常重视。

国家广电总局明确指出,纪录片作为一种重要的影视文化载体,具有很深的文化内涵和很强的社会教育作用。影视纪录片对于繁荣我国影视文化产业,促进影视产业结构调整优化升级,推进影视产业国际化进程,增强我国影视产业的国际竞争力也很重要。

20世纪90年代以来,中国电视纪录片采取了栏目化的生存方式。1993年2月,上海电视台《纪录片编辑室》开播,这是全国第一家以纪录片为主题的电视栏目,而且是在主频道晚8点的黄金时段播出。继上海台之后,新成立的上海东方电视台和上海有线电视台也相继开辟了纪录片栏目。

1993年5月,中央电视台开辟的《东方时空》栏目开播。在这个栏目的四个版块当中,以"讲述老百姓自己的故事"为广告语、以纪录片形态呈现的《生活空间》版块力图帮助人们改善生活品质,提高文化教养,以反映普通人生存状态的方法,在平凡中见惊奇,激发人们热爱生活和创造生活的热情。此后,全国各地的电视台都掀起了创立纪录片栏目的热潮。

难道，栏目化生存就是中国电视纪录片的终极点？

难道，中国电视纪录片就不能有自己的频道？

作为电视人、更是电视纪录片人的陈宏，在《我的太阳》的成长之路上，开始思考这个不一般的问题——如何尽快做大做强中国纪录片。

2006年9月的一个周末，康台长召集陈宏等几人策划一部纪录片，会后大家离去，康台长让陈宏留下来继续谈。

9月的北京，秋高气爽。在北京舞蹈学院旁新落成的一座大厦大堂吧里，康宁台长向陈宏谈起教育电视台三频道因"转频"而面临的困难，并征询陈宏有何想法。这段时间一直在思考中国纪录片栏目化甚至频道化生存现状的陈宏，便向康台大胆提出了一个设想："台长，能否把三频道改为纪录片频道？如果您同意改，我愿兼任频道总监，并立下军令状，半年之内，扭转目前状况，一年之内盈利！"接着，陈宏简要分析了改为纪录片频道的优势。陈宏的分析话音刚落，康台便接着说："其实，就是在频道林立、内容交叉、重叠的媒体大战中走差异化路线，我看很好！"康台当场拍板，并对陈宏说："你马上回去把思路变成方案，我马上组织台办公会讨论。"台里领导班子很快就通过了相关决议。

就这样，2006年底，陈宏被任命兼任中国教育电视台三频道的频道总监，并明确三频道进行以播出纪录片为主的改造工程。陈宏按照康台长的指导思想和台办公会的精神，对三频道过去的状况进行了认真剖析。当时，中国教育电视台三频道的定位，是面向青少年和社区的综合性频道。频道有名的栏目为《校园点歌台》、《伴随成长》、《今天我在家》及《卡通世界》等。这些节目从单个讲，各有特色，有些栏目甚至产生过轰动效应。

但是，在北京的电视频道生态中，有众多被寄予厚望的栏目为什么却没有托举起这个频道呢？

调研之后，陈宏发现，在"转频"事件这种区域电视传媒恶性竞争导致广告客户逃离之外，还要从更深层次来探究频道可持续发展。他找到了影响这个频道进一步发展的一个原因：各自为战。几大主力栏目，由于各自属性不同，所以不但没有形成合力，甚至互相消解核心竞争力，从而大大降低了频道的整体影响力。

电视媒体发展的大趋势已经证明，电视频道的构建，必须实现频道内涵和属性的高度统一。强势频道之所以强势，关键就在于整合力量，形成一致的姿态和气势，构筑起强大的核心竞争力，从而在激烈的频道拼杀中博得一席之地。

于是，探究整合之道，又成为一个焦点。

在参照研究了美国的探索频道、国家地理频道后，康宁提出一个词：纯粹。陈宏认为这个词点到了穴位。对，就是纯粹。

像美国的探索频道、国家地理频道，他们的强，强在哪？就是强在单纯。

国家地理频道的高层提出，自己就是这样一个媒体帝国，你晚上回家可以看国家地理节目，早上在咖啡店随手就可拾起一本国家地理杂志，孩子们晚上在国家地理网站上冲浪。这说明，不但频道自身要单纯，就是关联产品——平面媒体、互联网络也要来为同一属性助阵。

"纯粹"就是力量，这就是强大三频道的整合秘笈。

山道弯弯，送峰迎曲。

创建专业频道的新问题迎面而来。

一个面向北京地区的频道，如果把自己定位在电视纪录片这个点上，有市场吗？

北京受众是一个整体素质较高的电视观众群，文化程度高，关注国家大事，关心国计民生，关心社会政治，关注人的生存状态和自身命运。他们对具有较高人文精神的节目，有较强的收视需求。也正是因为如此，超女类节目在北京不可能火爆；在别的城市，万人空巷的电视剧，北京则未必有发烧友。相反，像《望长城》、《我在东京留学的日子》、《话说长江》等纪录片，却成为了大家议论最多的话题，而且经得起时间的沉淀，在观众的收视记忆里历久弥新。

即使作为主流电视节目之一的电视剧，北京人欣赏的，也主要是其中的文化意味和精神层面。

这就是北京。然而在北京，恰恰没有这样一个专门频道，来满足北京观众独具的收视心理和需求。虽然，他们能收看美国《探索》、《国家地理》和其他的优秀纪录片，但它们都被分解到了不同频道的各个栏目里，未形成纪录片的饕餮大餐，也未形成专业频道。北京观众只能在随意性地、浏览性地收看中，截获自己喜欢的纪录片节目，无法转而成为频道忠实观众。

也就是说，在北京，也正是北京，决定了纪录片可以而且很有必要形成专业频道，并以此形成自己的核心竞争力。

不过，又有人提出这样的问题：都是在北京，那为什么只有教育电视台能打造这样的频道？难道其他电视台，比如北京电视台，就不能打造这样的频道吗？

如果说，前面的问题涉及到的是为什么是在中国当前和为什么是在北京的话，那这个问题，就是直指为什么是中国教育电视台的。

回答这个问题，其实也就是盘点中国教育电视台在纪录片方面的整体资源。

回答这个问题，得从《我的太阳》开始。

《我的太阳》这个还在行进中的系列社会纪录片，首先是为中国教育电视台积累了组织创作、运行管理的经验。《我的太阳》首次在电视节目的生产上引进现代项目管理，通过运用国际上盛行的项目管理方式，来完成教育台所需要的重大纪录片的项目生产。这种方式，在电视行业中取得了广泛认同，成为业内学习的榜样和专家研究的典型。项目管理使过去纪录片单个、零星、小众、小作坊式的生产，变为一种规模化、有周期、适应商品流通要求的批量生产，可以满足按时、按量、按质的定单式生产要求。

二是为中国教育电视台整合了一大批纪录片人才。《我的太阳》的每一部，都是中国纪录片精英广泛参与和积极推动的大型电视行为。在这个过程中，包括陈汉元、刘效礼、朱景和、童宁、钟大年、孙震田、张雅欣、何苏六等等一批纪录片理论专家和权威人士，对教育电视台的这方面，都有普遍的认可。而且，数以百计的专业纪录片人士，参与了该项目的实践。一大批新崛起的纪录片人创作群体，加入其间。来自中央台、北京台、上海台、重庆台、成都台、广东台等等的电视纪录片人，也纷纷参与《我的太阳》剧组。另外，还有一大批社会非专业的纪录片爱好者，也从各种途径参与创作。也正是在这个过程中，他们认知了中国教育电视台这方面的各种优势。

三是为中国教育电视台积淀了广泛而良好的社会影响。《我的太阳》连续两年获中国十大纪录片大奖和其他奖项，并在国际上获奖。从两年多的运作看，实际情况是：无论业界、民间，都表现出了高度认同。在民间，公众通过短信、网络等新媒体，关心和参与"我的太阳"创作过程，民众以能够成为拍摄对象为荣。

观众从中汲取向上的动力。

纪录片人以参与拍摄为荣，业务素养得到提升。

国有大企业，地方乡镇，则以迎来摄制组为喜事。中国重汽加入并冠名《我的太阳》节目，为打造共同的"太阳"投入资金。

一些部委也纷纷给予关注，通过撰写文章、转发文件、作重要批示等方式，参与到这档纪录片节目的实践中。一些行业学术团体，力邀《我的太阳》参加评选，表示：《我的太阳》是中国电视制作领域最伟大的实践活动之一，它若不参与，评奖是不全面的、有欠缺的、是不公允的。可以说，《我的太阳》已经成为一个相对成熟的大型品牌节目。

由此可以看出，中国教育电视台的纪录片创作，已经营造了良好的气氛，形成了进一步蓄势待发的态势。我们甚至可以说，中国教育电视台已成为中国纪录片创作的一个平台、一个窗口，它开展的大型纪录活动，将成为中国及世界纪录片人的盛会。

此外，特别值得一提的是，2005~2007年3年间，陈宏作为总编导，在康台长的指导和项目组的共同努力下组织拍摄了中宣部大型政论片《青春中国》、《为了社会和谐》、《共建精神家园》，片子在中国教育电视台和中央电视台播出后，引起了较大反响。其中，《青春中国》还获得2006年中国十佳纪录片奖。而在此之前，所有这类政论片的编导和拍摄，都是由央视完成。这说明，连中央部委也开始关注并认可中国教育电视台的大型节目制作能力了。

所有这些，都进一步坚定了教育台领导和陈宏办纪录片频道的信心与决心——中国教育电视台，完全应该利用如此巨大的惯性力量，顺势而为，乘胜前进。

《我的太阳我的梦》作客搜狐。左起：搜狐主持人、中国纪录片学术委员会会长刘效礼，中国传媒大学电视学院副院长、中国纪录片研究中心主任何苏六及陈宏。

四是为中国教育电视台打造了初具规模的纪录片国际合作的平台。在节目制作上，《我的太阳》借力塑品牌，天下好片为我所用，采取多种形式，与美国探索频道、美国国家地理频道、澳大利亚大陆桥公司、中国国际电视节目总公司以及其他各大电视台、各大社会制作力量合作，引进纪录片精品节目和栏目，努力使全世界最好的纪录片都能通过中国教育电视台第三频道收看到。

有了这些比较清楚的认识，三频道改版为专业的纪录片频道的进程，算是迈出了第一步。

这个标志中国电视纪录片历史发展的时代高标的频道，该叫个什么样的名字才好呢？

圣人有言：名不正则言不顺，言不顺则事不成。这个名字，还不能马虎。又是讨论，又是思考。因为，按照广电总局的规定，频道名称不能随便更改。立足这个规定，是不是可以站得更高些，把教育台所有关于纪录片的建设，包括频道编播、纪录片制作、纪录片学术活动、纪录片销售发行等等冠以一个总的名字呢？答案是：当然可以，而且还很高明。

照着这个思路，最后，康台长定案——太阳花。

本着频道在当前这个媒介环境下能更好地可持续发展的大原则，康台长还对这个名字赋予了基本理念，照此理，陈宏把这个名字及其相关框架做了细化。

首先，"太阳花"是一个简称，她的全称是太阳花纪录频道。其次，太阳花纪录频道并非某个具体的频道，而是一个纪录片的生产实体、交易平台、学术高地。从某种意义上说就像美国探索频道或国家地理频道的含义，但又不仅限于此，而是旨在建立面向全球的纪录片交流交易集散平台。她通过面向全球进行版权购买、节目定制以及合作拍摄来获取带有版权的纪录片节目资源；同时又通过举办纪录片交易大会，构建纪录片发行网络，特别是通过建立纪录片视频网站来把这些节目推向世界。"买世界，卖世界"，让全世界每一个希望看到纪录片的人都能看到他想看的纪录片；让每一部纪录片都能最大限度地发挥它的审美功能、教育功能和商业功能。最后，太阳花是一种理念，是一种构想，但她更是一个行动，是中国教育电视台"建立最大的学习平台"总体战略布署下的具体行动。

至此，一朵娇艳的"太阳花"，在当下中国的北京，在中国教育电视台，悄然绽放。

SWOT战略分析

东风好作阳和使，逢草逢花报发生。

世间万物的成长或发展，环境的重要性自是不必代言。"太阳花"要更好地生根开花，全面、系统地把握它所处的环境，不能说不重要。

为此，陈宏和他的团队，对"太阳花"做了一个SWOT战略分析。

S——优势：

其一，三频道位于北京。在这个集中国政治、文化及经济之大成的城市，无论是媒体改革理念，还是媒体改革实践，都处在中国的前沿。在这里，三频道能够有良好的媒体改革环境、强大的经济发展背景、品味较高的首都观众。这方面，可以叫做区位优势。

其二，三频道改版以来，走差异化路线，成为北京地区首家教育人文纪录片频道。北京受众对具有较高人文精神的节目，有较强的收视需求，纪录片在北京地区具有强大的潜在市场，是一个蓄势待发、箭在弦上的状态。三频道通过项目管理的方式生产了一批像《我的太阳》这样的大型纪录片，屡次在国内外获奖；与国家地理频道、探索频道的合作，使频道拥有了一大批集思想性与艺术性的纪录大片，纪录片的收视率超过电视剧；同时，与中国传媒大学、中国视协纪录片学会、中国广播电视协会纪录片工作委员会以及纪录片界享有盛誉的专家的合作，不仅使教育台纪录片创作的节目质量得到了保证，而且使节目的创作更加专业化，使台整体工作质量和水平上一个台阶。这些节目的权威性和独特性以及这些人脉资源的权威性和影响力，是三频道的竞争力所在。这方面，可以叫做内容定位上的优势。内容定位优势带来的是节目的优势。

其三，中国教育电视台，背靠教育、文化、科技、卫生、环保、航天航空、军事，等等领域，这是教育台题材资源的根基所在，可以为纪录片频道提供取之不尽的题材来源，是三频道发展的坚强后盾。教育台从这些领域获得选题，发掘纪录题材，并借助他们的力量从事纪录片创作与传播，具有着比其他任何电视台更加得天独厚的优势。这方面，可以叫做资源优势。

W——劣势：

从三频道生存和发展的竞争环境来看，在中国电视进入数字频道时代之后，外部竞争越来越激烈，仅北京地区的电视频道就多达70多个，各电视台相继出台开办纪录片频道的策划，中央电视台、北京电视台更是利用其资源优势，对三频道形成泰山压顶之势。

从受众需求的变化态势上看，社会发展的多元化伴随着电视受众需求的多元化，社会进步促使民智开启、心态心智成熟，收视消费更趋理性多元。根据买方消费者需求分析，需求弹性加大，需求变化周期缩短，受众"讨价还价"能力增强，数字电视、IPTV、移动电视、手机电视等争奇斗艳，使类似三频道这样的传统电视面临严峻挑战。

从战略合作者的变化上看，三频道近年来影响力的扩大，同三频道的制播分离的运营模式密不可分。但这种模式的缺陷也十分明显，就是频道非常依赖合作节目，一旦合作节目出现问题，频道的收视就会受到严重影响。比如北京台利用其自身优势，率先抢购三频道的电视节目内容供应商大陆桥公司的《传奇》大片、探索频道的《探索》，对三频道造成影响。

O——机会：

在政策上，国家相关部门对电视纪录片的发展非常重视。国家广电总局明确指出，纪录片作为一种重要的影视文化载体，具有很深的文化内涵和很强的社会教育作用。影视纪录片对于繁荣我国影视文化产业，促进影视产业结构调整优化升级，推进影视产业国际化进程，增强我国影视产业的国际竞争力也很重要。

在受众需求上，北京受众是一个整体素质较高的电视观众群，文化程度高，关注国家大事，关心国计民生，关心社会政治，关注人的生存状态和自身命运。他们对具有较高人文精神的节目，有较强的收视需求。

在战略先机上，作为北京地区首家纪录频道，经过两年的培养，三频道无论在业内还是观众群中已形成一定的"收视认知"，纪录片频道的形象和影响力已经树立，领先于其他电视媒体纪录片改革的步伐；同时在《我的太阳》等大型项目的运作中，聚集了国内纪录片精英，初步形成了"中国纪录片人的舞台"的概念，在继续扩大影响的同时形成新的核心竞争力。

T——威胁：

威胁更多地来自于同类频道。

首先是央视的科技教育频道。央视的人力和财政资源优势使得科教频道具有良好的发展势头。北京台也在力争办纪录片频道，如果成功，会与教育台形成一定的竞争。所以三频道更应当加快节奏，遵循门槛理论，展开各种方式的运作，以实现捷足先登的目标，使之成为教育台加快发展的助力点。

其次，那些虎视眈眈的潜在的竞争对手。央视的老故事频道，境外的探索频道以及国家地理、历史等栏目，资金雄厚、制作精良、市场运作成熟，而且已经通过出售节目、发售VCD、DVD等在中国赢得了一定的观众群，并通过数字频道，逐步渗透分割收视市场。

眼观六路，耳听八方，心头有数，昂首阔步。

SWOT分析，让整个团队更加清楚明晰地认清了自己所在的位置，以及这个位置所拥有的一切，包括缺陷和不足。

不能不说的包装

　　"包装"是产品走向市场的一种重要手段。

　　频道包装是树立电视频道品牌形象的重要环节，是电视频道营销和推广的重要手段。它直接体现了电视媒体的经营、管理策略。

　　电视包装最根本的目的应该是从整体上提升媒体形象，提高传播效果，从而在媒体品牌的建立和维护过程中发挥重要作用。

　　电视台、频道、栏目，究竟哪一个是品牌的载体？对于电视人来说这可能是一个难以取舍的问题，但对于观众来说，直接面对的是几十个频道，而电视台是一个看不到、听不见的概念，频道的品牌形象直接影响观众手中的遥控器。

　　另一方面，随着频道专业化的迅速发展，电视逐渐向窄播化发展，收视人群由绝对的多数变为重要的少数，对于电视台而言，频道品牌战略有利于吸引不同的收视人群，从而实现利益最大化。

　　电视频道品牌意识就在于把各种有利于观众的资源充分调配起来。观众看到的已经不再是某一个栏目，而是一个完整的频道。我们所要呈现给观众的是一个良好的频道形象、它不再是各类节目的简单拼接，而是由一种代表频道形象，体现频道理念的形式多样的包装系统与具体栏目的合而为一，形成和谐的统一体，从而实现以频道包装这一服务系统拉动产品经营的目的。

　　颇具美术功底的康宁台长，对频道的包装有很高的要求，并提出了一系列基础理念和原则。陈宏理解，电视频道包装有两大任务。一是树立品牌，即完成电视识别，同时建立积极、正面、符合预期目标的品牌形象；二是引导、说服观众产生收视欲望。因此频道整体包装必须要传达一定的、准确的信息。

　　频道整体包装设计中，调研、定位和策划至关重要。

　　在定位原则上，人性化原则是第一重要的。从传播的指向性讲，电视频道的包装是一种向观众传递信息的方式，所以频道包装既要考虑媒体利益，更重要的是还必须充分考虑观众的利益。越具人性化的电视节目包装越可能赢得广泛的市场。电视频道营销宣传的目的是鼓励观众收看节目。对于观众而言，需要的不是对节目的评价，而是一个观看节目的理由。

其次是简单化原则。普通观众不会刻意地去观看电视频道广告，也不喜欢花时间和精力去解读广告创意。他们喜欢信息在眨眼之间清楚传递。所以在电视包装中，就应该去掉非主题元素，突出单纯主题元素，包括单纯的色调系统、单纯的音乐旋律。但是提倡单纯简约并不排除手法上的丰富、创意上的现代。形象片中意向的单纯是非常重要的，意向要做小，忌讳大而全。

频道包装的个性化和单纯化是相互依存的。个性必须依托单纯才能张扬，而在简单诉求中突出个性化风格则需要高度的艺术美感。个性化风格的体现有两种形式：一是电视频道独有的、竞争对手不具备的某种特性；另一种是率先提出，还没有被其他频道独占的普遍性概念。频道包装的个性化会使频道自身的经营理念全方位地释放出来，使观众在接受频道节目时感受到一种风格化的享受。

再有就是一贯性原则。品牌的建立是一个积累的过程，一定频率的不断重复才能产生品牌认知。所以在频道品牌维护的过程中，一定要保持品牌形象的延续性和一贯性。例如，国家地理频道、BBC、探索等著名频道虽然经历了数十年的不断包装改版，但频道ID、诉求甚至音乐主旋律都始终如一，其目的就是强化品牌认知。

应该说，正是这些大至行业全局，细至具体的符号运行的战略、策略和谋略，才切切实实地保证了"太阳花"没有任何悬念和意外地占到了行业的高端。

频道自2007年开办，迅速实现了中国电视传媒的三个"第一"：

第一个当年转为纪录片频道当年盈利的频道；

第一个纪录片收视率高于精品首播电视剧的频道；

第一个没有编导只有节目制片管理人员的频道。

花开盛世，纪录无疆；静听天籁，心向太阳。

蓬勃发展的中国当代社会，需要纪录片去刻录其进程；

弘扬民族精神，展示民族气魄，需要纪录片去宣示其内涵；

中国教育电视台第三频道，在中国纪录片界擎起了一面旗，托起了一片天。

50年的电视剧史

2008年，中国电视诞生的第50个年头。一个值得很好地回顾、梳理、总结中国电视剧发展经验的年头。

这一年，一部由中国教育电视台台长康宁博士总策划，张子扬、陈宏担任总编导，何京京任制片人，由数十位影视界、纪录片界的权威组成的顾问策划团队共同推出的20集纪录片《热爱电视剧的人们——献给中国电视剧50年》不能不提。

陈宏说，这个片子是由康宁台长提出创意和倡议由中国教育电视台及中国电视剧制作中心和中国纪录片学术委员会共同出品，参与策划、拍摄的有数百人，上至部长，下至剧务，可谓人山人海。

是什么牵动大家的神经？

该片总编导之一的陈宏深深认同作为总策划的康宁及众多顾问的看法：50年以来，电视剧作为当代中国最重要的一种文化现象，深刻影响了中国社会文化生态及民众生活。它不仅反映了当代中国政治、经济、文化的分化和融合，同时也对当代中国社会的时代风尚、价值观念、文化潮流产生着复杂和深刻的影响，成为人们抒发情感、陶冶情操、认识社会的重要途径。

电视剧已经成为当代人生活、情感和社会演化的"见证"，它的发展过程也成为中

纪录片《热爱电视剧的人们》

国社会发展进程的组成部分。《上海滩》中许文强戴着礼帽、围着围巾、身披大衣的形象成了80年代男人时尚打扮的标准；《渴望》中的刘慧芳，在很长一段时间内成为好女人的代名词；《编辑部的故事》风靡一时，观众对剧中的调侃、幽默、讽刺、戏谑至今记忆犹新；《金婚》中平凡的婚姻故事，让我们深深感悟到"执子之手，与子偕老"的爱的真谛；《亮剑》也已不再是一个故事，甚至也不再是主人公李云龙，而是传颂在老百姓言语间的"亮剑"精神。电视剧在当代社会生活中影响之大，不只是表象的，而是渗透到了人们的精神世界。

本片核心主旨"奉献给热爱电视剧的人们"，是作为总策划的康台长的一个建议。在她看来，在共和国电视剧的成长历程中，最值得感谢的，不是大导演，也不是策划、编剧演员明星，而是数以亿万计的观众。电视剧是中国大众最喜爱的一种虚构性叙事形态，因为他们爱看，他们喜欢，作为电视人的我们才会源源不断地有所贡献。

陈宏认为，康台长的这番话确实是意味深长。也正是这颗电视人的感恩之心，使本片包含了无可替代的片名元素。因此，陈宏建议索性就把此语作为这部纪录片的片名。建议一提出，立刻得到大家的赞同。作为中国电视剧50年献礼片，不能关起门来搞总结，它应该是整个国家和民族的一次文化活动，应该激发起所有热爱电视的人的愉快回忆。

我们几乎可以这样说，自改革开放以来，如果我们按年度把每一部重要的电视剧篇目连在一起，就构成了一幅中国当代社会生活的"清明上河图"。

一部部电视剧故事，紧贴着社会的脉动，将竞争意识、责任意识、法律意识、科技意识、创新意识、环保意识、权益意识、契约意识等，通过人物个性揭示了出来。谁能忽视电视剧对人们的思想观念和道德意识的积极作用呢？它不仅反映了当代中国政治、经济、文化的分化与冲突，同时也对当代中国社会的时代风尚、价值观念、文化潮流产生着复杂而深刻的影响。

所以，本片作为"中国电视剧50年"的献礼片，无疑是一部兼顾历史性题材的作品。

一大批表现观众喜闻乐见的电视剧，对于启迪道德良知、建设和谐文化、培育文明风尚发挥了特殊的作用。如《牵手》、《家有儿女》、《亲情树》等，以人性美的张力和艺术的渗透力使观众在得到审美愉悦的同时，陶冶和谐文明的情操和风尚。又如《结婚十年》、《守望幸福》、《香樟树》、《中国式离婚》等电视剧的热播和良好反应，说明它们满足了普通民众对人间真情、人性本色以及家庭和谐的精神向往，满足了普通群众在社会转型时期家庭生活发生深层变迁的心理体验，满足了普通老百姓日常生活中酸甜苦辣的情感呼唤，而这些精神向往、心理体验和情感呼唤又是不同年龄层受众的共同需求。电视剧在引领人们精神生活、陶冶情操，构建社会主义核心价值观，推动先进文化建设，发挥了不可替代的教育作用，是其他宣教作品不可替代的。

从中华文明的角度，电视剧对国家创造的文化价值是无可估量的，甚至远远大于广告收入、税收等给国家创造的经济价值。

毕竟，中华民族的复兴，也必然包含着中华文明的复兴。

中华民族现代文明的重构，应该说有四大来源：民族历史、革命传统、时代精神、人类文明。在这方面，中国电视剧的贡献，值得大书特书。在文化大繁荣大发展的时代，电视剧带领观众不断去寻找我们的精神世界。

我们的文化怎样由单一走向了多元？我们的心灵发生了多少震荡？我们的时代怎样融入了宽容的精神？谁来代表中国软实力？这些问题，我们似乎都可以通过解读共和国50年电视剧的发展历程而获得一些颇具价值的答案。

所以，这部片子，既可使我们从中解读中国电视剧50年历程的时代走向，展示中国电视剧事业的成功经验，弘扬中国电视剧人的创造精神，同时也是为理解电视剧提供一个广阔的社会视野，对电视剧观众的欣赏意识有所启迪，进而对中国电视剧产业的未来发展有所裨益。

确立了这样的基调，陈宏梳理了众顾问的意见：展现50年电视剧史，还不能沦为专题片。这部片子，如果要很好地实现以人为拍摄主体的立意，就必须把握好文献资料与历史口述者的关系。所以，该片应该以"史话"的形式呈现给广大观众。即以电视剧发展历史脉络为经线，萃取出20个能引起共鸣的话题为纬线展开讲述，全面反映中国电视剧50年辉煌发展历程，将这些话题用史实和史诗的形式加以表现，努力制作成如《史记》一样"史家之绝唱，无韵之离骚"的优秀纪录片作品。

史话，意思是历史话题，话说中国电视剧历史。史话这一体例，就框定了这部片子的形态与风格。在这样的框架中，陈宏认为，片中的口述历史与文献资料同样重要。所以，片子的编导们一定要学会讲故事，环环相扣，每一个故事都要串联起来。让观众在欣赏本片时，形成强烈的收视期待。用这种方式，赋予这部片子传统章回体小说那样的悬念魅力。同时，片子的整体基调不要过于沉重，要生动活泼，引人入胜，"好看"仍然是基本要求。片子要从史话体的角度，重新解构电视剧50年方方面面的事情，所以内容不能求全，视角不能贪大，要剑走偏锋，巧取切入点。而且，由于片子容量有限，所以整体上要由隐含的主题来约束，每一集要独立成章，各集内容互不交叉，各集风格因话题不同而有所差异，集与集之间有内在的逻辑关系。

在切入方式上，熟悉观众的陈宏非常强调重视相关的新闻点和故事——他希望能从新闻事件或老百姓的日常生活入手，由现象到本质，逐步阐述电视剧和社会发展、转型的关系，节目不应成为纯理论的说教片。

出于中国社会的特殊情势，陈宏认为，这部片子的内容本身，也就决定了必须关注国家政策对电视剧发展的影响。在这样的前提下，片子还必须抓住转折点。政策转折、经济发展转折，最终都落在了具有转折性意义的电视剧本体。比如，1983年，在还没有专门的电视剧频道（央视第八频道）的情况下，《雍正王朝》这样的电视剧要放在中央一套播，而当时的主旋律必须要是现实题材的。剧组就对台里讲，关于电视剧的题材，有一个文化传承的问题，多样化本身就是主旋律。说通了，就成为电视发展的一个转折点。

而在韩剧引进之初，没人觉得有什么政治问题，韩国和中国在近现代少有国家层面上的利益冲突，而且韩剧在当年极其便宜，在中央台播也没有安排在黄金时段。但"非典"的爆发，救了韩剧的场。"非典"期间的"假日拉动"，使韩剧一夜之间风靡中国大陆，这是所有人始料未及的。到《大长今》，韩剧包括附加产品对市场份额的占有已达到了前所未有的程度。也就是从韩流现象开始，人们才真正意识到了文化的软实力。

在话题推动上，这部片子每一集设定一个话题，每个话题诠释中国电视剧发展史上的某个特殊时刻或里程碑性质的事件，挖掘事件背后的人物和故事。故事在整体上由编剧、导演、演员、制作方、投资方、购片方、普通百姓的口述实录和影像资料片段构成。以怀旧为基调，从平民的视角出发，讲述发生在电视剧领域或隐或显的重要事件及感受，"小故事大历史"地梳理电视剧50年的发展历程。

在情感表现上，片子的每一集都要用很大的篇幅让老百姓发表意见。比如农村题材电视剧你最喜欢什么？一提到电视剧你首先想到哪一部？为什么？在采访中告诉他们，你的情感、你的悲悯、你的仇恨，都可以说。最后从专家角度进行分析。

在整体风格上，这部片子期待能以强烈的视场，给观众风云际会的震荡。风云变幻50年，在电视剧的市场角逐中，有人一夜成名，有人生离死别，有时英雄辈出，有时前景黯淡。悲欢离合中，观众能认识和了解电视剧50年的发展历程，重温过往生活的感受，引发对于表象之下的更深层次的思考，同时为中国电视剧史留下可供研究借鉴的历史资料。

在经过几番讨论、修改之后，创作组决定，片子的主体内容，是以电视剧发展历史脉络为经线，以有影响的剧目、角色、事件、主题曲、技术发展、制度创新、时代背景、受众反响等话题为纬线展开讲述。在具体展开上，包括以下几大方面：

一是标志作品。

中国电视剧50年，必须把具有标志性意义的作品一一呈现出来。

第一类，带有里程碑性质的作品。我们这50年有哪些作品具有地标的意义，把这些作品列出来，就像我们讲电视剧角色一样。尽管《一口菜饼子》很不成熟，它毕竟是中国电视剧的开端，是历史第一页，我们必须通过亲历者的情景再现，告诉观众当时的直播是怎么回事儿，这本身就具有一定的奇观效应。中央电视台出资350万收购《爱你没商量》，杨台长为什么要买这部当时就被大家认为是质价背离的电视剧？为什么说这是一次敲开了中国电视剧市场大门的举动？

第二类，大家公认的好作品。从20世纪80、90年代的《渴望》、《北京人在纽约》、《编辑部的故事》，到如今军旅题材的《士兵突击》、青春题材的《奋斗》和《我们那遥远的青春》以及婚恋题材的《金婚》等，这些都是普通百姓的文化大餐，成为人们茶余饭后的聊资，它们是中国电视剧50年风雨历程最靓丽的风景。

第三类，代表了独特的文化现象。比如东北风谁先吹起来的？为什么说是《刘老根》把农村戏冲出来了？还有一些单本戏、合拍戏，各个门类的标杆是什么，观众最热门的是哪个，大片是哪个，情景喜剧是哪个，戏说以什么为代表，怎么出来的，等等。

二是产业故事。

第一类，重大历史事件。如1967年北京电视台（即现在的中央电视台）拍摄了电视剧《考场上的斗争》，这是中国电视史上第一部不采用直播而采用黑白录像设备录制的电视剧。1975年，在彩色电视试播后两年，北京电视台播出的《神圣的职责》成为了最早一批彩色电视剧。这些电子技术的缓慢进步为后来中国电视剧的迅速发展提供了技术准备。又如2000年，广电总局一道"关于在各电视台黄金时段禁播境外（包括港台）剧"的禁令，给内地一直低迷的电视剧市场带来异常的繁荣，改变了几乎每一个电视剧从业人员的命运。

第二类，逸闻趣事。比如《三国演义》当时什么都定下来了，突然王健几个人商量，是不是应该有一个主题歌，然后王健马上就写出了最后的主题歌。本片的逸闻趣事是要有品味的，在电视剧发展史上起过一定作用的，是值得我们去纪念、去思考、去回味的久远记忆，能够更加真切地记录电视剧人一步步成长的历史足迹。

第三类，电视剧的制作花絮。电视剧的制作花絮是本片非常具有可视性的重要内容，尤其民营企业很注重花絮。中国电视剧人到国外拍戏，因文化的差异，扛着机器被警察追来追去。还有现场的拍摄花絮，包括演员的生存方式等，可以客观地呈现电视剧人的原生状态。

三是人物故事。

第一类，普通百姓。各行各业的平民百姓，结合自身的经历，讲述电视剧对他们切身的影响。这样的故事真实，带来的思考深刻。像《钢铁是怎样炼成的》，影响了一代代青年人。很多的电视剧，剧中人物的魅力，甚至影响了观众一生。要挖掘出被一部电视剧改变人生选择的故事。

第二类，历史见证者。包括主创和人物扮演者，他们是为中国电视剧50年建功立业的人，是本片重量级的人物。比如《一口菜饼子》，虽然是直播，但是现在演员、编剧、导演都健在，将成为本片的重要嘉宾，为我们回溯历史提供见证。《敌营十八年》、《阿信》等已经久远的电视剧，剧中的那些演员，当时还是少女小伙，现在已是老奶奶老爷爷了，时间的跨度印证了艺术的永恒。

第三类，亲历者为我们讲述银幕形象及镜头背后的故事。每个演员都有与众不同的演艺人生，也许他在当时只是一个小角色，但他提供的闪光灯背后那些不为人知的故事依然弥足珍贵。本片还将追溯演员的成长经历，展示各种心酸、奋斗、矛盾、感激、成功、失败，还原真实的幕后生活。

第四类，编剧、导演的创作经历。电视剧之所以卖座，除演员的演技之外，首先要有一个成功的语意底本，其次还要把这个底本变为影像。本片理应揭示编剧、导演的创作经历，把他们不同的创作历程展示出来。

第五类，主题歌的创作者。《渴望》、《北京人在纽约》、《水浒传》的主题歌流传至今，本片要讲述这些著名歌曲的词曲作者的创作经历，以及这些歌对当时人们的深远影响。

第六类，配音者的故事。在后台配音的人是电视剧创作中的无名英雄。电视剧在很大程度上是靠语言，很多电视剧演员是不说话的，都是别人给配。尤其是译制片的配音，带给了我们不同民族的语言魅力和风趣幽默，对中国电视剧的发展影响极大。

第七类，电视剧市场中的"北漂"一族。20世纪90年代的电视剧市场，离不开这样一群人，他们就是所谓的"北漂"一族，包括导演、编剧、摄像、演员等，他们形成了一个新的就业群体，有些人过着甘苦的生活，有些人成名立腕，比如刘烨、周迅等等。90年代的电视剧发展和这个群体的付出是分不开的，本片将关注这一群体的生存状态，挖掘光芒背后鲜为人知的故事。

四是制作机构。

第一类，中国电视剧制作中心，编号0001号，拍出了四大名著等许多重磅级作品。再如中国教育台从自身定位出发，拍摄了应急抢险题材的《非常24小时》和5分钟100集新媒体短剧《先下后上》等。

第二类，各地方电视台的电视制作中心。如北京电视艺术中心，拍出了《渴望》、《北京人在纽约》等不同时代的经典作品，京腔京韵，影响巨大。

第三类，电视剧民营公司的整合。现在2000多家电视剧制作单位，不断进行重新洗牌和资源整合，发生了许多吸引电视剧市场关注的投资行为。如2006年12月，浙江影视集团、华谊兄弟等6家成立了现代题材电视剧制作集团，每年投入资金3个亿拍戏。从种种投资冲动的归纳中梳理出中国电视剧市场的发展走向。

五是政策推动。

第一类，金鹰奖、飞天奖评选活动等；

第二类，各地电视节对电视剧交易的重视；

第三类，各大电视台发起的电视剧文化活动等。

六是市场机制和国际视野。

制播分离机制走到今天，电视剧生产与消费的新的市场模式也是这部片子不能不说的一个方面。更进一步讲述，还应包括在世界风云变化的背景下，世界其他国家为推动电视剧的发展制定了何种创意扶持的经济政策，中国室内剧如何受拉美影响，走了短平快、周期小见效快的路子等等。

此外，这部片子虽说是编年体，但并不是严格按年代划分，而是突出电视剧发展特殊的阶段性。通过对历史的分析，片子把中国电视剧的发展历程分为以下几个阶段：

中国电视剧的开创试验阶段（1958~1978年）。这一时期，由于受制作条件和技术条件的限制，电视剧都是在现场搭置的实景中拍摄并同步直播，并具有明确的政治教育主题，故事基本都是对国家政策的直接阐释。

中国电视剧的发展转折阶段（1978~1987年）。这一时期，中国出现具有社会影响力的流行电视剧，电视剧的政治意义淡化，消费意义开始被重视，通俗电视剧成为主导形式。

中国电视剧的市场繁荣阶段（1987年至今），这一时期，电视台的经济运作体制开始多样化。到90年代后期，电视剧的发展受民营资金的影响显著，市场的商业运作呈规模化趋势，电视剧的生产和流通越来越受到市场规律的支配，市场和政府共同构成了电视剧发展的内在驱动力。

在结构上，《热爱电视剧的人们——献给中国电视剧50年》分五部，每部4集，每集30分钟。其中，第一部《五十芳华》，由1、2、19、20这四集构成；第二部《生活变迁》，由3、4、5、6这四集构成；第三部《精神再造》，由7、8、9、10这四集构成；第四部《视界革命》，由11、12、13、14这四集构成。第五部《繁荣发展》由15、16、17、18集构成。

2008年年末，片子在中国教育电视台第一套、第三套如期播出，收视效果超乎预计的好。

此后，中国教育电视台研究室的张志君主任和张婧莹同志曾在著名的传媒类学术刊物《现代传播》上发表了题为《科学与艺术有机结合的有益尝试——大型纪录片〈热爱电视剧的人们〉创作方法论初探》的文章，专门讨论这部片子的方法论。文章认为，纪录片创作从某种意义上也存在着科学与艺术、逻辑思维与形象思维是否需要结合、如何结合等问题。一部优秀的纪录片往往都充满科学的严谨和艺术的灵动。《热爱电视剧的人们》这部片子，就进行了科学与艺术、逻辑思维与形象思维有机结合的有益探索。该片的创意策划团队以及管理团队，自觉地努力按照科学的世界观和方法论去从事和指导本片的创意策划与生产，并尽可能用包括但不限于项目管理的行之有效的方式积极予以推进，因而从某种意义上来说，已经初步达到了杨振宁先生所说的科学与艺术在山脚下分手，在山顶上会合的效果。这一点不仅是对中国教育电视台近年来纪录片创作的一次突破，从某种意义上来说，也是对中国本土电视纪录片进行相关创作时的一次突破和有益探索。在这个意义上，《热爱电视剧的人们》已经不仅具有一般的文本和一般的电视纪录片的意义。

2009年3月，该片荣获"纪念改革开放30年电视纪录片论坛暨改革题材优秀电视纪录片"优秀作品奖和"纪念改革开放30周年纪录片"展赛金奖。业内同行的肯定，似乎正是对上述方法论角度研究性肯定的正面回应。

电视史年度大事

2008年灾难报道：汶川地震电视报道

2008年，百年中国，永志难忘的一年。8月8日，北京奥运会盛大开幕，浓墨重彩之下，改写了中国历史。但在3个月前，也就在这块土地上，却发生了一场震撼世界的灾难。

2008年5月12日，四川汶川，8.0级特大地震，烈度高达11度。70000余同胞在震难中丧生，受伤37000余人，失踪17000余人，极重受灾面积达10万平方公里，直接经济损失达8452亿元。

地震发生后几个小时，国家总理温家宝立即赶赴现场，指挥救灾。这一果决的政府行为，引起了国内乃至国际的关注。

5月24日，地震后第12天，温家宝总理在映秀镇的废墟上主持了一次别开生面的记者招待会。"这次救灾采取了开放的方针。"总理宣布。作为开放的具体内容之一，总理说："我们欢迎世界各国记者前来采访，我们相信你们会用记者的良知和人道主义精神，公正、客观、实事求是地报道灾情和我们所做的工作。"

——就在地震发生之前的10余天，也就是2008年5月1日，《政府信息公开条例》开始实施。

汶川的震痛，痛出了一个开放透明的新中国。媒体全方位地跟踪报道，用数据堆出了一幅无法用言语来描述的惨烈景象。大地震以无数生命尤其是成千上万的孩子们的生命为代价，给所有中国人上了刻骨铭心、撕心裂肺、永生难忘的一课。将开放进行到底，将透明进行到底，这样的呼声，正成为社会的新共识，信息公开正汇聚成社会的最强音。

《南方周末》编辑部曾撰文追问过：

"共和国历史上，从来没有什么时候，公民可以这样自发地组织起来广泛参与救灾；

"共和国历史上，从来没有什么时候，多支国际救援力量可以这样直达救灾现场；

"共和国历史上，也从来没有什么时候，信息可以这样广泛流通，媒体可以这样广泛追问。"

有关这一切，既是中央政府自身的变革，也是媒体人的一次集体转型。中央政府以救人为救灾的最高目标，在理念上完成了以生命价值为国家最高价值的历史性转化；而且，在实践中，媒体全身心参与进来，以自身的渠道作用成为让现代理念落地，让政治跟人性握手，让政治跟现代文明接轨的具体路径。而这条路径便是更开放，更透明。

地震发生之后，反应最为迅速的媒体当属网络和电视，而电视的被关注度则毫无疑问地超过了网络。在这场或许是中国新闻史上最重大的有关生命的崇高与人的尊严的电视转播战中，央视、东方卫视、四川卫视等国内多家电视媒体无不以前所未有的全员参战，竭力掌握汶川这场新闻战的全球主导权。

震后两小时，中央电视台就开始了直播报道，反应速度之快，无人可及。从一开始，央视便将报道视野定位在高和广的位置，讲求全局性，在报道过程中看重民生效果，这或许与它"一哥"的身份有关——大灾面前，只有民生，才是最大的政治。在随后的时间里，央视直播的规模不断扩大。除了《新闻联播》、《焦点访谈》等几个主要栏目外，新闻频道的主要专题节目，像《新闻会客厅》、《东方时空》、《新闻1+1》等栏目全部停播，整个频道全天24小时对灾情进行直播。作为中国电视媒体的旗舰，央视凭借自身优势，一改平日"慢一拍，遮大半"的争议形象，冲在了地震报道队伍的最前面。就在那一瞬间，央视打破了自己在广大受众心中的刻板印象，换取了新鲜开明的重生形象。

作为本土媒体代表的四川电视台，凭借对所在地区的熟悉和了解，在展示草根和反映民生方面或许比央视更有优势。四川电视台将自己大部分的新闻力量放置在灾区周边的城镇里，对灾区中心的报道多引用央视报道，自己则将镜头对准更多普通的民众，将他们的感受记录下来，走最亲民的路线，用传媒的力量煨成温暖的心灵鸡汤，向世人传达坚强和乐观的信念，力图在央视的辐射力量下进行突围。地震后的第2个月，本土电视传媒转而进行大量的城市形象重塑，用行动来告诉世人，地震后的四川依然美丽。

代表外埠电视传媒之一的东方卫视，在地震发生后的第一时间，就派出40多名采编、技术人员奋战在地震灾区，力争能够深入现场进行报道；后方的集团则统一部署于5月13日在省级卫视中率先推出大容量的特别报道，并于5月16日至18日进行了90多小时全天候直播。此外，他们还积极与四川、北京、香港等媒体以及上海的医疗队、特警、消防局等参与救灾的部门联系，挖掘新闻线索，并寻求四川省电信公司的支持，在灾区十分紧张的通信资源中，架设了一根2M网络专线，以保障新闻传送。尽管东方卫视也遭遇了类似四川本土电视一样的问题——第一手资源不够丰富，但他们凭借自己的特长，硬是开拓了一条全新的地震报道之路。以东方卫视为代表的外埠电视，他们的着力点不仅有关于灾区中心情况的报道，更有兄弟省市是如何对灾区进行对接和援助的这样一些报道。

在这一场空前盛大的传媒大战中，各地电视都使出了浑身解数，身心俱齐地投入地震报道当中。也正因为如此，才出现了诸如赵普、文静、康辉、海霞、宁远等感同身受的主持人，在镜头面前哽咽、流泪，真正体现了"我首先是一个人，然后才是传媒人"这一微言大义。

在这次大地震中，政府、媒体、受众的议题达成了同构。换句话说，举国上下，无论任何行业，在那个时刻，焦点都聚集到了灾区、灾情和灾民。作为传媒先锋军的电视媒体，在这一次突发事件中所表现出的透明和奋进，不论是在国内还是在国际，都赢得了前所未有的尊严。我们有理由相信，在地震中倒塌的不只是豆腐渣建筑，倒塌的更将是旧的电视新闻观念，一种全新的社会规则正在从大地震的废墟上崛起。它向我们展示了中国社会发展的另一种可能性，中国人生存状况的另一种可能性，还有中国电视媒体前进路途的另一种可能性。

第四篇
走向蔚蓝 (2009~)

我们驰骋双眸，眺望水天相接的恢弘，去感觉千溪万河的幽邃之水全然奔涌而来的涤荡；
我们凝神静气，吸舐天朗气清的柔煦，去喟叹人世如海、岁月如潮的浩瀚与绚丽。
我们面朝大海，燃起起锚的火炬；我们面朝大海，装备执著与坚毅。
瞄准海平线的那边，寻找未来的未来，也寻找开始的开始。
我们用脚丈量大海的身躯，用手触碰天空的额际；
我们需要，用亘古恒远的英雄豪情，锻铸出一轮崭新的太阳。
迎着这鲜活的朝阳，我们携手并肩，
走向蔚蓝。

蔚蓝，是辽阔的颜色

一个人时，陈宏常想起杜甫那句"上有蔚蓝天，垂光抱琼台"。

西方的性格学说，蓝色是一种沉稳的颜色，它指向的性格优势是内敛深沉、谦虚谨慎、善始善终、严格自律、善解人意等。而其不足则是：比较缺乏灵活性、较真、过于追求完美等。其实，这些词汇所隐含的，似乎就是一个不畏艰难险阻而献身于取经大业的玄奘式的执著者。

陈宏说，虽然他不相信颜色与性格相关的学说，但至少"执著"这一点是说准了。十多年来，他在电视领域，尤其是在电视纪录片领域孜孜不倦地探求"真经"；现在，也仍在路上。

2009年春节里的一天，夜已深沉，正准备结束一天工作的陈宏，从案头站起来，伸伸腰，信步来到靠阳台的窗边。看着窗外颇有几分迷离的灯火，感受周遭袭来的寂静，刹那间，陈宏感觉自己似乎置身到了海德格尔的"林中路"。

多年来一直酷爱哲学的陈宏，很早就知道，人生需要静心，需要静思。只有静于心，才能通天地之感；只有静于内，才能体悟梭罗《瓦尔登湖畔》的谧美；也只有静于"此在"，才能向着海德格尔所言的"基于原始对立的逻各斯在展开自身生命过程中所形成的世界"问寻原始生命的终极。

只有能静心和静内的人，才能在光明中洞察黑暗，也能在黑暗中畅想光明；能在琐碎中超脱，也能在激流中浪遏飞舟。在海德格尔所言的"林中之路"中，静，才正是这弥漫心灵的、广博而廓大的庄穆之幕。

在这样一个岑寂的深夜，让身心在满屋的静谧中沉醉，用这份澄净，去哲思、去漫步，去解读满布暗喻的明天。

明天，总是让人充满期待和幻想。

一段时间，陈宏很认真地研读了"蓝海战略"。

蓝海战略，是2005年韩国的W·钱·金和美国的勒妮·莫博涅在其合著的《蓝海战略》一书中提出了纵横商业世界的新战略。

刚接触这个概念，陈宏就被其中的核心思想所打动。在蓝海战略的思维视界中，"红海"是竞争极端激烈的市场，但"蓝海"也不是一个没有竞争的领域，而是一个通过差异化手段得到的崭新的市场领域。在"蓝海"里，企业可以凭借其创新能力获得更快的增长和更高的利润。蓝海战略认为，在商业世界中，如果总是聚焦于红海，就等于接受了商战的限制性因素，也就是让自己总在有限的土地上求胜。运用蓝海战略，视线将超越竞争对手而移向买方需求，跨越现有的竞争边界，将不同市场的买方价值元素进行筛选并重新排序，在这个基础上，重新结构自己的定位选择，从而向改变市场结构本身的方向转变。

简单地说，红海就是红色的大海，位于防鲨网的范围之内，水质混浊，营养贫乏，但是人很多，竞争激烈；而蓝海，也就是蓝色的大海，位于防鲨网之外的海之深处。那里，水质和营养物都很好很丰富，范围也相当广泛，竞争的人也比较少；所以，在蓝海，竞争的获胜者将得到比红海多得多的利益。

环顾周遭，眺望远方，陈宏在寻找电视产业的"蓝海"。

广电总局的资料显示，截至2009年10月，全国共有电视台277座、教育电视台45座、广播电视台2069座；电视机的社会拥有量达到5亿台，电视人口综合覆盖率达到96.95%；开办电视节目3199套、数字付费频道179套；电视节目播出时长比1982年增长了392倍；全国有广播电视节目制作机构3343家、持有电视剧长期制作许可证的机构132家；有线电视用户达到1.63亿户。同时，网络视频发展加快。互联网视听节目服务网站达320余家，国内收视用户超过2亿，同时辐射180多个国家和地区；IP电视集成播出平台在部分试点城市设立，用户规模达百万级；超过200万手机用户正在体验通过移动通信网络提供的手机电视服务。公交移动媒体在2009年高速成长。电视产业收入近年来呈稳步上升趋势。2008年，全国广播电视总收入为1583亿元，比上一年增长了14.5%，其中广播电视产业收入1350.04亿元，年增长19.54%，增速有所提升。广播电视产业收入超过50亿元的省、自治区、直辖市达到7个。2008年，电视剧产量达到502部、14498集；国产电视动画年产量达到249部，逾13万分钟；电视节目年生产264.19万小时，比上一年增长了3.47%；电视广告收入609.16亿元，年增长17.32%；有线电视网络总收入369.5亿元，年增长20.47%；付费数字电视收入14.22亿元，年增长70.55%。

从1993~2009年，这17年间，中国电视产业已经变成一片浩瀚无比的红海，海里的人，都在争着有限的观众资源、广告资源；而且商业模式是简单而又明晰，产业链单一而又脆弱。

电视产业的"蓝海"到底在哪里？

这是站在频道之巅的陈宏思考已久的问题。

大传媒时代来了

2009年，电视界的大事不断：上海文广新闻传媒集团再次卡位抢道，赶在央视网积极筹备成立"国家网络电视台"的当口，其下属的上海东方宽频公司抢先发布了成立"回看式"网络电视"上海网络电视台"的消息。这一抢先的效果，就是上海文广集团在电视、电脑、手机"三屏融合"的道路上，最早获得了国家相关部门颁发的新媒体业务牌照。

在三屏融合的道路上，湖南广电也不甘示弱，频频出击网络媒体，除了与盛大共同注资6亿元成立盛视影业之外，还单独推出了"芒果TV"，正式进军网络电视业。

2009年9月1日，新华社手机电视台在中国移动、中国电信和中国联通全面上线。这三家运营商的适配手机用户，都可以随时随地看到来自新华社的全球电视新闻节目。

来自传媒业，尤其是电视业的这些举措，无不昭示着——大传媒时代真真切切地来了。中国电视业，正在迎来新一轮市场整合。

其实，早在2008年7月，《传媒》杂志社就组织了一次关于"大传媒时代"的讨论会。讨论会后，《传媒》在其杂志的醒目位置刊发了关于这次会议的策划人语。其中谈到：

"如果说很长一段时间以来，我国的传媒企业都还是处于争夺土地建立王国的骑士时代，那么汶川地震中中国媒体前所未有的整齐划一的表现是否可以理解为，中国传媒大航海时代的到来？

大航海时代也就是大传媒时代。在这个时代里，我们看到的不再只是单一媒体形态的发声，更多的是包括传统媒体在内的各种媒体形态的不断离散与融合；在这个时代里，我们看到任何传媒的商业价值不再局限于组织内部，任何媒体都不再是单一与孤立的，他们必须在整个行业甚至社会范围内寻找与整合其他一切力量，搭建一个新的共享的传媒平台，把集体的智慧和天才的力量发挥到极致……"

的确，在数字化技术日新月异的今天，以网络为代表的新媒体，正在终结注定应当属于传统的那个单一与孤立的媒介时代。这一点，2008年那场举世震惊的汶川大地震中的媒体表现，就是最好的证明。

对传媒稍有了解的人们可能也都知道，在地震期间，尤其是地震救援期间，网络是媒体战场最突出的亮点。

地震发生后，人们迅速通过MSN、QQ等网络即时通讯工具描述和交流地震时的感受和经历，各类网站迅速发布消息。地震发生18分钟后，新华网开始发布权威消息。短短几小时，新浪、搜狐、腾讯等知名门户网站已将海量新闻以专题的形式突出在首页头条位置。国务院新闻办网络局副局长彭波称，截至5月19日晚10时，人民网、新华网、中国网、央视网共发布抗震救灾新闻（含图片文字音视频等形式）共12.3万条，以此为主要新闻来源的新浪等几大门户网站共转载整合发布新闻13.3万条，上述网站抗震救灾新闻点击量达到116亿次，跟帖量达到1063万条。

这些现实状况，无一不是在告诉人们，中国媒体已经进入一个全新的时代，即大传媒时代。这个时代里，传媒越来越显示出强大的力量，其最明显的特点就是整合。

不过，这种整合，并不是以其他媒体的消亡为前提，而是以各媒体的相互融合为前提。当然，在这个融合过程中，传统媒体业已形成的、传统的优势地位难免被削弱。也正是这种削弱，催迫着传统媒体应加快"升级"。

正是出于对电视"升级"的紧迫性的认识，IPTV俱乐部秘书长汪海天先生尖锐地提出"大传媒时代，电视将终"的观点。

他认为，自从中国进入宽带互联网时代之后，甘心守在电视机前的人已是越来越少。电影可以点播，电视剧可以在线看，电视节目可以开个小窗口边聊天边看……他进一步解释说，电视将终，并不意味着人们都不看电视节目了，而只是不再使用那个传统意义上的电视。人们将打开电脑看电视。同样，电视机也不再单纯，而是插上了电脑的翅膀。

出于这样的判断，汪海天断言，数字化，使得传递电视内容的媒介完全发生了变化，那个专门用来看电视的东西可能也快要消失了。因为数字化以后，网络之间不再有鸿沟，都是信息网络，都是数据业务，一个终端可以满足各种需求。

所以，传统意义上的"电视"，尤其是传统意义上的"电视"的收看行为、传播行为将要终结，将要成为历史！

如此一来，原有传媒业界的生态、媒体组织形式、大众传播格局、信息传播方式、传媒市场版图，以及传播观念、产业形态、法律规定和受众生活方式等，都将发生极大的改变。

春江水暖鸭先知。常年在电视市场打拼的陈宏，早就练就了比一般人更敏锐的嗅觉。就在"山雨欲来风满楼"之前，陈宏就已经开始思考，对于电视人，大传媒时代之"大"，到底意味着什么？

在他看来，大传媒时代之"大"，主要表现为三个方面：

一是新媒体的影响力日益增大。

工业和信息化部发布的数据显示，截至2010年一季度，我国网民总数达到4.04亿人。其中，社交网站的用户群达到1.91亿人。

统计显示，目前，互联网已成为很多人生活、工作、学习不可或缺的工具，正对社会生活的方方面面产生深刻影响。

不管是2008年的南方雪灾、藏独事件、汶川地震和传播北京奥运，还是2009年的金融危机、甲流疫情、建国60周年等重大事件，网络也都展现出了超乎寻常的反应力、号召力和影响力。

2009年6月，中共中央总书记、国家主席胡锦涛来到人民网，首开我国领导人与网民在线交流的历史先河。

也就在这一年，中国广播电视协会等3家单位为评价中国电视影响力，提出"网络影响力"这一新的评比指标，打破了原有以收视率为主要标准的陈规，并首次评出最具网络影响力的十大电视事件、十大省级卫视频道等。陈宏兼任总监的中国教育电视台第三频道也获得全国最具网络影响力的十大地面频道之一。

二是媒介融合的日益加剧。

进入21世纪以来，网络电视、IP电视、手机电视、移动电视、楼宇电视等"新型电视媒体群"迅速兴起。这些新兴"电视"，有的具有互动性，有的具有便携性，有的具有随机性。也正是利用这些或者那些的特性，它们瓜分着，并将日益扩大化地瓜分着传统电视的市场。电视当然不能无视这些新兴"电视"的力量，唯有融合，方能发展。

三是人人传播的趋势日益凸显。

传统意义上的电视，以单向传播为模式。这种模式，信息接收者完全是被动的，他们不仅没有信息的选择权，而且也没有意见权。以网络为代表的新媒体，颠覆了这样的传播模式。在新媒体所遵循的传播模式中，传受合一，每个传播参与者都有机会充分发声，彼此间平等互动。人人都是接受者，人人也都是传播者。

平等、互动、参与，是这一传播模式的最强音，也是这样的媒体所型塑出来的时代最强音。作为媒体人，谁要是无视这个最强音，谁就迟早要被时代抛弃。

这也就意味着，在大媒体时代，所有的电视节目和这些节目所生产出来的电视文化，都面临新的传播环境。

一部电视文化史告示我们，任何电视文化潮流的形成与发展，都是与传播环境紧密相关的。如果说，在改革开放之初的二十世纪七八十年代，我们电视文化所处的传播环境的关键词是"反思"，那么八九十年代的关键词就是"多元"，21世纪的关键词就是"融合"。

21世纪的第一个10年，传播科技与文化生产相互借力并快速发展，使得电视的频道资源在丰富性上大胜于前。频道资源的大提升，极大地改变了电视的传播环境。在这个环境中，电视观赏的随意性、随机性、零散性大为增加。而且，随着电视数字技术的迅猛革新，电视频道跑马圈地似的过度膨胀似乎永无休止，各类电视节目在内容上的同质化、花样百出的娱乐选秀节目的无序化，都在不同程度地恶化着电视节目和电视文化的传播环境。

在这个以浮躁、开放、多元、融合来概括的电视传播环境中，电视节目的生产者们，是选择生产"笑"，来娱乐或愚乐观众，还是选择生产"静"，来愉悦或导化观众，这确实是个问题。

放在纪录片这一块来看，大传媒时代，也就是新媒体与电视嫁接的时代。这个时代，影像民生化、作者业余化和草根化的风潮势如破竹。曾经被住在乌衣巷里的人们执掌的传播工具，逐渐飞入百姓家。在悄无声息之中，曾经的专业电视人，正面临一场胜负难辨的技术变革的竞争。而竞争的另一方，不是任何意义上的"自己人"，而是群体化的"业余人"。

在这个视频与剪辑技术业已大众化、播出平台业已网络化的大传媒时代，电视人的制作环境面临着专业权威的危机；传统电视，则面临着传播渠道威权的危机。

如何化危为机？答案只有一个——蓝海之道，融合为上。

谋划纪录片网上交易平台

还是在那次《传媒》组织的关于大传媒时代学术讨论会，新华社新闻研究所中外媒体发展战略研究中心主任唐润华先生特别指出：大传媒时代需要大视野。

他认为，这个大视野，至少应当包括两个方面。一方面跨媒体经营。传统上，报纸、广播、电视等不同介质的媒体分工明确，井水不犯河水，媒体经营者也习惯了单一媒体的经营和管理模式。但是，在数字化技术为核心的新媒体迅速涌现的今天，跨媒体经营必然会成为大媒体背景下传媒业发展的必然选择。

另一方面是跨国界的传播和经营。新媒体的发展，全面促进了"世界是平的"发展趋势。在世界任何地方，信息的发布和接收都可以做到几乎完全同步。在这种情况下，信息传播越来越没有对内和对外之分，越来越没有保密与公开之别。因此，媒体管理者和从业者必须具有跨国界传播和经营的意识，在信息传播活动和经营中，逐渐摒弃过去那种完全以自我为中心、以单一媒体为中心的信息价值观和信息经营观，使自己在信息传播的观念、行为和经营等诸多方面，全面全球化起来。

对此，中国教育电视台的领导者深以为然。康宁台长在不断抛出问题让大家思考，面对这个变化总比计划快的时代，面对新旧传媒的激烈角逐，面对观众市场收视习惯的变迁，电视台的节目建设实践如何跟上时代的步伐？纪录片经营如何搭上新媒体的时代列车？

按照康台长的思路，陈宏和他带领的执行团队决定快速启动"四套马车"。

第一套马车：纪录片网站

陈宏认为，网络电视的诞生与发展，为纪录片的传播提供了最有效的平台与途径，暗合了纪录片的市场特点——纪录片的需求定位不是大众化的，而是小众化的；纪录片一直在寻找一个个基于个性化需求的市场平台。网络电视，恰好为那些需要这类个性化产品的人们提供一个可以不受时空限制的收看平台。

传统电视的大众化，与纪录片的小众化，存在着显然的内在矛盾，在关照大众与满足小众之间，传统电视的经营者们常常处于无可奈何的两难境地，在需求和供给之

271

中国教育电视台与美国探索频道合作《看中国》——先锋导演计划。从左至右：时任中国教育电视台总编辑助理兼三频道总监陈宏、中国教育电视台台长康宁、DISCOVERY亚洲区节目总监魏克然、DISCOVERY亚洲区副总裁张方（左图）
在美考察期间，与美国密歇根州官员合影（右图）

间难以达成有效的交易。长理理论给予了最好的诠释。

无远弗届、无限广阔、海量存储、超越时空的网络电视，可以让分散在全国乃至世界各地的观众实现节目共享。换句话说，在网络电视上，每个希望看到某一纪录片的观众，在任何地点、任何时段都能看到。这也就是说，正是通过网络，纪录片的观众在一定程度上获得了真正意义上的最大化。

基于此，陈宏认为，立足中国教育电视台太阳花纪录片频道，完全可以建立起一个覆盖全球的纪录片在线电子商务平台。这个平台，也是纪录片制作方、投资方、播出方的共赢平台。

第二套马车：升级版的太阳花频道

打破传统的频道概念，把太阳花纪录频道打造成一个纪录片国际化的运营实体、交易平台和集散场所。从某种意义上说，也就类似于美国探索频道。这个平台，通过面向全球进行版权购买、节目定制以及合作拍摄来获取带有版权的纪录片节目资质；同时又通过举办纪录片交易大会，构建纪录片发行网络，从而把这些节目推向世界。"买世界，卖世界"，让全世界每一个希望看到纪录片的人都能看到他想看的纪录片；让每一部纪录片都最大限度地发挥它的审美功能、教育功能和商业功能。

第三套马车：纪录片联盟

构建纪录片联盟，统筹兼顾内容提供和市场经营两个方面，提高内容质量，推动中国纪录片发展进入良性循环：收视率提升，广告商跟进，纪录片的价格与价值成正比，联盟收入大幅度提升，实现社会经济效益最大化，达成联盟的双赢，使纪录片社会生产得以良性运行，进入到可持续发展的循环中去。

第四套马车：纪录片人俱乐部

结合纪录片网络平台，为众多纪录片制作人搭建一个以中国教育电视台为依托，以俱乐部为基础，以纪录片学术交流为核心，以互动为特色，打造人才和人气聚集地，迅速聚集一批纪录片界的各方人士和创作力量，并运用项目管理的方式，进行纪录片规模化、市场化生产。除了开办讲座等活动以外，首先要创新用人机制，并在这个基础上，实现顾问类、精英类和一般纪录片从业者这三种类型成员的多元化签约。

加快跨国合作

2009年，陈宏出访新加坡。

这次出访，对陈宏震动很大。新加坡，一个弹丸小国，可为什么BBC、CNBC、Nickelodeon、MTV、国家地理、华特迪士尼、EA和LucasFilm等等在内的世界知名的传媒公司和游戏、动画制造商都在这里安家落户？

思考，总结；再思考，再总结……结合自己对国际传媒产业的了解，陈宏与他的团队总结出了以下几点：

第一，新加坡，国小雄心大。

地域局促，资源匮乏，促使新加坡人努力"创意"，从而成就了这个地域小国成为文化创意的大国。也正是文化创意产业的发达，才使得这个国家对媒体业的重视程度超乎一般。这一点，号称投入100亿新币（450亿人民币）、占地19公顷的文化创意产业基地——媒体城的兴建，就是明证。

第二，新加坡，国小善转身。

一向都善于抓住机遇的新加坡，目前正在积极应对全球金融危机，试图以此为契机从专注于工业发展，调整转型到创建国际媒体中心。利用全球经济危机期间材料便宜、人力成本低廉的优势，加快媒体产业发展，进而打开国家新局面。

第三，新加坡，国小胸襟阔。

新加坡国小，襟怀不小。这个小国，一向善于学习，善于借鉴。

儒家文化是新加坡的文化基础，这是不争的事实。但新加坡一向被认为是中西文化交融做得最好的国度；而且，新加坡的自我定位就是中西文化交融点。也正是这一点，使得新加坡在整合东西方市场方面的能力，也总是表现不俗。

有雄心、有胸襟，而且也总是善于审时度势、华丽转身——这也许就是新加坡在文化创意产业方面繁荣兴盛的秘诀。

有参照才有标准，有比较才有鉴别。来自新加坡的启示，使陈宏更加明白，在"影视数字化"、"文化创意产业化"的时代，在世界级的传媒巨鳄们无不在夜以继日地进行着影视数字科技的大整合，并借此整合而促进资金与技术的国际合作的大背景下，我们中国的传媒业，确实应当更积极主动地将本地的影视实力展现在国际社会的面前。通过这种展现，一方面吸取国际经验，一方面吸引国际投资，借此提升本土传媒企业的国际管理能力和营销能力，以促使中国的传媒产业早日搭上世界传媒产业那一列正在奔驰向前的、以数字化为核心的大转型的快车。

更何况，中国纪录片，从来就不缺乏国际合作的实践和经验。

1908年，意大利人劳罗，在国人的协助下，在上海拍摄了《上海第一辆电车行驶》、《上海租界各处风景》、《强行剪辫》等片；在北京拍摄的《西太后光绪帝大出丧》，其中许多镜头已是弥足珍贵的经典资料。

1927年，瑞典探险家斯文·赫定率领一个包括北大学生在内的联合考察队，对中国的西北部进行了持续8年之久的考察活动，拍摄了大量的纪录电影资料。

……

1979年8月，日本和中国联合摄制《丝绸之路》，合作成功，又诞生了后来的《话说长江》、《黄河》等系列纪录片。

1984~1988年，纪录片大师伊文思与罗丽丹多次来中国，拍摄他酝酿已久的纪录片《风的故事》。

2008年，奥运会前夕，由BBC和中国合作拍摄的纪录片《美丽中国》在全世界40多个国家的电视台播放。

当下，每天活跃在中国，和中国人一起合作，以拍摄中国为业的外国纪录片制作人不计其数，在各大电影节播放的关于中国的纪录片更是与年俱增。

在这个全球化时代，每天，全世界都有无数的目光，在以纪录片的方式打量中国、认识中国。

近些年来，纪录片在传媒这一世界的强势复兴已是不争的事实。从《迁徙的鸟》到《帝企鹅日记》，从《华氏911》到《舞蹈教室》，甚至连纪录片人从不敢想象的票房、电影节大奖也被《华氏911》变为现实。

中国的传媒业，中国的纪录片，期待大踏步地国际化。

还是在1995年，陈宏就带着编导去新西兰拍过关于文化旅游的片子；1999年，带着团队去奥地利拍关于华人在欧洲的纪录片；1998年，组团考察欧洲六国电视传媒业；2000年，也就是千禧年之际，陈宏带着他的团队在巴黎过了一个华人氛围极浓的

与国际纪录片评委会主席简方伯在一起（上图）
与国际自然电影电视节组织主席M.A·帕萨（中）和中国四川电视节金
熊猫奖评委办公室主任孙建英合影（下图）

采访奥地利莎尔茨堡大学教授（上图）
中美高层人文论坛开启后，与美国密歇根州立大学领导洽谈关于中美
留学生生活的纪录片（下图）

春节，并在时任中国驻法大使吴建民的支持下拍摄、采访了巴黎的62个华人社团；2002年，带团队去肯尼亚拍摄宣传该国旅游资源的片子；2004年，组团赴日本北海道拍摄并在那里度过了他的40岁生日；2006年参加默多克的新闻集团组织的柬埔寨论坛……虽然，这些拍摄，还不是真正意义上的深度的国际交流，但这对于一个纪录片人的国际眼界、国际视野，显然是不可忽视的。

尤其值得一提的是，2008年，陈宏代表中国教育电视台参加"澳大利亚国际纪录片论坛"并做了题为《中国电视纪录片的现状》的主题发言。

澳大利亚国际纪录片论坛演讲稿
《中国电视纪录片的现状》

尊敬的女士们、先生们：

今天，能够代表中国教育的电视人这次国际盛会，我感到十分荣幸。

今天的演讲，我将以中国教育电视台的纪录片创作为线索，同时关照到中国电视媒体关于纪录片发展的体制和机制，为国外的朋友们了解并参与中国电视纪录片产业的跨国际合作，提供参考借鉴。

朋友们，在美丽的澳大利亚，当海上的风送来凉爽秋意的时候，我的祖国，已经迎来了宜人的春天。而多姿多彩的文化，是春天里最美丽的景色。

中国政府认为，文化的多样性是人类社会的客观现实，是当今世界的基本特征，也是人类进步的重要动力。中国政府还提出，要维护世界多样性，推动不同文明的对话和交融，相互借鉴而不是相互排斥，使人类更加和睦幸福，让世界更加丰富多彩。

在所有的文化品类中，中国政府对于纪录片的创作非常重视，可以说是情有独钟。目前，中国的广电主管部门把开拓纪录片市场列入了工作日程，正在酝酿促进纪录片产业发展的优惠政策：一是加大投入和决策力度，提高纪录片生产能力和制作水平。为培育市场，国家将推动省级电视台上星频道在黄金时段推出纪录片栏目；为完善交易，国家将不断健全政策法规，打击盗版，维护市场秩序，推出精品，积极参与国际合作。二是扩大播出平台，以推出上星的纪录片频道为龙头，带动生产流通、市场消费等诸多环节，突破制约纪录片发展的瓶颈，加速产业链的形式，营造出一个运行有序、环保相扣、相互依存、共同发展的新格局。

中国的纪录片正通过多种渠道走进观众生活。

在卫星频道、地方电视台构成的主流平台播出平台上，播出了《望长城》、《邓小平》《周恩来》、《新中国外交》、《千秋基业》、《再说长江》、《故宫》、《大国崛起》等一大批国产优秀纪录片，还有《发现》、《神奇的地球》、《狂野周末》等一大批进口纪录片，都受到了观众的热烈欢迎；为电影院线制作的纪录片精品，如《布达拉宫》、《德拉姆——茶马古道》等，受到了社会的高度评价；而依托于网络宽带，打破区域限制，可以反复下载收看的IP电视纪录片，还有面向固定观众群播出的付费电视纪录片，为这个品种开辟了前所未有的发展空间。

中国的纪录片频道，如上海纪实频道的收视率，一直在上升之中，从2004年至今，已经提高了50%多。拥有着《探索·发现》、《讲述》等纪录品牌栏目的中央电视台科教频道，收视份额已经超过1%。统计数字显示出，在CCTV收视调查中，科教频道的观众忠诚度一直排名第一。这些案例说明了这样的事实：中国纪录片市场有着广泛的观众需求，收看纪录片的高端收视人群逐渐形成；广告市场日益认同纪录片领域，并准备投放纪录片频道；而纪录片频道对塑造观众欣赏习惯，提高观众文化素养发挥着非常重要的作用。

纪录片在中国受到观众的重视，除了纪录片本身的魅力之外，也有中国独特的人文历史背景。在这里我想列举一个众所周知的例子。

《诗经》是中国第一部诗歌总集。它产生的年代，大约在公元前十一世纪至公元前六世纪的五百余年间，后经中国的大思想家孔子审订，成为儒家的经典之一。但是《诗经》在当时是非常娱乐化的，可以说是由贵族、城市自由人和乡民创作的一首首原创歌曲。

在当时，每年正月，也就是我们举办论坛的这个节气，中国人刚刚过完大年，一个个为过年而集中起来的群落，即将分散出去的时候，周王室便派出叫做"行人"的采诗官，摇着带木舌的铜铃，在大路上巡视，采集为人们所传唱的民间小调。人们也乐于把自己和自己所居住地区的民谣唱给采诗官听。这个过程是完全自愿的，因而人们有什么就唱什么，爱情的也行，劳动的也罢，反正只要是内心的真实反映，都在采集之列。而采诗官不仅要把诗歌原原本本地记录下来，还要把音调和旋律一起记录下来。采诗结束后，从各地返回的采诗官们集中到京师，由宫廷中专职乐官根据乐谱先让乐队排练，然后在正式的仪式上唱给天子和百官们听。

昔日采风所纪录的乡村俚歌，已经成为了今天的历史典籍。

与《星球大战》特效总监合影（上图）
与日本富士电视台制作总监合影（下图）

几千年的历史传承，到了21世纪，"纪录"这项事业，在中国进入了一个大发展的新阶段。在中国波澜壮阔的现代化进程中，政治、经济、文化诸领域，几乎每一天都发生着翻天覆地的变化，对这种变化进行的电视纪录，毫无疑问将成为这个民族明天的历史典籍。

运用电视的纪录手段真实再现普通民众的生活状态，传递大众群体的思想感情，是纪录片人义不容辞的责任和义务。早在2005年，中国教育电视台就提出，中国持续了近30年的改革开放，使这个世界上人口最多的国家发生了翻天覆地的变化。数以亿计的普通民众，既是改革的动力，也是改革阵痛的承受者和改革成果的受益者。因此建议把镜头视角对准民众，记录、揭示他们的生存状态和精神世界。这一建议得到了众多的纪录片创作者和纪录片专业学术机构的响应。随后，由中国教育电视台、中国视协纪学会、中国传媒大学联合创作的大型社会纪录片《我的太阳》孕育而生。

迄今为止，中国教育电视台把关注的目光投射到960万平方公里之广的社区、乡村、军营、学校、厂矿等中国基层社会不同生活群落的普通民众，相继推出了一部部带着浓郁时代气息的巨型纪录大片：

我们以64个"平头老百姓"真实生活的"24小时"，构建起长达24小时的纪录片巨作，展示了当代中国社会心态的主流价值追求。

我们对30个基层团队跟踪拍摄，真实记录了队员工作、生活、情感及人与人之间的关系，在极其广阔的历史背景中，揭示出诚信友爱对于重塑当代中国人文精神所具有的重大而迫切的意义。

我们拍摄了70个社会基层从业者立足职业岗位的创新故事，展现了创新精神对社会发展的巨大价值。

我们还创作了大型电视纪录片《迁徙的人》，打开历史时空，贯通建设兵团驻边屯垦、三线建设、大庆油田的建设、知青上山下乡、开发深圳、三峡移民、农民工进城等七条线索，通过大迁徙流动中个人的命运的转折，反射了中国社会的历史变迁。

现在，我们正以恢复高考30周年为背景，通过对第一批入学的30位77、78级大学生的生活经历的纪录，揭示出"知识改变命运、教育成就未来"这一深刻主题。

两年多下来，《我的太阳》已经成为了记录中国人当下生活的探索性品牌，也是中国纪录片创作者共享的公共平台，它引入了现代科学管理体系中项目管理的模式，使得在较短周期内成批量生产纪录片成为可能，使得个人化的、零星的、小作坊式的纪录片创作变为规模化的现代大生产成为可能。

2007年，中国教育台推出了更大的举措，它拿出了自己的三频道开始向纪录频道转轨，凸显对青少年进行人文教育、历史教育、民族精神教育、国情教育等重要功能。

在纪录片的创作中，我们真切体会到，影视艺术担负着"纪录时代进程"的宏大使命，而纪录片被誉为人类的"生存之镜"，确实是人民用来观察自己的精神上的镜子。

我们还体会到，中国有着五千年的历史，有着光辉灿烂的文明和深厚的文化积淀，这是全人类开发文化产业的"富矿"，是纪录片创作永不枯竭的题材源头。

我们也体会到，随着纪录片制作、流通、播映体系建设的完善，中国纪录片产业迫切需要与国际机构合作，组建专门的国际化团队，学习掌握纪录片的"国际化"语言，按照不同的国际口味进行国外本土化的编辑制作，一起为世界荧屏生产"无差别"产品。

目前，中国政府对纪录片创作的的扶持和资助力度正逐年增加。

文以载道，道以文传，纪录片作为重要文化载体，对于讴歌人民、昭示光明、凝聚力量、鼓舞人心的强大社会教化作用，越来越受到政府文化机构的重视。

除了政府的投资，在中国，媒体的纪录片投资占了主要的份额。媒体的资金投入预算基本上是按等级划分，普通的现代题材纪录片，每分钟制作经费预算1至2千元不等；当然，对于高质量的纪录大片，尤其是一些重大题材作品，投资额是非常巨大的，对于资金的缺口，媒体经常采用"预售"方式，把自己的纪录片计划和构想，向一些投资商展示，通过洽谈把部分广告经营权或版权等利益出售给投资商，从而从投资商那里获得一定数量的资金，使到拍摄的资金更为充足。

在电视媒体之外，中国还活跃着一批民间创作机构，这些独立制片公司有几千家之多，制片公司总体可分为三类：一是小公司，通常由个人设立，有时设立公司只是为了拍摄某一部影视作品；二是超级制作公司，规模庞大，为数极少；三是中型独立制作公司，数量在百十家，每个公司聘用几十名全职人员。这种公司以制作电视栏目获得生存，他们是中国纪录片民间制作的主力。

在中国，从不缺乏纪录片创作的人力资源。从中央台社教部、军事部和海外中心，到各地方电视台，都拥有一大批优秀而执著的纪录片人。随着DV的普及，更多的普通人加入了纪录者的队伍，其中不乏一些优秀人才。

以上这些都是中国纪录片产业赖以发展的基础。尤其值得提出的是，从2000年至今，来自海外的纪录片，对中国观众的影响日益加深，但是非常遗憾，站在媒体的角度，中外纪录片领域的合作，占主流的是海外影视传媒向中国媒体供片这样单一的合作形式，真正的联合创作、共同策划选题、共同投资行为，还凤毛麟角。

最后，我用中国的一句古诗作为这次演讲的收尾："日出江花红胜火，春来江水绿如蓝"。中国纪录片产业化发展，本身就具有雄厚的基础，孕育着巨大的市场化热情。如今所期盼的是体制、政策、市场管理等各方面的改革正在迅速到位，中国记录片产业的市场激情，将如火山一样喷射而出。希望各国的同行们，能够以文化前卫者的新姿态，把握中国文化改革带来的机遇，与中国媒体一起，张开双臂，热烈地拥抱这个春天。

谢谢大家。

说起那次主题发言，陈宏至今记忆犹新。他说，在发言之前，他来了一个现场调查，他有意连喊了数个"请举手"："今天在座的，制作纪录片的请举手"、"买卖纪录片、经营纪录片的请举手"、"来自纪录片播出机构的，请举手"、"看过中国纪录片的，请举手"、"到过中国的，请举手"、"和中国纪录片机构有过合作制作、买卖、播出的，请举手"。结果表明，在参加论坛的人中，来自相关播出机构的最多，有三四十人，而看过中国纪录片的，最少，只有一两个。

这一"举手"，让陈宏感触良多——他深深地意识到了中国纪录片迈向国际化的刻不容缓。

2008年×月×日，"渝派"纪录片在北京师范大学召开。重庆电视台纪实频道总监、重庆纪实传媒总经理雷卫带着一干人，在中国视协纪录片学术委员会及师大传媒学院的帮助下就巴渝区域的纪录片创作特色进行研究。陈宏是被邀请的嘉宾之一，做了如下发言。

下午各位老师讲得很好，我补充三句话。首先，我觉得雷卫抛出渝派的概念是为了炒作操作。他可能并不关注渝派这个概念的内涵与外延，并不关心渝派与川派、海派、京派的区别，不太关心概念的理论支撑和边际划分。他只要一个概念，这个概念的目的是为了操作方便，因为我们知道所谓渝派纪录片的背后，就是重庆纪实频道和重庆纪实传媒公司，是他关注的核心，是最根本的东西。找一个概念来作为频道及公司的灵魂和旗帜加以统领和标记，这就是他的目的。能做到这一点也实属不易，使频道的建设进入了更高的层面。因为我们知道，现在中国几千个频道中还没有几个频道有自己的灵魂和旗帜，甚至连这方面的规划都没有。渝派纪录片的专题研讨给我们的重要启示之一，就是频道建设，甚至大到一个台的建设，小到一个栏目的建设，都应当具有属于自己特有的精神追求、理念追求。刚才大家众说纷纭的"渝派"定位都有道理，但目前更重要的是把这杆旗举起来，在未来的实践与理论活动中，大师们自会不断完善它，丰富它的。刘将军刚才有一句话，他说重庆这么多漂亮的少女俊男不拿到片子当中来可惜了。我认为这句话意味深长。刘将军的话我理解是，不管是渝派、川派、还是海派都应研究当地的人。一方水土养一方人，一方人的群体特征及其人文渊源，形成和规定着各"门派"的纪录片的取材、视角、灵魂和旨向。渝派纪录片要研究重庆人，尤其重庆青年人是片子当中要特别关注、研究的对象。当然这需要慢慢来处置，不是一蹴而就的事。

第二，渝派纪录片像黄桷树，更像蒲公英，有很强的生命力、传播力。雷卫他们做了很多片子已经发到海内外。我们教育台三套纪录片频道《首播纪录》也买了今天提到的重庆台的几部纪录片。《首播纪录》每晚6:3~7:30播出，每天一个小时，这个时段是中央电视台的新闻联播和北京新闻时间。我们这个栏目今年以来的平均收视已经进入北京地区同一时段可收看到的六十多个频道前五名。我们看纪录片有没有收视，我觉得要分情况，不能一概而论。刚才有个老师说中国纪录片还处在低谷，我不同意这个说法。教育三套2007年在它的一亩二分地上改变了这个状况：改成以纪录片播出为主的人文纪录频道当年就获得纯利润3000万元，到现在这两三年一直是盈利状态；而且还有一个现象，每晚6:30~7:30是纪录片，7:30~9:30是电视剧，纪录片的收视率远远高于首播剧，相差大概4~5倍，我们的《首播纪录》收视率在1点多，甚至达到2左右。今天晚上就有一个颁奖，广电总局广播电视协会组织的几所大学联合评选，把CETV-3评为全国最有网络影响力的地面频道之一。这都是像渝派纪录片这些具有普适价值的作品在CETV-3播出的结果。

第三，既然"渝派"旗号打出来了，我觉得渝派也要扛起高价购买纪录片这杆大旗。我们一直在研究纪录片的真实性，研究纪录片的人文价值，研究纪录片的流派，这些也值得研究。但今天的中国纪录片现状最迫切需要我们研究的，是中国纪录片的市场在哪里，或者建立中国纪录片市场的一个关键的卡壳问题在哪里。我个人的看法是：纪录片的价值被我们媒体和播出平台严重的低估和忽视，影响并阻碍了纪录片市场的建立。纪录片为电视台创造了巨额的经济利润和社会价值，比如说我们有很多栏目，如《法制进行时》是纪录片形态，还有其他很多栏目都采用了纪录片的形式，包括超女，如果不是幕后的纪实根本打动不了人，还有中央每逢重大节庆也要用纪录片这种方式推出大型节目来庆贺，所以它的价值非常之重大，贡献非常之大。但是纪录片市场交换价格少之又少，30元或50元每分钟的地面频道购买价格，甚至更少。价格与价值严重背离。我们看Discovery那边，他们纪录片只有在中国的市场最差，其他都很好。该公司目前全球共3000多人，发行和播出到170多个国家和地区，收入总额40亿美元。我觉得现在我们应该拿出示范价格，就是高价购买纪录片，第一步也不必太高，300元或500元每分钟的地面频道购买价格就行。原来电视剧刚刚开始的时候，市场没有形成的时候几千块钱一集，还得求人去播。电视剧要这样做下去就做死了。当时杨伟光说我们中央电视台先带个头，拿出8万元买一集电视剧，后来各地也纷纷效仿，于是市场启动起来了。我觉得这里面应该是协会和各个台的主管要形成共识：高价购买纪录片，使纪录片的价格尽可能接近纪录片的价值，使纪录片人非常风光地把片子做好，而且还有一定的收益，这样中国的纪录片才真正有前途，谢谢。

有了这样一些经历和认识之后，陈宏对中国纪录片的国际化有了更多的思考和行动。

还是在2008年12月，在中国教育电视台康宁台长的全力支持和陈宏的积极努力下，全球首屈一指的非虚构类媒体公司Discovery传播股份有限公司的分支机构——Discovery亚太电视网与中国教育电视台第三频道正式启动"我的太阳"特别企划：《我的太阳——看中国》——先锋导演计划。这个计划的首要目的，就是在中国寻找杰出的本土导演人才和导演新秀，并为他们提供国际化的发展平台和国际化的全方位支持，以促成他们创作更多更好的纪录片精品。

在国际传媒界，Discovery探索频道早就因其对中国本土导演人才的培养而驰名。近些年来，Discovery帮助培养了20余位才华横溢的中国年轻导演。他们在Discovery的支持下所拍摄的纪录片作品取得了极大的成功。到目前为止，这些优秀的本土导演已在各大国际性电视与电影大奖中获得了10多个奖项，其中包括"亚洲电视大奖"的"最佳纪录片奖"及短片类"最佳导演奖"。诚如Discovery亚太电视网高级副总裁兼中国区总经理张方所说的那样，Discovery探索频道多年来致力于发掘有才华的中国纪录片导演，并不遗余力地为他们提供宽广的舞台，向国际观众大展所长。《我的太阳——看中国》——先锋导演计划更是将这种努力提升到新的高度。

2008年12月，"《我的太阳——看中国》——先锋导演计划"发出征集通知，在全国范围内征集主题为"我的太阳——看中国"的优秀纪录片。征集通知说，与Discovery探索频道"新锐导演计划"不同的是，"《我的太阳——看中国》——先锋导演计划"旨在更大范围地网罗人才，吸引更广泛的参与，发掘更多样的创意，所以并不限制有经验的导演报名参赛。

同时，这个通知还规定，参赛者提交的影视内容可以是参赛者本人或团队中主要成员的影视作品，即使是入门习作也可以。例如，低成本制作的影视片、为节日展览拍摄的短片、完整的节目，或是为地方电视台或有线电视台制作或导演的影视片段。组织者将从中国大陆及港澳地区的所有参赛者中遴选出至少12名入围者。这12名入围者将于2009年2月底参加在中国举办的为期2天的最后选拔讲习会，最后选出5名优胜者。作为优胜者的入选导演，将在Discovery探索频道和中国教育电视台的指导下进行工作，以完成他们的影片制作。

拍摄工作持续到2009年10月，完成的素材送交位于新加坡的Discovery亚太电视网总部，进行后期统一剪辑。

这次活动，前后共有500多人参加，其对中国纪录片国际化步伐的推进，无疑是值得重视的。

在参加活动的创作者们都递交了粗剪作品之后，陈宏再次出访新加坡，一方面与探索频道的同仁们一起指导活动参与者们的后期修改，一方面与探索频道的制作总监魏克然进行创作过程中的艺术探讨。在一番观点的交流和作品的现场点评之后，尤其在陈宏对胡婷婷《冬去春来》的点评之后，魏克然及亚洲探索频道的制作人员都被他对纪录片的见地、观念和要求所折服。

胡婷婷导演的《冬去春来》，从孩子的视角讲述五个在2008年汶川大地震中幸存下来的少年在地震过后的生活变化，以及在生活上面临的新选择。片子开始就出现一个坐着轮椅的女孩，后面有她生日聚会画面等等。对此，陈宏点评说，这个片子，可以考虑调整一下镜头的结构：以这个女孩在有说有笑的生日聚会场面中开始，先把女孩谈笑风生、快乐如常的一面展示充分，然后再接镜头下移动的画面，慢慢定格到女孩的腿部，以此强烈的对比和巨大反差给人以震撼——这位谈笑风生快乐无边的女孩没想到却是一个双脚截肢的女孩！在震撼之后人们会有无限的联想。镜头的组合不同，效果大不一样，这就是蒙太奇的辩证法。

照着陈宏的点评，导演做了修改。2010年底，这部片子在新加坡举办的亚洲国际电视节上获奖。

可以说，"《我的太阳——看中国》——先锋导演计划"正在成为中国教育电视台引领下的中国纪录片导演国际化成长的领跑者。如下是陈宏在广州国际纪录片大会上"《我的太阳——看中国》——先锋导演计划"纪录活动发布会上的发言。

尊敬的张方总裁及其同行、尊敬的各位来宾、女士们、先生们：

大家下午好！

首先我代表中国教育电视台康宁博士对各位出席由中国教育电视台与美国Discovery探索频道携手推出的"我的太阳"特别行动：先锋导演计划——《看中国》纪录活动表示衷心的感谢；并籍此向中国大陆以及中国香港、澳门的纪录片导演发出盛情的合作邀请！

在这里，我们表达这样一个心愿：如果您对当今世界风云激荡背景下的中国的发展与变迁特别关注，并愿意以一种独特的视角乃至前沿的目光和先锋的理念真实而动情地记录下来，我们诚挚地愿意协助您实现这一愿望，并通过中国教育电视台及Discovery遍布全球的发行播出网络，让世界分享您的观察与思考，分享您的激情记录与个人见证！

女士们、先生们，中国教育电视台自2004年开始的大型系列纪录片《我的太阳》的创作，历经五年而得以蓬勃发展，她由一个系列纪录片节目成长为一个由来自中国各地数百名导演激情参与的大型纪录活动与纪录品牌建设，进而成长为在业界产生了广泛影响的人文教育纪录频道。今天，她又通过向世界上最大的纪录片制作运营播出机构Discovery的学习与合作而走向世界，向世界传递来自真实中国的音讯，传递发自中国纪录片人的爱与哀愁。这里饱含着中国纪录片人的探索与追求，这里满载着中国纪录片人的光荣与梦想！

女士们、先生们，让我们一起预祝"我的太阳"特别行动：先锋导演计划——《看中国》纪录活动取得圆满成功！

谢谢各位！

从452名题案申报者中胜出的先锋导演们

2008年12月2日

在《我的太阳——看中国》之类的项目带动下，2009年7月，新加坡媒体管理局的主要领导带着新加坡14家媒体制作公司负责人，一行20多人来到中国教育电视台，就纪录片、新媒体、教学节目等多个方面进行研讨，并出席中新媒体合作交流会暨战略合作发展协议签署仪式，这标志着中国教育电视台在纪录片的"国际化"战略这一点上，迈出了实质性的一步。

国际合作，是中国电视纪录片产业走向蓝海的必然之路。然而，这条路怎样选、怎样走，显然是个既需胆识，也需战略和策略的问题。站在中国纪录片的制高点，通过与Discovery的合作平台，陈宏似乎看到了中国电视纪录片的蔚蓝色的未来。

电视史年度大事

2009年红色之年：建国60年电视"经典"频出

1942年，毛泽东在延安写了一篇《延安文艺座谈会上的讲话》，定义了所谓无产阶级的文艺，即能够反映社会政治运动和普通工农兵生活的典范性作品，由此奠定了新中国成立以后很长一段时间内文艺的底色——"红色"。

时光之钟来到了1987年，一代摇滚之王崔健，用摇滚乐的方式，将《南泥湾》进行了重新演唱。一时之间，赞许和反对的声音不绝于耳。有的说他是开创者，用极具现代感的摇滚乐将经典再现，让人在现实生活中不自觉地回忆起过去；也有的说，他是臭流氓的。所幸，这一事件并没有政治力量的干涉。顿时，争议中的崔健，声名鹊起。随后，孙国庆翻唱了《高楼万丈平地起》，刘欢出版专辑《六十年代生人》。韩红的《红》、梦鸽的《如梦如歌》，诸如此类。令崔健始料未及的是，他的一次不经意的演唱，竟引发了一场时间跨度达20年以上的红歌翻唱的风潮。

90年代以后，红色经典的外延得到进一步扩展。这一个10年，正是出生在文革时期的那一代人成为社会中流砥柱的时代。怀旧情绪和难忘的集体回忆大多被他们挖掘展现出来。他们唱红歌、跳红舞、看红剧、走红路，甚至使用起过去刻印了"艰苦奋斗"字样的搪瓷盅。

转眼来到2009年，建国60周年的日子。除开电视上政治宣传广告外，多部红色影视作品先后涌出，为这一盛典奉献了一出极具红色韵致的主旋律交响曲。

9月16日，《建国大业》上映。这部电影讲述了从抗日战争结束到1949年中华人民共和国建国前夕发生的一系列故事，再现了毛泽东、蒋介石、周恩来、宋庆龄、宋美龄、蒋经国、李宗仁、李济深、张澜、蔡廷锴、冯玉祥等众多历史人物以及他们的活动。大腕云集的盛况，为影片增色不少。

首映半天，《建国大业》票房就达到1500万元；上映3天半，突破1亿元；首周4天半，票房达1.5亿元，与"吸金王"《变形金刚2》的内地首周票房比肩而立，创下国产片之最。

9月28日，《风声》紧随《建国大业》后敲锣上映。影片以1940年南京汪伪政府为背景，再现中共地下工作者在日本和伪政府的严刑拷打下，为民族自由而斗争的故事。地下工作者顾晓梦、吴志国，前者凄美，后者刚烈，用不同的方式完成自己的使命，换得了同样的伟大。

随着时代的不断前进，观众对红色经典的理解，不再是简单的"为国牺牲"这样的口号，而是希望从中获得基于人性的、追逐理想的微言大义。导演深谙此理，因此并没有拘泥于教条来表达所谓的革命意志，而是加入了符合当代人审美的本性和情感。这一点，尤其表现在导演用婉曲、细腻的镜头语言，勾勒出为国牺牲的地下工作者也首先是有血有肉的普通人的形象。

这一年，在好莱坞落日大道开幕的中美电影节上，《建国大业》和《风声》都获邀盛装亮相，并引起了较高的反响。

在电视剧方面，红色经典更是满地开花，尤其是以解放战争为背景的红色题材剧。以三大战役为主轴的《解放》，作为国庆献礼剧推出。50集的鸿篇巨制，通过对国共几场大战役的细致刻画，极力向观众呈现出"比电影《建国大业》更写实"的峥嵘岁月。虽然，这部电视剧基本上是应景之作，但却获得了不菲的收视率。

其实，从电视文艺的角度说，这部电视剧除了中规中矩而外，并无特别过人之处。毕竟，在当前这个时代，人们对红色经典的期待，早已不再是脸谱化的套式，而是尽可能人性化，尽可能贴近生活的温暖。

那观众到底需要怎样的内容变更呢？

《北平战与和》的导演张前，一部《亮剑》，以不走寻常路的方式，塑造了知名度很高的李云龙。在《北平战与和》拍摄中，曾有记者问一位80后，是否爱看北平和平解放的电视剧？对方不假思索地说："好像离我们的生活很遥远啊。"诚然，这段历史本身，距离我们所有人都已遥远，但编剧在编织剧情的时候，如果让人们感觉到的也是这种遥远，那我们似乎可以肯定地说，这样的电视剧，也就只能失败。显然，《北平战与和》的编剧充分考虑了这一点，所以，整部电视剧，人物鲜活，台词丰满，而且谍战惊心动魄，将尽可能多的当代人比较偏好的审美要素加入进去，力图让年轻人能在"亲近性"地观看中了解这段历史，走进这段历史，追忆这段历史。

在这一年，比较有影响的红色电视剧还有《沧海》和《人间正道是沧桑》。海军题材的《沧海》，首次大跨度展现了我国海军成长史，激发了不少军事迷的"追剧"热情；《人间正道是沧桑》，尝试"大历史加小人物"的叙事结构，从一个侧面折射出浩浩荡荡的历史洪流，等等，不胜枚举。

当下的年轻人们，尤其是80后、90后，对红色经典所演绎的"战争"与"革命"这两个关键词的内在感很是遥远。而他们，又恰好是电视剧不能不予以重点拉拢的对象。所以，在当前这个观众构成的背景下，红色，绝对不是停滞于某一个年代的红色，而是留存于各个年代，帮助那个年代的人们传承前人之激情与梦想的精神的红色。

诚如资深电视人陈宏所说，红色本应是一个开放的概念、一个与时俱进的概念、一个让人联想到热情和梦想的概念。以此望去，我们也就不难发现：

前一个十年，红色经典乃是作为一种标准传承，象征着一种伟大的革命气质；

这一个十年，红色经典不再那么脸谱分明，而是贴近人性，透出亲民和幸福的味道；

下一个十年，红色经典又会被注入怎样的新鲜内容呢？

答案不在编剧们的心头和案头，而是在观众的时代需求之处。

制播分离实践者：中线传媒

2009年8月，浙江卫视以成立蓝巨星国际传媒公司的方式大举进军中国娱乐产业；2009年10月，上海SMG集团一分为二，集团更名并出资组建有限公司负责电视的节目生产；随后，广州电视台所属9个频道的内容制作宣布向制作机构开放；安徽广电也将有类似行动。电视行业制播分离的第二波浪潮正快速袭来。

中国传媒经济研究的拓荒者周鸿铎教授曾指出，还是在20世纪90年代中后期，中国电视产业界内部就提出了实施"制播分离"制的问题。

作为一个舶来概念，制播分离（Commission）最早起源于英国，原意是指电视播出机构将部分节目委托给独立制片人或独立制片公司来制作。随着广播电视的发展，现在完整的涵义应演变为将广播电视承担的制作任务分离，由社会上的广播电视节目制作公司承制，广播电视台管节目的购买和播出的管理体制。

作为一种制度，制播分离始于20世纪80年代初。

1982年，随着英国第四频道的出现，委托制片制度开始建立。1986年，匹考克调查委员会就英国广播公司的财政问题提出了报告，在报告中建议英国广播公司和独立电视委员会增加使用委托独立制片人制作的节目。1990年，英国广播法要求所有第三频道、第四频道、第五频道的持照人，每年使用委托独立制片人的节目数量不少于播出总量的25%。1996年广播法还就数字地面电视播出做出规定，使用委托制作的数字节目不得少于数字播出总量的10%。通过委托制作部分节目，电视台在众多节目公司的节目中比较容易得到价格相对便宜且质量较好的节目。而且，从长远看，众多的节目公司经过优胜劣汰的市场过程，涌现出一批较著名的节目公司，成为资金雄厚、技术强劲的企业实体，这对英国广播电视的发展会产生良好的影响。

与英国的节目体制略有不同，美国的娱乐性节目基本上是通过买卖进行的商业市场行为，维亚康姆（Viacom）、时代华纳（Time Warner）、迪士尼（Disney）、新闻集团（Newscorp）、维万迪（vendi/Seagram）、探索频道（Discovery）等，都是以提供娱乐节目而闻名的节目制作公司。不过，美国的电视台并没有实行完全的制播分离。如人们所熟知的ABC、CBC、NBC、FOX四大台，它们的新闻节目都是通过自制来完成的。

应该说，在我们国内，业界、学界和政府相关部门对制播分离这一制度的认识和了解并不算晚。只是由于我们的制度环境大异于西方，所以这个制度一直只在很小的范围被接受。就是这小范围的接受，也一度被批评。如2000年8月，广电总局在甘肃兰州召开"全国广播影视局长座谈会暨村村通广播电视现场会"，会议明确指出，电视台的"播出权、制作权、覆盖权这三权是截然不能分离的"，"广播电台、电视台自身的制作权绝不能让出去，否则，我们的宣传方针就得不到有效贯彻，舆论导向就得不到有效保证，关键时刻要出大问题"。

不过，实际上，业界对制播分离的尝试一直没有停止过。

比如，2004年12月，上海文广新闻传媒集团炫动卡通频道开播。与此同时，频道组建了由集团控股的节目制作公司，频道与公司机构分设、人员分开、资产和财务分离。

2008年10月，天津广电集团推进制播分离改革试点工作。改革首先在四个部门进行试点：天津电台交通频道剥离可经营性资产，以频道所属交广传媒公司为载体，实行公司化运作；天津电台相声频道整体实行准公司化运作，引入社会资金，推动节目制作走向市场；天津电视台少儿频道以频道控股天视阳光影视传媒公司为载体，实行播出管理与内容制作分离，宣传功能与经营功能分离；天津电视台电视剧制作中心进行企业化改制。

2008年12月2日，在中央人民广播电台"音乐之声"开办6周年之际，由中央人民广播电台控股的"央广智库广告有限公司"挂牌成立。"音乐之声"实行制播分离，成为中央台制播分离的最早实践者。

可以说，自20世纪90年代以来，"制播分离"这四个字近几年被中国电视界一再提起，然而总是触及皮毛难动筋骨。2000年前后，中国电视界第一次叫响"制播分离"这一概念，就催生了光线、华谊等中国第一批民营影视公司。而近10年过后，"制播分离"对于中国电视仍然只是纸上愿景，这个被很多电视圈改革派人士称作救世良方的制度，想要真正实现还需强力推进。

为了积极回应业界在制播分离方面的探索和努力，2009年8月，国家广电总局下发文件《关于推进广播电视"制播分离"改革（修改稿）》。显然，这个改革意见一出，也就预示着制播分离在我国电视业的全面铺开。

制播分离是否是我国电视产业迅速兴旺发达的灵丹妙药，这当然也是仁者见仁的问题。不过，至少有一点能肯定，制播分离，让众多体制内的广电机构看到了实现产业资本和金融资本融合的可能性，从而也看到了快速推动产业升级发展的市场之路。

中国教育电视台，亦然。

"电视巨舰" 拔锚起航

2009年12月1日，陈宏迎来了传媒生涯的一个新起点——中国教育电视台旗下的中线传媒公司正式挂牌成立，陈宏通过竞聘成为总经理。

作为中国教育电视台全资的传媒公司，中线传媒是按照《公司法》规定组建的规范化公司。它具有独立法人资格且财务独立，公司独立核算，自负盈亏，并以资产为纽带，实行教育电视台节目栏目制作的产业化、市场化、社会化经营。公司的基本目标就是在3~5年内，成为国内有影响力和号召力、国际上知名的中国教育影视节目制作和运营传媒公司。

作为公司的领头羊，陈宏心里很清楚，中线传媒，不仅是中国教育电视台制播分离之"制"的根本，同时也是教育台如何通过市场而走向世界的旗舰。所以，上任伊始，陈宏就详详细细地分析了公司资源优势，并在这个基础上，规划了公司的组织构架，绘制了公司发展的路线图。

在陈宏看来，中线传媒公司至少有两大显著优势：其一，国字号，使公司有天然的国家公信力优势；其二，公司的总后台——中国教育电视台，在教育、文化、科技、卫生、环保、航天航空、军事等领域有得天独厚的资源优势。

有这样的优势，中线传媒就敢想常人所不敢想的行业愿景，走常人所不敢走的发展道路。

在陈宏的构想中，中线传媒的中长期目标，就是要在未来3年内，成长为一个国内有号召力，并充分适应国际市场环境、有足够的能力和经验从事跨国节目制作和营销的传媒集团公司；打造2~3档在全国有较高知名度的品牌节目和金牌活动；在国内建立完整的、覆盖国际部分地区的发行网络系统；实现节目制作发行金额上亿，利润上千万，3~5年内上市。

再美好的愿景和理想，都不是想出来、画出来的，而是一步一个脚印地走出来的。这一点，深谙市场之道的陈宏可谓清楚无比。眺望宏远，审视脚下，陈宏为中线传媒绘制了一个"起步走"路线图。

陈宏认为，中线公司成立以后，如何认真领会上级领导一系列重要思想，稳妥实现制播分离，是摆在中线人面前的第一要务。俗话说，老百姓开门七件事：柴、米、油、盐、酱、醋、茶。对刚成立的中线公司来说，陈宏将这第一要务形象地概括为"五子登科"：底子、调子、班子、路子、票子。

第一"子"：摸清底子——算清楚有什么。

教育的使命、教育的力量、教育的理想，是中线公司时刻不能忘记的改革宗旨，同时也是中线公司的创新之源、创造之本、创业之基。中线公司是站在教育台的肩膀上发展，教育台留给中线公司的有形资产和无形资产是中线公司坚实发展的基础。

有形资产，主要是教育台以定单方式投入中线的节目制作资金、中线注册资产以及制作中心设备、办公场地、人力资源；无形资产，主要是中线公司作为教育台全资公司的行业信用以及教育台所背靠的教科文卫体等部委宣教资源。推进制播分离，就是要更好地盘活这些资源，解放生产力，使人才更有积极性更有创新活力，生产出更多、更好、更丰富的内容产品，促成教育台成长模式的转型。

第二"子"：确定调子——弄清楚干什么。

中线传媒是市场经济催生的产物。在无情的传媒市场竞争中，只有制播分离，调整机制，优化产业结构，才能使教育台在传媒风云中立于不败之地。所以公司必须顺应文化产业发展之势，坚定不移地推进中线公司的建设；而中线公司的目标，按台长康宁博士提出的理念，就是培育出符合教育规律、传媒规律、市场规律的市场主体，为推进中国教育电视台的大发展尽全力。

中线传媒：制作中心的部分同事

　　根据这个思路，中线传媒要努力完成由中国教育电视台投资的各频道、部门的节目栏目、纪录片、大型活动、影视剧的生产任务，积极开发社会上有创收价值、符合中线传媒创作宗旨的各类节目，全面完成公司生产经营任务。同时，以台属电视频道和远程平台为依托，精心策划、精心实施，打造符合教育电视发展方向的品牌产品，实现教育电视品牌建设的较大突破。

　　第三"子"：搭建班子——理清楚谁去干。

　　队伍建设是一切工作的保证。在教育台总体目标框架下，中线依据《公司法》等法律法规以及中线章程的规定，必须建立合理有效的公司治理结构，独立经营和自主管理，合法有效地运作中线资源资产，并接受教育台的监督管理。公司本着高效、简洁、扁平化等现代企业公司组织结构原则，建立以节目生产为龙头的组织结构：

　　以制作台内品牌栏目为核心的节目中心、以打造"青春万岁"等金牌活动为核心的综艺中心、以制作教科文卫题材影视剧为特色的影视剧制作中心、以手机教育电视报为核心的新媒体中心、以打造品牌纪录片节目为核心的纪录片中心、以节目营销为核心的营销发行中心、节目包装中心、制作中心，以及覆盖办公室、《中国教育广播电视报》社、综合事务部。

　　第四"子"：探索路子——看清楚怎么干。

　　建立市场化的企业机制，其核心是靠制度管人、依制度办事，建立健全与市场环境接轨，符合现代企业运行规律的传媒公司管理制度体系。

　　中线将根据《公司法》的相关规定，进一步健全和规范公司各项管理制度，迅速建立健全适合市场运行的媒体公司体制和系统、全面、高效的公司内部管理办法和机制，使其逐步适应市场经济模式下的制播分离机制，形成科学合理的决策机制、执行机制和监督机制，保证公司能够决策科学、运营规范、管理高效、持续稳定、健康发展，有效规范和化解经营风险，逐渐与市场经济模式下的现代企业制度接轨，确保公司经营管理目标和发展战略的实现。

　　第五"子"：挣回票子——分清楚干得怎么样。

　　作为教育台深化体制改革的突破口，中线传媒在发展之路上，坚持分步实施，稳妥推进。

　　目前，中线传媒第一步工作是尽快实现电视台剥离资源的整合和体制创新，确立新的内容生产和管理体系，整合资源，集中优势，形成拳头。2010年，在完成台拨资项目的基础上，力争实现创收1亿元人民币的目标，为逐步构建中国最大的和特有的教育电视节目生产基地打下坚实的基础。

2010年上半年，"起锚远航"的中线传媒就推出一系列重大活动。这些活动不仅得到了相关部门领导和社会各界的好评，还在业内获得一些比较有影响的奖项，增强了教育台的影响力和美誉度。

比如，大型访谈类节目《春天里的七次聚会》，单集时长100分钟，总时长近14个小时。该节目从多个视角入手，邀请社会各界有一定知名度和影响力的人士多达百余人，围绕七个热点话题，展开七场热烈的讨论，探讨中国教育的发展历程。节目播出后，国务委员刘延东同志来信赞扬"节目编得不错，对于激发教育工作者办好教育的决心和信心，对于社会理解和支持教育事业改革与发展，会有积极影响"。而且，这个节目在中国电视艺术家协会2010年全国春晚评比中，还获得了优秀节目奖。

不能不提的，还有由中线传媒承制、在两岸四地引起强烈反响的世博项目：《创想青春——2010海峡两岸暨港澳地区全国高校世博辩论大赛》。该辩论赛共有包括内地和港澳台地区的100所知名高校参加，成为我国迄今规模最大、历时最长的高校辩论大赛……

梦想是一种精神

多年之前，还是在太行山脚下的石家庄陆军学院的图书馆里，法国作家阿尔贝·加缪的《西西弗神话》，让陈宏感怀不已。多年之后，这种感怀浓烈依旧。

在加缪笔下，西西弗是个近乎荒谬的英雄。之所以近乎荒谬，是因为他的激情和他所经受的磨难。他藐视神明，仇恨死亡，却对生活充满无比的激情。因为这，虽然他受到难以用言语尽述的非人折磨，但却以自己的整个身心，致力于一种没有效果的事业。加缪赞美西西弗，是因为在加缪看来，西西弗，其实是所有在悲观中乐观地生存，积极地介入生活与社会，与命运抗争、与一切不正义的现象抗争的人的一个化身和写照。

一直以来，陈宏把自己从事的电视工作，特别是纪录片工作比喻成西西弗的行为。2009年，在广州的一次学术交流中，为了更好地向所有编导人员诠释《我的太阳》的主题思想，他甚至将这个例子设计进自己的演讲阐述。同时放进去的，还有丹柯的故事：

在俄罗斯一望无际的草原上，一个族群快乐地生活着。

可有一天，另一个强大的民族突然降临，占领了他们的草原，把他们赶进森林深处。那里原始森林遮天蔽日，地上的沼泽臭气熏天。要想活命，必须走出森林。

丹柯用手抓开自己的胸膛，掏出自己的心来把它高高举过头顶。那心脏正在燃烧。整个森林突然静下来，人们全部惊呆了。

树林忽然在他们前面分开了，分开了，等到他们走过以后，它又合拢起来，还是又密又静的，丹柯和所有的人都浸在雨水洗干净了的新鲜空气和阳光的海洋里。在那边，在他们的后面，在林子的上空，还有雷雨，可是在这儿太阳发出了灿烂的光辉，草原一起一伏，好像在呼吸一样，草原带着一颗一颗钻石一样的雨珠在闪亮，河面上泛着金光……黄昏来了，河上映着落日的霞光，显得鲜红，跟那股从丹柯的撕开的胸膛淌出来的热血是一样的颜色。

显然，陈宏和他的团队，充溢着不懈的梦想与激情。

英国有句谚语说：青春的梦想，是未来的真实的投影。

因为有梦想，陈宏走出大山，走进军营；因为有梦想，陈宏步入军校，跨进电视门。

因为有梦想，才使得陈宏在偶遇因仰望星空而突然想为国家做点事情的农民张六蛋之时，内心深处升腾起的不是嘲笑，而是尊重。

可以说，陈宏作为总编导之一的《长江大桥》，也就是一部充满梦想的作品。

关于长江，关于长江之上的桥，《话说长江》与《再说长江》之类的鸿篇巨制，似乎已是"前人之述备也"。但总有梦想，而又靠着长江长大的陈宏，却有自己的思考。

2009年，新中国的60大寿。

陈宏和他的团队又开始了20集、总长约600分钟的《长江大桥》的纪录攻坚战：

新中国成立以前，长江上没有一座永久性大桥。

新中国成立以后的第8个年头，也就是1957年，长江上建起了第一座大桥——武汉长江大桥。从此，长江，结束了无桥的历史。

改革开放以后，特别是1990年以来，随着大江南北经济的高速发展，修建更多的长江大桥以满足大江两岸人流、物流的沟通和交往，已成很现实的客观要求。于是，120多座大桥矗立在滚滚长江之上，各式各样的大桥就如雨后春笋一样纷纷亮相。

用镜头来表现、来描述横跨在长江上的一座座大桥，并以此见证新中国的发展和改革开放的巨大成就，这是一个独特的角度，也是一个很具有说服力的角度，陈宏想。

在陈宏的导演思路中，《长江大桥》就是在"长江大桥"这个横断面上，全方位、立体化地纪录新中国从桥梁弱国走向桥梁大国，再到桥梁强国的发展历程。从一座座长江大桥的建设过程，以及大桥连通下的两岸的现状与历史，来见证中国60年发展奋斗史。在他看来，在这个主题下，"桥"分三个层面：一是物理学层面的桥，如桥的材料、桥的结构、桥的各种技术等；二是社会学层面的桥，如桥的修建带动了两岸经济发展等；三是美学哲学层面的桥，如陈宏认为桥是人类对生存现状的超越等。

如此一来，《长江大桥》实际上就是一份新中国60年发展成就的绚丽答卷，是中国走向世界、走向繁荣富强的时代进行曲，是中国60年腾飞发展的光辉篇章。

在精神意义上，每一座长江大桥，都是甘于吃苦、无私奉献的"墨脱精神"，勇于创新、领先世界的"振华精神"，善于协作、团结奋进的"龙成精神"的结合体。

所以，在《长江大桥》中，陈宏执导下的镜头，是以长江大桥为载体，以人为主角，以故事为载体，以情感为核心，以真实为灵魂，通过江桥建设者、沿江城市、乡村基层社会不同生活群落的普通民众，反映中国大时代气象和发展的成果。

一座座长江大桥，就是一条条腾飞的巨龙，一座座历史的丰碑。她以其独特的雄姿与魅力，给人以无限的美丽享受。

《长江大桥》，讲述的就是交流，就是沟通，就是携手互利共赢，以及寻找人的智慧，发现中华民族的活力。

千百年来，长江由西向东，奔流不息，将中国从中分隔开来。不仅形成了富裕的江南水乡，更缔造了悠久的长江文化。但是人们似乎并不满足于泛舟江上，想的却是"天堑变通途"。于是，长江成了世界上桥梁建设工程最密集的一条河流，长江大桥的建设使长江流域成为举世瞩目的发展焦点。

"一桥飞架南北，天堑变通途。"长江大桥的建设，不但是"连接南北，贯通东西，走向世界"的港桥时代重要环节，还是中华民族自强不息、发奋图强的民族精神的体现，对促进长江两岸、中国南北的社会进步、经济发展、人文交流、资源互补等等具有深远的意义，传递给人们的是中国发展融合的讯息，展现的是新中国的发展成就。科学发展、构建和谐，需要沟通、需要交流，需要合作互利共赢。让世界更"畅通"，需要"桥梁"。

长江大桥是一条条腾飞的巨龙，长江大桥是一个个历史的丰碑，长江大桥的建设是中华民族的奋斗史。长江大桥是智慧之桥、奋斗之桥、奇迹之桥、沟通之桥、发展之桥……没有长江大桥，就没有新中国辉煌的今天！《长江大桥》将构成一部长江流域波澜壮阔的社会发展全景图，成为折射中国腾飞发展的光辉篇章。

《长江大桥》是一部送给新中国的宏伟史诗，是一首大气磅礴的长江赞歌，是一座展示发展成就的舞台，是一座和谐沟通的"桥梁"。

在这样的视角观照下，一座座在普通人眼里稀松平常的桥，在这里，在陈宏的镜头下，却成了一部中华民族的创业史，一部长江流域的发展史，一部中国桥梁的建设史，一部中华文明的复兴史。

因为梦想，陈宏还曾大胆地提出拍摄一部以游历全球知名大学为主体内容的纪录片，把它叫做《思想的历程》，也就是人类伟大思想的历程，因为这些思想大都诞生在学校。在此构想下，这部片子至少应包括下列大学：

世界第一所大学：博罗尼亚大学（Bologna，1088，意大利）

法国最早的大学：巴黎大学（1257），素有"现代欧洲之母"的美称

英国第一所大学：牛津大学（1168）

德国最古老的大学：海德堡大学（1386）

"现代大学之母"：柏林洪堡大学

欧洲第一所新教大学：莱顿大学（1575，荷兰）

美国第一所大学：哈佛大学（1636）

俄罗斯第一所大学：莫斯科大学（1755）

英国：曼彻斯特科技大学（1824）

葡萄牙第一所大学：科英布拉大学

西班牙第一所大学：马德里康普顿斯大学

中国最早的大学：北京大学（1898）

作为一次电视行动，《思想的历程》正是带着构建和谐世界的深沉思考，梳理影响时代的伟大思想和经典学说，在历史和现代的穿梭之中，将高等教育的发展、文明的探索、经典理论的时代演变等等融入到空间化的纪实拍摄笔触中娓娓道来，同时又把理论性、纪实性、文献性完美地结合在一起，深刻揭示了人类过去与未来发展的精神之旅的历程。片子拍摄过程中，创作组将走访世界10余所古老而著名的高校，通过阅读欧美著名大学和它所在的城市，对其整体文化和思想发展进行了解，重新思考、定位教育与文化的价值，重新认识教育与自己国家的现在与未来。

2010，百年世博，康宁台长提出并创意了要搞大型世博主题全国大学生辩论大赛，要求中线传媒联合相关媒体组织实施。

2010年，由中国教育电视台、上海世博会事务协调局、共青团北京市委员会、《光明日报》联合推出的大型世博主题项目"创想青春——2010海峡两岸暨港澳地区高校世博辩论大赛"在精心的策划和筹备中如期举行。陈宏是该大赛的秘书长，即是具体的组织实施者。

作为展示当下世界文明和人类思想的盛会，上海世博会既是人类文明成果的集中展示，也是人类对自身文明进程的反思与追求的体现。本次辩论赛吸引了中国3000万大学生关注本届世博盛会。在"传播世博精神，分享世博智慧"的宗旨下，辩论赛选

题聚焦于时代生活中最具影响力的现象：如3G产生的划时代意义、可口可乐环保包装瓶的投入使用、快消食品对人们生活的影响、时尚品牌呼唤的个性与情感的实现等。

大赛锁定全国最具影响力的100所高校，地域延伸至港澳台三地，用现代化手段等新颖形式，在辩论中求同存异，展现大学生不同的价值取向、精神风貌、专业知识、人生阅历的智慧碰撞，最后统一回归到"怎样才能让我们的城市更美好"的大主题上，与世博精神完美契合。

同时，活动借助多媒体手段，打造创意赛事；借助如科技发明、创意设计、影视摄影作品、动漫短片、街舞、花式篮球等多种表现、表演形式，营造轻松、活泼的辩论氛围。

2010年8月30日，西南政法大学辩论队力克北京大学队，夺得这次大赛冠军。而作为这次大赛直接成果的"全国高校大学生辩论联盟"也在中国教育电视台的积极倡导下得以建立。

应该说，这次辩论大赛，实际效果有些超乎预料，这也就如作为本次大赛秘书长的陈宏在题为《北大之上，是国家》的总结中写到的那样：

华语辩论界认为这是一次"组织水平一流、节目形态时尚、播出时间最长、品牌价值显著"的大型电视辩论节目；世博组委会领导也给予了高度评价，认为这是历时长、规格高、范围广、影响深远的关于世博主题精神的传播活动。就整个大赛活动来看，项目组在教育台领导的坚强领导和各部门的大力配合下，发挥"顽强拼搏、敢打硬仗、科学管理、统筹兼顾"的精神，紧张有序地推进各地初选赛、远程在线复活赛、北京晋级赛、总决赛、颁奖晚会及全国高校大学生辩论联盟筹备和成立的多项工作。随着时间的推移，人们对这个大赛的重要现实意义和长远历史意义的认识越来越深入、全面。我个人认为有几个方面的意义愿与大家分享。

一是对世博精神的深度传播与超越。从初选赛、复活赛、晋级赛、决赛到总决赛等百余场次的大赛活动中，参赛选手及其教练、带队老师、协助学生等纷纷围绕"城市让生活更美好"的世博主题，大量查阅资料，走访专家学者，确定攻辩论点论据，或者就周边的事和熟悉的人阐发自己的思想，或者思接千载，目极万里，纵横捭阖，攻辩对方论点。大学生们参加大赛的过程，既是生动形象的阐释、解读世博理念的过程，也是全面系统身体力行的学习、消化世博知识的过程。然而，就整体辩论赛所涉及内容的丰富性和思想的深刻性来看，这次大赛已经超越了世博精神本身所涵盖的思想价值。可以说，这次高校世博辩论大赛是一场中国大学生关于当下人类生存危机的思考与论辩。辩论赛中许多精彩的辩词与论点，已经触及到了全球化浪潮迅猛到来、世界金融危机潮退之后，地球气候变暖加剧，人类何去何从的重大时代课题。在你来我往之中，在唇枪舌战的背后，我们分明感受到了中国青年一代——我们称之为"80后"、"90后"们——对人类命运的深刻关注，对国家民族发展的深入思考。这是一场辩论的狂欢，也是一场思想的盛宴，更是一种爱国情怀的集中展示。

二是重塑民族论辩精神。世博辩论赛，再次点燃了大学生心中蛰伏着的辩论激情，辩论之火在校园开始成燎原之势。这次大赛还未结束，许多学校就主动提议要继续搞辩论赛，给当代大学生一个抒发思想和情感的平台。在我台的倡议下，很快成立了全国高校辩论联盟，短短的时间之内已有近百所大学陆续加入这个联盟，誓言要把辩论的旗帜一届一届传递下去。我们也看到，许多辩手刚回到学校就开始着手筹建辩论组织，开展辩论活动。辩论，这个交织着思想与口才的博弈活动，在20世纪80年代曾火过一个时期，近几年也有一些电视赛事，可未成气候。但是，九州生气恃风雷，万马齐喑究可哀。在时代剧变的今天，关注人类发展、国家富强、民族兴旺的莘莘学子怎能不发出自己的声音！回望历史，柏拉图的善恶之辩，布鲁诺的日心说之辩，达

高校世博辩论大赛总决赛4支参赛队伍：北京大学、西南政法大学、华中科技大学、香港中文大学

尔文关于进化论的留津之辩，苏秦张仪的合纵连横，诸葛孔明的舌战群儒，康梁的维新变法，周恩来的重庆谈判等等，在每个时代变迁之中，我们都能倾听到有识之士激越的辩论之声。人类真理越辩越明，时代情怀越辩越浓。久违了的辩论之声，因为世博辩论大赛，重新响彻在中国校园！

　　三是展示了教育台的立台宗旨和办台方向。辩论赛搭台，学生们唱戏。教育台不惜代价斥资近千万元搞世博辩论大赛，中国教育电视台康宁台长三番五次沟通世博组委会联系，千方百计协调部委支持，苦口婆心说服众多媒体参与，并和台党委书记黄百炼同志多次亲自深入各分赛区做工作，无非就是为了让普通大学生借世博之机表达思想，展示才华，比拼技能。教育台为他们搭建最绚丽的舞台，为他们设计最漂亮的服装，为他们组建最权威的评委队伍，为他们安排最黄金的播出时间，为他们召集最强势的宣传阵容。教育台没有走明星路线，不像有的传媒哪怕砸锅卖铁也要把仅有的一点钱花在已经红得发紫的歌星影星身上，以期换来一夜暴富；教育台也没有走娱乐路线，利用普通青少年善良单纯的情感恶搞善搞、婚恋乱恋，从中捞取收视，以期换来哪怕虚假的繁荣。教育台走的是大众路线，崇尚的是草根精神，施以的是慢功细火，求得的是春风化雨，传递和弘扬的是普通劳动者的美好情怀。这是与这些年来教育台的立台宗旨、制作理念、传播方向一脉相承的。为小民立传的系列纪录项目《我的太阳》就是典型范例。这不是心血来潮、权宜之计，也不是标新立异、故作姿态。教育台认识到人民大众才是创造历史的真正英雄，普通劳动者才是推动社会发展的主体，才是中国改革开放的参与者、推动者与分享者。民众平凡的劳动具有伟大的价值，民众普通的灵魂饱含伟大的精神，他们的担当与坚守，他们的光荣与梦想，他们的爱与哀愁，谱写了我们时代的最强之音，构成了我们民族的精神之魂。发掘、展示、传递它是我们媒体的责任和使命。

　　这篇总结后来被报刊转发。

　　辩论赛结束后，陈宏带领中线传媒的部分骨干一起去参观北京房山区云居寺藏经洞，在那里看到历时1000年、20多代僧人刻下的上万块石碑经文。经文没有一个错别字，也没有一个僧人留下名字。这里既是研究我国古代文化、艺术，特别是佛教历史和典籍的重要文物，也是可与万里长城、京杭大运河媲美的世界宝贵的文化遗产。后人总结了僧人们的16字精神：坚持不懈、锲而不舍、一丝不苟、默默奉献。

　　20多代僧人刻上万石碑，没有一个错别字，没有一个人留下自己的名字。陈宏感到震撼并抱以深深的敬仰。

路在脚下，梦在延伸。

当不断升级和更新的梦想在脚踏实地的实践中成为人生的基本向度和坐标，那人生的此岸和彼岸其实也就合二为一了。

在陈宏的心底深处，一直珍藏着诗人兰波所说、并被米兰·昆德拉诠释为经典的那句"在路上"。

因为"在路上"——我们也都在追求一种彼岸的生活，追寻更远的远方，远方成为一种必然的期待。

因为"在路上"——我们就必须认真地做好每一件可以做好的事情，认真地在每一个当下得到充实和有意义。

因为"在路上"——所以此处即彼处，此间也就是远方。因为远方也就是每一个彼间，下一个当下。

所以，只有"在路上"，人生才是更高层次上的"诗意的栖息"。

有关纪录片的思考

2009年11月7日，陈宏应邀做客网易会客厅，向网民朋友们较为系统地阐述了自己对纪录片的思考。

其实，在此之前，陈宏就多次邀请纪录片界的人士畅谈中国纪录片的当下和未来，并收集了比较丰富的数据和资料。

早在5年前，广电总局的有关领导就找陈宏，说中央要加强推动中国纪录片建设发展，具体要出台推进中国纪录片发展的政策意见，希望陈宏广泛地收集情况，写出一份初步意见供参考。结合自己这些年的实践，陈宏给主管部门提交了一份《中国纪录片产业化发展乱弹》。陈宏认为中国纪录片建设落后状况的根本原因是没有形成市场环境的产业，但又觉得想得不够成熟，就以"乱弹"冠之。后来这份报告成了历经5年后才出台的《关于加强推进中国纪录片建设的意见》的重要参考文献。

围绕这个"乱弹"，笔者就纪录片方面的系列问题拜访了陈宏。在对话中，他将自己对纪录片的系列思考和盘托出。笔者以为，作为在中国传媒界有影响力的资深纪录片人，他的诸多观点和看法，确实都可谓是对中国纪录片事业发展的真知灼见。

以下是笔者对陈宏的访谈实录。

三大现象增强纪录片信心

笔者：从事电视事业18年，在许多人对电视纪录片表示抱怨、感伤甚至是放弃的时候，为什么您一直对之充满信心？

陈宏：有三个现象使我们对纪录片充满信心。

第一个现象是，上半年还亏损的中国教育电视台三频道，从改版为纪录片频道之后，当年赢利3000万。

第二个现象是，也就是在这个频道上，收视数据反映，纪录片的收视要远远高于电视剧的收视。中国教育电视台三频道，由于历史的原因，这个频道保留了每次播出两集电视剧的"首播剧场"这个栏目。对此栏目，我们也都是花很贵的价钱买首轮首播剧，而且还都是大片，但是，它的收视率远不如纪录片，甚至可能差好几倍。

第三个现象是，中国教育电视台的频道广告，几乎都是国际上的大盘硬板广告，都是国外4A公司按收视点来算广告费，不是"直客"，也没有其他软性的广告。

这三个现象，对我们继续办纪录片，办好纪录片，以纪录片为主增添了信心。

呼唤播出机构为纪录片提价

笔者：您似乎有这么一个观点，电视播出机构可以很好地支持纪录片的发展，但激烈的市场竞争往往让大家忽视了这一点？

陈宏：娱乐，尤其是电视娱乐，现在不是娱乐至上，而是娱乐致死这么严重了。不过，尽管这样，我们还是很高兴地看到一部分观众已经觉醒，他们要寻找有深厚文化内涵的节目来消费，这就是纪录片获得新发展的机遇。我个人认为，中国纪录片存在着巨大的市场潜在价值，只是我们没有很好地去帮它加一把火，让它沸腾，让它喷涌而出。在这方面，我们的前辈有很多做法值得借鉴。例如，20世纪80年代末90年代初，中国的电视剧市场很不景气，做的大量的电视剧求各个台播出，很便宜也卖不掉。很显然，在那个时候，这样的情况如果继续下去，中国电视剧就完了。

在这个当口，杨伟光同志站了出来。在山东一次会上，他倡议并且主动提出中央电视台要高价购买电视剧，他当时提出8万元一集。很快，紧接着的1992年，有一部叫《爱你没商量》的电视剧，央视就花了400万元买播出权。各省电视台也纷纷响应。从此，中国电视剧市场开始逐渐步入良性发展的轨道，逐步做到按市场的价值和价格规律来推进其发展。今天，中国已经成了世界上最大的电视剧王国。我个人认为，我们的前辈，如杨伟光同志这一批人，确实是功不可没。

当前，中国的纪录片，在市场化这一点上，也就犹如20世纪90年代初的中国电视剧。所以，我认为，这正是需要强者振臂一呼的时候；而且，这个"呼"的关键，首先就是要把纪录片的价格抬起来。现在，地面频道播出的纪录片，也就几十块钱一分钟；我觉得，如果这个价格能够上升到三、五百块钱一分钟，再发展到八百块钱到一千块钱一分钟，这样就很有前景了。只有让做纪录片的人不吃亏，纪录片才能一直做下去，才可能迎来可持续发展。

其实，中国的纪录片为中国的电视台，尤其是大台做出了巨大的贡献，只是人们还没有充分认识到这一点。比如，每逢国家的重大节庆，纪录片都是当家菜，没有纪录片，节庆的舆论引导任务就难以完成。不管是建党80周年、还是新中国成立60周年，都要有重大的纪录片当家，才能打造宣传的亮点。另一方面，纪录片为各个电视台的发展，特别是主频道主要栏目的发展做出了巨大贡献。北京电视台有档节目叫《法制进行时》，中午12点到12点半播出。若干年前，这个节目的广告收入就达1亿元以上，这是奇迹吧？如果仔细分析，这个栏目的本质其实也就是纪录片——再现发生的案件，或进行跟踪纪录。因为是纪录片的形式，所以大家爱看。《东方时空》原来的《生活空间》、《百姓故事》其实也都是纪录片。所以，纪录片其实为中国电视大发展做出了巨大贡献。还有其他的娱乐节目，比如"超女"，真正让人爱看的是什么呢？是纪实的部分，是那些见所未见闻所未闻的幕后片断。也正是因为如此，国外把我们"超女"这样的节目定位为纪录片，他们叫做"真人秀"类纪录片。所以，纪录片对中国电视传媒发展确实是出了很大的力气。但是，在电视行业，真正到了给纪录片拨款的时候，很多台长、总编辑和预算部门就下不了手。这和纪录片的贡献很不相匹配。

所以，我们应该振臂一呼，或者是强手联盟，先把中国纪录片的价格提起来。

纪录片是"世界语"和"硬通货"

笔者：您认为，中国纪录片对中国文化传播和文化软实力建设的贡献何在？怎么体现？

陈宏：电影刚一诞生，就被赋予了"纪录时代进程"的宏大使命。应运而生的纪录片，更是被誉为人类的"生存之镜"，是人类用来观察自己精神的一面镜子。纪录片与现实的关系如此密切，几乎每个可预测的重要历史事件的发生都有摄影机的在场见证。

中国纪录片的崛起，是在电视的成长中完成的，没有像国外的纪录片那样以电影为主要方式。中国的电视纪录片起步于1958年，在半个世纪的发展历程中，形成了自己清晰的发展脉络和完整的风格样态，新闻纪录、文化反思、平民纪事、生存观照、人物立传等各种题材内容的纪录片都得到了较为充分的实践。

在奇艺网《改变·视界》纪录片论坛发言，从左至右：中国传媒大学教授张雅新、陈宏、
《故宫》导演周兵等，北京师范大学教授张同道主持论坛（上图）
担任全球华人纪录片互联网盛典评委之一，此图为颁奖现场点评（下图）

目前，国产纪录片是电视节目中形态最多元的产品之一。历史人文类、历史文献类、自然类、当下生活纪实类、当代社会文化纪录类等等都得到了充分的实践和发展。纪录片因其重要性被电视界视为"金字塔"的塔尖，已经成为中国各电视机构反映自身水平的节目样式。更重要的是，纪录片的纪录精神，已经渗透到了中国电视制作的方方面面。

蓬勃发展的中国当代社会，需要纪录片去刻录其进程；弘扬民族精神，展示民族气魄，需要纪录片去宣示其内涵；纪录片在构建和谐社会的电视话语中，起着无可替代的作用，对推动民族复兴具有强大精神感召力。

在和平与发展成为时代主题的今天，各个国家、各个民族，都希望通过文化传播，宣传和介绍自己的生活方式、价值观念、历史人文、地理风光，有的甚至以此来达到争夺国际话语权的目的。但是，由于不同地域和不同民族文化差异性的存在，使文化产品在流通过程中，尤其是在文化贸易跨越国境时，不可避免地产生文化心理冲突，这种现象被称作所谓"文化折扣"。文化折扣的存在，将纪录片推上了国际间文化竞争的主阵地。

跨国传媒为避免文化折扣，逐渐将产品集中在少数几个种类，动画片、纪录片等，便成为了它们所经营的文化产品的"硬通货"。其中，美国的媒体巨头最为成功，他们为减少"文化折扣"的消极影响，把具有"世界语"特性的纪录片拿出来，作为"无差异"性国际影视产品重拳出击。探索频道极力避免意识形态差异对产品的影响，把自然、地理、人文等内容结合在一起以满足不同文化背景下的观众。一些发达国家抓住纪录片所谓真实、客观、中立的特性，进行全球采集，全球播映。

国产纪录片频道频频"触礁"

笔者：您多次提美国的Discovery，在您看来，国内纪录片频道与这个频道的差距在哪里？

陈宏：从2000~2005年，纪录片频道的起航，遭遇了香港搁浅、上海遇阻、深圳触礁。与此光景不同的是，海外纪录片频道不但活得有滋有味，还对大陆的影响日益加深，这就有点让人读不懂了。

Discovery传播公司，目前已经成长为全球领先的纪实媒体和娱乐公司，它拥有覆盖全球160多个国家和地区、累计超过10亿的订户。除美国以外，Discovery提供13大国际电视品牌，累计达6亿订户。在亚太区，7大Discovery电视品牌携8种语言定制的节目，到达23个国家和地区的2亿8千万累计订户。

Discovery是有着近20年发展历史的老店，它的核心资产年年暴涨，还有着发展的机遇在里面。但是美国的国家地理频道就不同了，它1997年才在欧洲成立，1998年进驻亚太市场，2001年才落户美国。这样一个纪录片频道新生力量，携带着《神奇的地球》、《狂野周末》，在中国20多个城市登陆时，让中国纪录片业界感到了沉甸甸的压力。

无论是Discovery还是国家地理频道，都放话说将在5年内，解决24小时的频道落地问题。有人形象地比喻，当中国纪录片产业化发展还步履蹒跚时，已经被狼盯上了。

其实中国的电视产业从来不惧怕与狼共舞，无论是国产电视剧还是国产动画片，都是靠着正确的政策策略导向，在激烈的市场竞争中，强壮了起来，并在21世纪之初，完成了产业化发展的惊人一跃。

远的不说，2004年，中国电视剧市场迎来了又一个"丰收之年"，产量达到1.1万集以上。电视剧已经成为广告投放的重要载体，许多电视台电视广告的70%~80%得益于电视剧。目前，全国投入电视剧制作的资金为30亿到40亿元，电视台购片的费用为20多个亿，而电视剧给电视台带来的广告收入超过了200个亿。电视剧产业进入了良性循环。

同样在2004年，全国申报的动画节目量达到了20万分钟，这一数字在世界上讲也是一个天文数字。动画节目的生产制作开始由产品向市场的转变。过去，动画片卖给播出机构一般是每分钟3元、5元、8元，有的甚至是免费送给播出机构播出。现在，湖南电视台每分钟动画节目的最高价达1000元，中央电视台每分钟动画节目最高价达1200元，而上海电视台每分钟动画节目最高价达2000元。动画片突然成了抢手货，跟政策策略密不可分，是近一两年广电总局根据中央有关精神制定并出台的改革杠杆拖动了嚷嚷已久但一直没被唤醒的动画市场。

如今，除了北京、上海、湖南获准开设动画上星频道之外，全国已有24个电视台获准开办少儿频道；同时，全国已有31家省级电视台开办了少儿栏目，258家地市级电视台开办了少儿栏目，而全国电视台现有的动画栏目有近200个。新增的动画片无疑是想瞄准其中的节目缺口，而市场的需求增加，带来了动画片定价的合理性，从而提升了制作单位的热情。就在这种良性互动中，中国动画片产业崛起了。

那么，当国产纪录片产业化的战车隆隆发动之后，阻碍它前进的症结究竟在哪里呢？

要搞清这个问题，就必须由产业化运营的基本要素入手分析。虽然纪录片属于精神产品，有其独特性，但要实现产业化，就必须同其他产品一样形成完善的产业链，生产、交换、流通、消费，四个环节缺一不可。

舍弃自给自足的"小作坊"

笔者：国内的电视台是纪录片最大的需求者和生产者，您将此比喻成栏目小作坊形态，并认为中国电视纪录片应该放弃小作坊状态，您认为该怎么放弃呢？

陈宏：不错，目前国内的电视台就是纪录片最大的需求者和生产者，而二者的结合形成了"自产自销"的栏目小作坊形态。

栏目的主要运作模式，以每分钟制作经费为核算单位，一般在1000~5000元之间。投入一个30分钟的纪录片的制作费用，央视预算较高，但一般也不会超过10万元，省级台大约为两三万元。这种模式，导致栏目式的纪录片小作坊遍地开花。这些小作坊，选择的大都是"短平快"的题材，制作水平也相当于文化快餐。显然，以低成本和短时间想赢得影视节目类型中高贵的"白领"、"精英"——纪录片的青睐，是不太现实的奢求。

所以，广泛吸引社会资源，制作资本向台外寻求，是纪录片这种高投入、大制作的节目运作规律的必然寻求。

与国内电视台栏目小作坊的生产形式相反，同样经营着一个节目网络的Discovery，并不是人们所想象的一个节目制作的机器，而是一个网络管理、品牌经营的机构。"探索"全球不过4000名员工，它的自制节目所占比重并不高，大量节目是委托制作或购买。凭借自己的规模，它严格选择最经济的投资方式——尽可能投资能够广泛播出的节目或购买其全球版权。

"买全世界，卖全世界"，"探索"选中的节目在中国电视台看来，个个都是大制作，它1小时节目成本高达10万至20万美元，大制作可以到100万美元。对于中国的小作坊，Discovery并不希望它发展成为一个国际化的大车间，于是向国内电视界抛出橄榄枝:"如果你有能力做一个很好的节目,又想自己来经营这个节目,收入肯定不如你把这个节目卖给Discovery。"

纪录片人不做"文化乞丐"

笔者:纪录片人,是不是就一定得耐得住寂寞与清贫?是不是一定得做文化乞丐?

陈宏:一分辛苦一分收获。在纪录片创作领域里,优秀的纪录片一般拍摄时间都比较长。宋继昌拍摄《摩梭人》,曾在当地与摩梭人共同生活了整整3个月;陈晓卿拍《龙脊》,在山里蹲了大半年;王海兵拍《山里的日子》,九进大巴山,拍摄时间1年半;康健宁和高国栋的《沙与海》,拍摄时间长达3年。而国外的一些纪录片,拍摄时间甚至长达十几年、几十年。这些纪录片的深度和艺术价值很大程度上得力于它们的拍摄时间,因为拍摄的时间就是创作的时间,就是思想不断沉淀的时间。

辛苦的程度都是一样的,但得到的回报却迥然不同。在国内,纪录片很少体现出优质优价,很多纪录片制作领域的"老兵",能在这个领域坚持着,靠的完全是自己的兴趣、信念与毅力。

国内纪录片市场,无价无市;而国际市场的节目买方却为好节目不吝一掷千金。西方的购片大户,美国有PBS、A&E、历史频道、国家地理频道和探索频道;英国有BBC、4频道、S频道、英国生活台;欧洲播映商有法国5台、ZDF、RAI和探索节目的欧洲频道;日本有NHK;而加拿大、澳大利亚也有很大的市场空间。但是,中国呢?有哪个频道敞开了大门对全社会说:"我要。""纪录片可播可不播"的政策态度使得当下中国电视台的掌门人无暇顾及这个还没被唤醒的大市场。

由于市场需求的推动,美国、欧洲的不同片中,形成了阶梯性价格体系。国际市场纪录片收购价格,因国家和频道的不同以及根据节目的不同质量相差很大。以1小时的电视节目成品为例,美国可达10万美元,德国8万美元,英国略低于美、德,加拿大5万美元,法国、意大利2万美元,日本为3.5万美元。

在国际市场,电视的制播分离完成得比较彻底。播映商向制作商收购节目,是电视网线运营的主要模式,因此制作公司十分活跃。在英国,独立制片公司大约有700家左右,制片公司总体可分为三类:一是小公司,通常由个人设立,有时设立公司只是为了拍摄某一部影片；二是超级制作公司，规模庞大，为数极少；三是中型独立制作公司，数量在四五十家，每个公司聘用10至40名全职人员，其中固定员工包括董事长、总经理、制片主任、制片协调、剪辑师、助理制片、项目开发、接待员。这类公司有固定的管理架构、办公场所、库房、会议室，足够的计算机支持，年制作节目约15到20个小时。值得考虑的是，如果中国的制作公司也仅仅生产这样长度的片子，后果肯定是被房租"砸"死。

国外纪录片的独立制作公司活得那么滋润，靠什么方式获取收益呢？一般来说有四种收益来源：一是拍摄节目收益，大概投资额的10%~15%为制片人的利润，当然其中包括剪辑室等公司资源利用的费用；二是销售节目成片的收益，可能是一次性出售版权，也可能是销售利润中分成，由于形式多样，纪录片的制片人也许要在提交节目一年后才能拿到回报；三是销售节目形态，即行业内所说的节目创意版权，比如央视购买的《开心词典》等节目形态；四是其他收益，主要指纪录片的衍生产品，如DVD、书籍和商品。

与获取收益五花八门的方式一样，国外的独立制作公司拥有着众多筹集资金的渠道。但主要途径，一是靠播映商提供；二是靠分销机构对节目成品的销售，或付定金直接提供投资；三是与国际播映商合作；四是基金机构拨款制作节目（以公益类节目题材为主）。

电视台投钱，让制作公司赚得盆满钵满，这样的运营思路在中国是不可想象的。自己的孩子还嗷嗷待哺呢，你制作公司手里有片子，求着我播还不待见呢。没有制播分离或硬性播出政策规定的中国电视界，对纪录片这个片种的态度，基本上还停留在我恩赐你多少秒贴片广告的层面上。

流通才是硬道理

笔者：您认为，Discovery给我们最大的启示是什么？

陈宏：对于中国的纪录片市场，Discovery管理层认为，中国有很大的市场潜力，市场本身不成熟，没有大到能让一个纪录片频道自给自足地存活下来，也就是说靠市场本身的动能托举一个专门播放纪录片的电视网线，还得等。

Discovery的管理层还认为，中国只是Discovery全球战略的一部分。它能够将纪录片产业做到全球规模，有几个大市场一定要先攻占下来：美国、欧洲……如果不，根本不能有这个规模支撑它全球的扩张。而美国也确实大到这种程度：1年2000小时的节目里，1500个小时只在美国看得到。

Discovery的故作惊人之语，无非是为了多卖点自己的片子。对于中国的纪录片产业化，立足点还是本土化。当然，中国纪录片流通不畅，有生产没分配，有消费没流通，确实是市场建设中一个很突出的问题。纪录片市场不成熟，体现在节目流通上，出现了四个互相矛盾的现象：一是海外纪录片市场对中国纪录片需求量大，但国内很少有纪录片走入国际市场；二是发达地区尽管相继成立纪录片频道，可是有的地方纪录片栏目却正在萎缩或退出黄金时段；三是电视台需要大量的纪录片填充栏目或频道，纪录片独立制作人却苦于作品没有播出渠道；四是电视台注重批量化生产纪录片产品，而营销商则需要高质量的作品打入国际市场。

由于国产纪录片缺乏流通，每一个播映纪录片的电视台面临着两难的选择：或者你冒着财务风险，自己投资做点上档次的节目；或者你眼光向外，花2000美元买一部投资额在60万美元的海外强势节目。结果是，电视台大部分都把宝压在了后者，于是国家地理频道和Discovery大把数钱。

流通渠道中最为关键的环节是销售窗口，即播出平台。只有有了媒体播出平台，在纪录片的播出中才能把消费者与生产者联接起来，把供给与需求联结起来。因此，不遗余力地、成规模、成建制地扩充纪录片的播出平台，才是抓住了中国纪录片潜在大市场的牛鼻子。

纪录片消费市场正在启动

笔者：可以对中国纪录片的消费市场做个描述吗？

陈宏：生产、交换、流通、消费。作为文化产品，纪录片产业化的最终归宿还是消费。中国电视纪录片消费市场究竟有多大，这一直是投资者关心的焦点问题。

这其实是一个无法回答的问题，因为文化产品的消费和供给之间是互相刺激的。Discovery创办之初以500万美元起家，当时的市场对Discovery也就500万美元那么大；而今，Discovery的资产已达200亿美元，节目类型涉及历史、自然、健康、探险和人类冒险、科学与科技成果等，覆盖家庭收视户数目达4亿美元。Discovery还致力于纪录片延伸产品的开发，目前已拥有154家专卖店、6500万顾客和1500万网上顾客、1000万直销与邮购业务。Discovery的成功已经说明纪录片的市场其实很大，观众不但愿意购买纪录片而且愿意收藏。在Discovery迷看来，与其他形式的影音产品相比，纪录片是历久不衰的，其价值不会随时间的流逝而消失。

中国电视纪录片消费市场究竟有多大，这也是一个很无聊的问题，有点像问中国的门户网站新浪值多少钱。对于新浪用户来说，就像你不会问自己的脚丫子值多少钱一样，这个网站是自己生活的一部分。

因此，国家地理频道的高层提出：我们就是这样一个媒体帝国，你晚上回家可以看国家地理节目，早上在咖啡店随手就可拾起一本《国家地理杂志》，孩子们晚上在国家地理网站上冲浪。因此，在不同程度上，国家地理已经成为家庭生活的一部分。

文化资源最好的保护是科学有序的开发

笔者：守着中华五千年的历史和转型社会的好时代，中国纪录片人应该怎么做？

陈宏：提起纪录片，总有人自豪地说，中国有着五千年的历史，有着光辉灿烂的文明和深厚的人文积淀，这是当前和未来文化产业的"富矿"，也是本土文化产业战胜老外的法宝。其实，这种观点是非常错误的，在经济全球化的浪潮中，这些老外们不但要来挖掘你的富矿，那些国际传媒巨头们很可能还来"乱采滥伐"，如果中国文化产业界不抓紧时机开发与经营，让东方文化"借风"走向世界，很可能嘴边的奶酪被别人抢走。

这并非危言耸听。中国动画片的投资商，有谁会肯去投资制作"花木兰"呢？在此之前，迪士尼公司已将中国传统民间故事《花木兰》进行深度改编，成为好莱坞东方题材的成功范本。改编将中国的文化传统肢解和碎片化，引起国际观众对中国文化的片面解读，这不在我们这次的探讨之内；最重要的，是中国传统文化的一处矿藏被开挖了，中国的资本力量要重新挖掘，需要更大的勇气。

同样，中国的纪录片同行，谁还有兴趣去拍摄"大白鲨"，去观察鳄鱼养殖，甚至去向国际市场推出自己的"熊猫"作品呢？更别忘了，敦煌在中国，而敦煌学却在国外，文化资源的争夺从来都没有停息过。

无论是物质产品的生产还是文化产品的生产，资源都是第一位的。人类的物质生产对地球资源的消耗，使能源的争夺上升到了战争的形态。而文化产品的生产也不是无源之水。文化资源会枯竭吗？答案是肯定的，形势是紧迫的。

文化资源最好的保护，就是科学而有序的开发。

对中国目前纪录片栏目的内容而言，还未充分实现本土化。这一问题从阳光卫视一开始就明显存在着。当年，阳光卫视将美国历史频道的《人物志》引进后，换上中国的主持人，加上中文解说，就成了自己的支柱性栏目。

这样的节目，离中国观众的生活太远，观众新鲜劲儿一过，就失去了对大多数受众的吸引力。引进、学习、吸收，最后实现本土化，这才是中国纪录片产业化的立足点，也是应对国际传媒压力的策略。

本土化说起来蛮有学问的，实质是用中国独特的文化意识去制作节目，与中国观众的深层心理积淀相契合。说白了，就是不要故作深沉，要走进百姓的生活，使节目真正成为百姓生活的一部分。

国家地理频道有一期节目，是对埃及金字塔的考古探险。全世界的金字塔迷都期待着节目的播出，观看节目成为一次难得的生活体验。当然，看完节目之后有些观众相当失望，毕竟没有发现什么。但这毕竟是4000年来人们第一次看到金字塔前人未睹的部分，这是科学真实，而不仅仅是在做电视节目。

电视带着全球众多观众一同去了，观看了那次金字塔里的探险。里面没有发现财宝，那就是事实；但大家去了，发现了4000年来没有人知道的事实，这就是纪录片与生活相互融合的关系。中国历史中有多少次惊心动魄的考古发现，但哪一次成为了中国人自己的生活体验呢？

凤凰卫视开了一档比较时尚的纪录片栏目，叫《DV新世代》，买上一堆DV机，发给大学生，给大家玩一玩。制片人的创作原则，套用东北的笑话，看似是"傻子花钱，乐呵乐呵得了"，其实是对闭门造车的所谓精英纪录片的颠覆。制片人觉得，中国的DV运动出现了两个主要问题：一个是以广播学院为代表的艺术院校，他们的作品是对《生活空间》一个完全模仿式的克隆；还有一个是思想大于内容，一开机就讨论中国文化的复兴，或者传统文化的变迁，特深沉。

本着与生活相融的想法，该栏目取得了意外收获。他们设了一个《我的父亲母亲》征文，达到的震撼效果远远超过张艺谋的电影。制片人认为，不是说这些片子的艺术质量多高，或者叙事语言多么精致，或者镜头语言多么优美，而是多多少少使我们认识到纪录片真正应该干的事情。它触摸了社会的底层，尤其是在社会转型过程中具体的苦难、具体的光荣，把它们真实地表达了出来。而过去的DV片子，把一些苦难或者光荣抽象化、符号化、装神弄鬼化了，也把生活肢解了。

由中国教育电视台组织实施的大型纪录片《我的太阳》，第一部"五一"期间在一个影响力并不突出的电视台播出后，收获了意想不到的反响。时长24小时的节目在连续播出期间，网上点击率达数百万。而第二部《我的太阳》在国庆期间播出时，各地方社团、政府、院校都自动组织收看。其中的主要原因，就是片子真实反映了当代中国社会的基层民生。

抛弃公共频道"跑马圈地"

笔者：您认为，开办付费频道，对刺激纪录片的发展是否有好处？

陈宏：2004年可谓数字电视年，广电总局颁布了一系列政策，降低付费频道开办门槛。政策支持的作用立刻显现。截至当年12月，总局共批准开办79套付费电视频道（全国播放68套，省内播放11套），其中开播44套（全国36套，地方8套）。2005年新年伊始，央视的中数传媒频道数量增至17套。

付费频道增加，全国电视频道数陡增。由于付费频道定位是小众，必须抛弃公共频道粗放经营跑马圈地的旧习，转而开始精耕细作。央视停播西部频道转办"社会与法"，各省级卫视也重新定位，江苏卫视定位情感，广西卫视定位女性，浙江与广东卫视联手打造财富，中国的公共频道开始告别千台一面，老少通吃成昨日的幻想。开办付费频道，可以参考美国电视运营的商业模式。美国电视搞的是所谓的"二次售卖"，电视媒体企业生产两种商品，一种是内容，即电视节目，另一种是受众。观众在消费媒体内容的同时，也形成了一种"产品"，他们被分类、打包、标价，然后出售给广告商。据统计，在1999年，美国有线电视收入结构中，频道付费收入为47.5亿美元，而广告收入则为26.82亿美元，前者达到了后者的近两倍。

让观众为自己收看的节目买单，中国的电视观众还不习惯。这是因为中国的电视媒体盈利模式与国外的差别很大，长期以来中国电视媒体只销售广告，也就是只销售收视率而不销售电视频道中播出的内容。据统计，目前国内各电视台95%左右的收入来自广告，即来自第二次销售。

单一的广告盈利模式对大众化电视频道是适用的，而对专业化电视频道并不合适。在国外，历史频道、国家地理频道和科学探索等专业频道，都是以有线付费为播映主体的，它们能够生存并实现盈利，原因是这些频道都不是单一的广告盈利模式，而是在销售频道的基础上又销售广告。

必须要走的产业化之路

笔者：您认为，中国纪录片产业化发展的思路是什么，推动国产纪录片产业化的政策着力点何在？

陈宏：这个问题，我分几个层面来回答。

一是如何体现播映体系的龙头作用。

发乎其上，得乎其中。没有市场的重拳，国内纪录片想迅速形成自己的市场是十分困难的。

要有效地整合现有的人才、库存、制作力量，在国产纪录片产业化发展中发挥牵一发动全身的放大效应，最关键的举措，是联合组建一个国家级的纪录片上星频道，以此作为启动国产纪录片市场的按钮，以影响力带动广告，促进纪录片国内市场价值提升，逆向理顺国产纪录片生产、交换、流通、消费四大环节。

有了这个上星频道，央视及全国各电视网发挥主力军作用，提供片源，按上星频道的要求重新打包，对抗国际传媒，征战全球市场。而各台所提供的片源，作为共享资源，建立国家级"纪录片库"，根据库源使用情况完善利益分配机制，推动中国纪录片市场快速形成一个有机的制、播、销机制。

上星频道应当是制播分离的一个契机，它应当把相当一部分节目的制作权，转移到社会上纪录片制作公司。目前，中国现有大大小小几千家制作公司，其中大部分集中在影视剧、娱乐节目和信息类节目上，竞争惨烈。许多公司欲转产却无路。如果开放纪录片市场，允许一些制作公司、中介组织、非媒体机构如企业参与生产和经营，就可以盘活资源，在融资、制作、营销等方面获得商业经验和动力。

网台分离、制播分离，是国际电视网的基本运作制度。节目的制作、营销有专门机构负责，电视台不直接参与，这更符合现代市场经济的特点。

国家级纪录片上星频道，这个市场的龙头昂起来，将拉动整个纪录片产业化建设；同时为积极配合构建国产纪录片播映体系，国内地面频道开设过纪实类频道的上海、深圳、广州等，给予政策支持；要求有实力的电视台开办收费纪录片频道，加大力度促进纪录片收费频道的建设；另外要求各地电视台公共频道在较好的时段开设纪录片栏目。

二是如何引来源头活水。

美国的国家地理频道曾经一再宣称，国家地理频道的独特在于它不是商业公司，国家地理频道是对国家地理学会使命的传承。国家地理学会已经有115年的历史，是世界上最大的非营利性科学与教育组织。

美国建国只有200多年历史，而国家地理频道依托国家地理学会，为自己的创作找到了精神使命和节目资源源头。那么，中国拥有着多少个考古机构、多少个地质勘探机构、多少个博物馆、多少个文物局？中国的复旦大学是世界上历史地理学科的创始者。而波澜壮阔、蓬蓬勃勃的当下中国现实社会生活，每一天又有多少个神奇的故事等着电视界去记录，每天又有多少个秘密等着电视人去挖掘。

在充分发挥纪录片学会或协会等学术团体的作用，加强纪录片理论研究的同时，更应当结合中国的实际情况，围绕纪录片制作的重大选题、重要举措（如瞄准国际市场制作的题材）进行广泛的联合，组建中国纪录片促进委员会，加快速度深入挖掘中国的文化资源，为国产纪录片不断推出世界级的"无差别"产品，为纪录片的大发展建立长效机制。

三是如何形成纪录片的梯度投入模型。

根据国家有关政策要求，为国产纪录片产业化发展探索多种引资方式，如风险投资、国际合作、衍生产品销售等。据悉，业内不少专家学者提出，建立中国纪录片发展基金，主要用于纪录片生产和市场开发的资助和贷款贴息，引起有关行业领导的重视。

纪录片投资体系形成以后，推动纪录片制作、流通、播映体系建设。对于中国纪录片发展基金投资的项目，可尝试在分级管理的基础上，完善项目管理机制。纪录片分为三级，即国家级精品节目、重点节目、一般节目。

国家级精品节目的确定，需经"中国纪录片促进委员会"三分之二成员通过后，报"中国纪录片发展基金"，经基金管理委员会三分之二成员通过，才可投资拍摄，而拍摄和发行播映的过程也应有一整套监督机制。

四是以何种方式促使国产纪录片走出国门。

目前，外资媒体与国内电视台合作方式主要有三种：收取节目播映权费；以节目换取广告时间；直接进入有线电视网播出。省级以上实力较强的电视台大多能够支付播映权费；而一部分实力较弱的省级台和市级以下台则大多以广告时间来换取播映权。从2000年开始，有外资背景的香港无线、亚视、凤凰卫视等进入了广东地区有线网完整播出。

在请进来的同时，中国纪录片产业也学到了国际流通的经验。国产纪录片要走出去，就必须建立一个中国纪录片的国际交易平台，并创造机会让中国纪录片以多种方式走出国门。国内纪录片产业搭建一个共同的平台是最节省的办法。通过全球文化产业链中的海外专门的购片公司，从国内纪录片专业频道和各个制片商搭建的交易平台购买纪录片，以平台为枢纽，形成中国纪录片的全球购片网络。有人做过调查，制作一集生态或文化的纪录片，成本需要10万至50万美元不等，国际纪录片交易，只需要支付1000美元一集，这么低的价位，是因为它通过全球性的发行网络摊抵成本的结果。如果中国的纪录片产业，不搭建自己的全球发行网，因为制作经费与购片费之间巨大的价差，不可能有机会与跨国媒体抗衡。

当然，国产纪录片要走向全球，就必须是"无差别"产品，这需要中国的交易平台组建专门的国际化团队，按照不同的国际口味进行国外本土化的编辑制作，再由专门的市场策划力量，对节目进行各项商业开发，然后推广到国外主要电视台播出。

在中国，一旦唤醒庞大的本土市场，可以为优质的纪录片赢得相当丰厚的回报。在此基础上，国家还应当制定政策，鼓励纪录片出口。在韩国，为文化出口专门成立了"文化振兴院"，对出口的文化产品，国家承担其制作成本的一半。有了这样的"狠"招，才有韩国电视剧出口的繁荣。

国产纪录片产业化发展，本身就具有雄厚的基础，孕育着巨大的市场化热情。如今所期盼的是体制、政策、市场管理等各方面的改革能够迅速到位，如是，国产纪录片产业就会像电视剧产业和动画产业一样，市场的激情将如火山一样喷射而出。

技艺道及对纪录片真实本体的追问

笔者：谁是未来最受欢迎的电视人？

陈宏：在未来，两类电视人可以大展宏图。一类是走精品、走高端的电视人，比如在纪录片领域，越好越精，也就越受欢迎；另一类是全息的电视人，这类人，第一特质是跨媒体、多媒体的运作能力超强。

要在一个领域做到极致，必须经过"技、艺、道"这三重境界。刚进入领域门槛的，需要锤炼技能。摄像、剪辑、后期编导、导演等各方面的技术，都需要去认真把握。

"技"到了一定程度，"艺"的重要性也就开始显现。不过，艺术对技术的打破与颠覆并不是绝对的，而是辩证的。因为艺术原则的应用，必须建立在全面掌握技术、吃透技术的基础上。只有这样，才能产生美感，而且是合目的性与合规律性共在的美感。从这个意义上说，艺术其实也就是在技术的基础上，追求来自心灵的表达和取舍。比如，任何剪辑，背后都有对节奏的遵循和把握，而节奏的背后，就是人性。所以，通过剪辑而创造出来的美，实则是深刻洞悉了人性对美的把握和接受的一些基本规律。

"道"，对于一个电视人，可以说是一通百通。也就是说，只要你体悟了"道"，那你就不但会做导演，还会做制片人，做领导。因为只有"道"和"道"所包含的真理，才是放之四海而皆准的大智慧。"道"，其实还是一个传媒人、一个文化人都有的对社会道义的追问和担当。它并不神秘，也并不深奥。只是因为它包含了我们平常容易忽略的终极关怀、终极追问、终极思考，所以，似乎显得比较陌生。

关于纪录片的真实性问题，中国的纪录片人把它看得很重，特别是我们这一辈和我们的前辈，把真实看做是纪录片的生命（思想是纪录片的灵魂），而西方一些学者却提出了纪录片与真实没有关系，还例举了个别有影响的节目。若要追问纪录片的真实性，在我看来，应当包括三个层面。第一层面是"真实"，这个层面，其实也就是影像层面、视觉层面。第二层面是"真相"，我们眼里所见、耳朵所闻、以至镜头所呈现的，都不一定是真相。真相，是对视觉进行汇聚之后的刨根问底，是通过一系列的观照、关联乃至思考之后得到的关于事物本身的完整呈现。第三层面是"真理"，整个事物在镜头下出现了，但这是不是事物发展的趋势？它的起源在哪？最可能的结果在哪？这些都是需要深入追问才可能得到答案的。也正是在这一意义上，纪录片人首先应当是一个哲学家，要有哲学思维，才能见微知著，才能接近事物的本质，进而通过镜头表现它的这些本质。

与著名电视纪录片大家陈汉元在一起

朋友如泉

在西部城市中，如果说有皇城血统的西安人多显"王者之气"，有道教气养的成都人多显"皇民之悠"，那么有多元脉动的重庆人多显的便是"兼容之性"。如果要进一步细解"兼容之性"中的重庆人人文性格的内涵，有人用这样的语言来概括：偏安一隅能苟生，依托山水能独行；汗流浃背也无妨，爬坡上坎特精神；守在本土可安居，走出夔门可融情；上江下江加湖广，巴渝人兼八方性。

重庆人性格豪爽刚烈、粗犷顽强、乐观豁达、刚直重义、坚韧忠勇、吃苦耐劳、热情勤劳。

陈宏，有着典型的重庆男子的性格，好交朋友，善交朋友。

在对朋友的理解上，他总是爱说："朋友是我人生发展、进步的最甘冽的源泉。"

和朋友在一起，是令陈宏最快乐的事。他说，在北京干电视，就是活在朋友之中。工作中，对待下级像朋友一样；学术上，无论前辈还是新手，首先跟朋友一样。

开怀畅饮，也开怀畅谈。他说，饭桌既是舞台也是观众席，既是讲桌也是课桌，世界风云、人情世故，尽收饭桌间。大家在一块交流性情、交流心得、交流情感，这块儿是不可缺的，因为这是人生很重要的组成部分，是自己融入社会、了解社会的一种方式。就是通过这种方式看到了形形色色的人生，从中获得灵感，去寻找创作的题材或题材发掘的方向。

著名文化学者马也，与共和国同年，是中国艺术研究院戏曲研究所研究员、博士生导师，这位因《戏剧人类学论稿》闻名于中国文化界的老者和陈宏是忘年交。

说起陈宏，马老不自觉地脸上充满笑容："和陈宏交往，是件愉快的事情。"马老坦言，许多时候他都不由自主地受到这个"小朋友"的感染。

"与陈宏相识，是1998年的事情。"马老说，当时，在北京电视台做节目，通过另外一个朋友引荐认识了他。实事求是地说，这个人给我的第一印象不好，三十多岁、蓄着长发，有点像电影里的反派人物。不过，随着时间推进，交往的频繁，这个不好的印象在不知不觉间就得到了修正。

交往十多年了，马也说，只有在陈宏身上，他几乎没有一件事不舒服。在他看来，陈宏做人、做领导、做朋友三层次，都有非常高的艺术性。这艺术性的前提，是原则性。陈宏有自己的原则——不轻易伤人，而且知识结构比较新而且宽，不张扬。马也先生这样评价一个人，实属不易。要知道，马也先生学问很好，同时脾气也比较大，话不投机，拎包走人。

人们常说，宽容是一门学问。学会宽容的人，就学会了生活；懂得宽容的人，就懂得快乐！这门学问，是来自内心"慈悲喜舍，善良仁爱"的自然流露！

宽容是一门艺术，它不是你随随便便可以得到或舍弃的东西。它是一种精神的凝聚，是一种善良的结晶，更是人性至善至美的沉淀。

在马也眼中，宽容是陈宏最大的优点之一。他非常善于倾听，通过倾听，把各路专家学者的思想汇聚到他那里，兼收并蓄。也正是因为这样，他才能充分吸取大家的意见。在关于知识面这一点上，马也赞誉他说，陈宏几乎没有陌生的领域，讨论的时候，各路专家发言，对每一个时段，每一个领域，陈宏都不陌生。因为如果陌生的话，怎么决断和取舍呢？

马也动情地说，陈宏属于这样的朋友：长时间不见，会令你想的人。现代社会这么浮躁、欲望化、物质化，每个人都停不下来，肉体把灵魂都抛弃了。现在的年轻人，"思念"这个词都不常用了。更多留在老年人对孩子，对过去的思念。在这样的时代，能够令人时时想起的朋友，并不多。

从这个意义上，我们终于理解了陈宏所说的"朋友如泉"的深层内涵。

每当遇到大的决策、大的项目、大的变迁，陈宏总会、也总能召集到一批真正热心肠的朋友聚在一起，进行头脑风暴，而且也总能讨论出最佳的方案。

中国著名纪录片人刘效礼也是对陈宏影响很大的朋友之一。在纪录片人圈子里，人们都尊称他为"将军"，因为这位中国电视纪录片学术委员会常务理事委员会会长是少将军衔。

刘将军共拍摄了400余部纪录片，创造了中国电视界的许多"第一"：是亲历五一、国庆重大庆典直播活动最多的电视人；是唐山地震发生后，最早赶到灾区拍摄灾情的新闻记者；是在《说凤阳》里首次披露中国农村大包干真实情况的探索者……他是首届范长江新闻奖的获得者，也是中国纪录片的一代大师；一部《望长城》，奠定了中国纪录片新的里程碑；三部伟人传记——《孙中山》、《毛泽东》、《邓小平》让领袖走下了神坛，走近了人民，开创了历史文献纪录片的新形态。

中国教育电视台三频道变身纪录片频道，陈宏邀请刘将军作为顾问指导。

《我的太阳》、《迁徙的人》都深深地感动了这位老纪录片人，他用"苦难风流"来形容陈宏。

刘将军说，作为一个纪录片人，在对纪录片的把握上，主流意识、责任担当很重要，而这又是一眼就看得出来的。这些年来，有些纪录片，为满足外国人的好奇心，满足那些总是希望看中国阴暗面的人的所谓的好奇心，拍了些责任感、担当感都很差，甚至说是一点儿都没有的片子。

纪录片人，要有责任担当。任何一个国家、一个人，都有阴暗的一面。表现这些的时候，记录的责任就是客观真实，底线就是不撒谎，不欺骗群众，表述的时候，不让人丧失信心。一个让人丧失信心的作品，绝对不是什么好作品。

在刘将军看来，陈宏无疑是继他这一代纪录片人之后的又一代优秀分子中的代表人物之一。陈宏创作了大量具有强烈使命感和责任感的纪录片，陈宏主管的纪录片频道给中国纪录片带来了希望。他也还记得当年陈宏在他要求下起草的那篇激情昂扬的《纪录片人宣言》。

杨敬伟，一位商界人士。出于业务需要，通过朋友介绍，认识陈宏并成了很要好的朋友。

那是2006年11月，陈宏走马上任，负责教育台三频道。彼时的三频道，正处于"最黑暗的时候"——频道被人转频了，恢复过后又把频段弄到了后面，原来的观众群全部丢了，收视率为0；当然，广告商也全跑了。

就是这个当时根本看不清商业价值的东西，杨敬伟居然鬼使神差地答应和陈宏进行频道合作。

杨敬伟坦言，至今想起来还觉得很奇怪。当时频道没有商业价值，这一点，他从理智上是很清楚的。可陈宏一来，完全不谈所谓的市场呀，赢利呀什么的，而是很虔诚地请教频道经营方略。就这样，说着说着，明知要亏本，杨敬伟居然答应合作。这个决策，换来的结果是——当年净亏400万元。

杨敬伟说，三频道在陈宏的经营下，看似出于几乎没有什么管理的状态，结果却是很奇妙。转换成纪录片频道之后，收视率很稳定，广告收入很快就走上了正轨。怎么实现的，想起就觉得很奇怪——没组织什么宣誓大会，没什么末位淘汰。一句话，常识的、一般性的电视管理，在这里似乎就没有或者说根本没发挥什么作用，整个体系让人觉得没章法，就凭这个，就挺值得研究。陈宏的套路的确与众不同，他经常不按常理出牌。

杨敬伟说，认识陈宏前，自己不喝酒。但后来，不知怎么就被带进喝酒的氛围，和他们在一起，找到了喝酒的气场，和投缘的人在一起，这喝酒的兴趣和能力就迅速提高了。

在杨敬伟眼里，陈宏骨子里有着浓厚的草原情节：他似乎很愿意去草原骑马，打心底里热爱天高云淡，向往辽阔无垠的视界和境界。

在这位商界人士眼里，陈宏有着一般人少有的一个优点——总是能很快发现别人的优点并把这个优点很充分地表达出来。生活中，我们大多数人，是发现别人缺点的能力比较强。陈宏则不一样，他善于赞美别人，而且很少听他在别人面前说谁的不是。即使批评人，他也尽可能以委婉、幽默的方式来提示一两句。

善于发现别人的优点，这样的人，他身上集合别人优点的能力也就比较强，进步也就容易得多；而那些总是喜欢去发现别人缺点的人，自己也就很难进步。

与杨敬伟的一席谈话，使作为笔者的我们再次见识了宽容的力量。这也许就如人们经常所说的那样，因为宽容包含着人的心灵，所以宽容需要有一颗博大的心；因为宽容是人类情感中最重要的一部分，所以它能融化内心的冰霜。

宽容，是一种无声教育。唯有宽容的人，你的诚挚才更真实。宽容是一种博大精深的境界和意境，是人的涵养，它是处世的经验，待人的艺术，为人的胸怀。它能包容人世间的喜怒哀乐，使人生跃上新的台阶。与别人为善，就是与自己为善，与别人过不去，就是与自己过不去。只有宽容地看待人生和体谅他人时，我们才可以获取一个放松、自在的人生，才能生活在欢乐与友爱之中。宽容别人，也是宽容自己、保护自己，给别人留一些空间，你将得到一片蓝天。一个宽容的人，到处可以契机应缘，和谐圆满，微笑着对待人生。

在生活中，学会宽容，你便能明白很多道理。献出你自己，学会宽容，乐于赏识和称誉他人，并时刻保持能够使自己得到成长和增加学识的灵活性——这一切便产生了幸福、和谐、美满和事业有成。

陈宏，这个平凡的电视人，其对宽容的践行，似乎就是以上这些论述的最好诠释和最好注脚。

而那些关于陈宏的"糗事"，更是让朋友们一说起就忍俊不禁。据说，那还是在北京电视台工作的时候，有一次，陈宏深夜开车送一位朋友回家，也许是太晚、太疲倦的原因，送完回家，不知不觉，就迷路了。越开，觉得离北京城越远，路两边也全是树，连路灯都没有，原本很熟悉的路，但就是找不到，越找越生气。天快亮的时候，终于看见路边有一位在扫院子的老大爷，陈宏停下车，问：老大爷，北京在哪儿呀？大爷遥指远方灯火阑珊处。

事后，朋友们为此给他编了一首打油诗，诗云：

> 老子越开越愤怒，
>
> 但见两边全是树。
>
> 借问北京在哪里，
>
> 大爷遥指灯火处。

在我们的采访中，陈宏给我们列了一大堆名单，让我们尽可能都采访到。陈宏说，名单上的这些人，是他创作生涯的重要组成部分。他们各具特色，各有所长。都是热血青年，都是心怀梦想，都干活不要命……他们的真诚可爱，他们的激情和信念，也都鼓舞着陈宏勇往直前。和他们一起工作的日子，成了陈宏对过往最美好的回忆。如今，他们已在自己的事业序列上崭露头角。然而，由于种种原因，我们没能让陈宏如愿以偿。陈宏许愿式地说，他早晚要写本书，来记录他们在一起工作的日子。

回望故乡及其他

纪录片人的眼光是与普通人不同的。

2007年，陈宏高中时果树班的同学在铜梁安居镇开同学会。多年疏于和当年的同学们联系的陈宏，不但允诺参会，还萌发了一个想法——以此为契机，做一个纪录片，片名就叫《我的故乡在远方》。

陈宏说，这个片子，主旨有一点儿像当代人寻找精神家园，心灵故乡。

陈宏把它分为三个层面：第一个层面是主人公远走他乡寻求梦想，生活把他带到远离故乡的地方，这个过程中有所获。但是，随着离家的日子越来越久远，他也越来越感觉生活的方向迷茫，特别怀念故乡，想那些曾经熟悉的一切，以期从中获取片刻的宁静。

第二个层面，一个偶然的机会，回去一看，现实跟记忆的模样是完全不一样的，物是人非。故乡可能稍微繁荣一点了，发达一点了，但是远远不如先前可爱了。比如说河水，原来小时候在里边洗澡玩耍清澈见底，现在被污染了——不仅是鱼虾死得差不多了，而且连牛都不喝这个水了。有一些楼房盖起来，像乡镇企业那种，感觉更加破烂不堪。公路修起来了，但是坑坑洼洼，一下雨泥泞不堪。总之，故乡就是不可爱了。

还有，过去记忆中的那些特别漂亮的邻家女孩，现在看上去，基本上是人老珠黄了，有的甚至认不出来了。她可能是由于生活的压力，抑或其他，心灵有了一些扭曲。略显昏花的眼里，满是掩藏不住的哀怨与愁苦。所以，其实回去并没有很好地找到记忆当中的故乡，没有找到内心深处多少年像甘醇一样的故乡，反而有一种怅然若失的感觉。

但是，陈宏觉得，如果探寻就到这儿，那显然是远远不够，应该还有一个更深的层面，那就是这些所谓的现代人灵魂应该安放在哪儿的问题，其实他在寻找精神的家园、灵魂的家园在哪里。这个可能是我们要考虑的，怎么再升华到这个层面？他还是要寻找故乡，那么这种故乡在哪里？这种故乡可能永远在他想象当中，永远在他记忆当中，现实当中是没有的，或者说是已经发生了变化了。

到这个层面，陈宏觉得片子已经走到一定的深度。但是如果就到这儿，它还不具有世界性，那种普世性的有普遍价值意义的东西。应该还要考虑一点东西是什么呢？要考虑到这个时代。今天的中国跟世界一起在经历着巨大的全球化以及现代科技浪潮，后现代带来很多人文的思考。

陈宏说，事实上如果再回忆，如果把视野拉开，会看到人类每一次巨大飞跃，都曾对自己近处的过往有一种反叛或反动，而对遥远的过往却有一种回望。比如说文艺复兴的时候，创造了很多经典作品。但是那些文艺大家们找的是什么？是把目光投向遥远的古希腊时代，就是离当时那个时代更遥远的过去，从远逝的文化积淀当中去寻找现代人文精神的滋养，然后用当下的眼光来重新诠释那些古希腊神话。于是，诞生了一大批影响世界至今的作品。这些作品洗礼和影响了那一代人，使得欧洲的文艺复兴成为推动欧洲乃至世界向前发展的精神动力。

如果写到第三个层面的时候，有一点这种隐喻，那么这个片子，陈宏个人认为，就是达到了某种程度了。

2007年9月3日下午3点，刘效礼、马也、杨敬伟、郭笑宇、崔文华、童宁、何苏六、陈大亮、佟以楠、刘火、李靖、曾南杰等应邀在北师大一起探讨《我的故乡在远方》。

陈宏说，《我的故乡在远方》后来入围电视金鹰奖，这与那次朋友聚会的集思广益密不可分。

陈宏还清晰地记起，当时探讨会上，大家激情澎湃、自由发言，发言的风格有哲学的启示、有诗歌的浪漫、有纪录片的纪实，思想的火花在碰撞中越来越亮，为后来的拍摄奠定了坚实的基础。

刘火说："《我的故乡在远方》其实找的就是人的心灵的归宿感。现代人有的很颓废，有的很忙碌，有的欲望很张狂，有的好像自己很成功，其实内心都多少有一些改变，甚至是变得有些贪婪，但是内心深处其实都有一种寄托。给我们以灵魂安慰的地方，其实就是我们的故乡——有亲情，有友情，还有那种初恋的爱情。片子在形式上要有所突破，90%用故事来表现，就是用人物来带结构。在一百句话里面可能只有一句解说词，尽量不用解说词最好。因为，所有的东西情节都可以用故事带动起来，用一个一个的故事串起来。"

马也老先生说："这个片子的设计是非常有创意的，但是还远远不够。核心的东西就是想要说什么？亲情、友情、爱情，这一方面是其中的要素，但是实际操作起来，很可能就不是这样。现代化整个给人带来的生存困境，引用107年前那一句话，就是20世纪门槛儿上，尼采说：'上帝死了。'黑格尔原话就是'高技术、高物质、高享受，一定是给人带来无家可归。'后来马克思又重复了黑格尔的话，就是'现代资本主义的文明，一定是造成生存的散文性和散文化，人类最终要对立于人的本性。'"

"你这个宏大的主题在这儿，但是这个主题下边有无数个具体的东西，你要想叫这个片子深刻，最后一定要落到非常具体的点上。

"回去家乡，第一你寻找什么？第二找到没有？第三找到之后怎么办？好的片子一定是提出重大的问题，重大的人生问题、时代问题、社会问题，人性问题。找没找到都是问题，找没找到？

"还真得研究，乡土母体和农村母体，是一切文化、一切艺术的最终母体、最大母体、最原始母体，没有别的了。你怎么现代化，最后人类的根的回归就是一个乡土问题，这是一个艺术理论、哲学理论和思想理论里面最核心的问题，没有人能超越乡

与威尼斯华侨领袖在一起

土母体。乡土母体带来的东西就是农村问题。农民问题，中国所谓的近现代小说，包括话剧小说里面，整个问题都是农民问题。但是还原的话，最大的母体是乡土美学、乡土问题。这里边大概有五个层次：离乡、思乡、还乡、寻乡、无乡。寻乡，最后有的人不一样，有的是归乡回去了，但是大多数人是无乡。你怎么最后去设计无乡还是无根，找了一圈之后没有了，什么景象都没有了，只剩下记忆的碎片，找不到了，寻了半天也不行。在哪儿？在心里。越是无乡，越要思乡；于是终生的永恒的乡愁，是现代化的代价。不同的人有不同的结论，有不同的结果，有不同的遭际，有不同的感受。"

崔文华说："你所以要寻找精神家园，你所以要找到精神出发的原点，就是因为你要通过昨天的定位，为你未来行走寻找一个定向器，来抵御你在现代都市生活当中的那种迷乱，使你能够在下一步的行走当中，把你的迷乱整合起来。因为那个纯真的爱情，不管你走多远，不管你后来的人生当中有多少糜烂的生活方式，但是那块领地永远是美好的。不管后来你参与商场的多少尔虞我诈，发小时代那个纯真的友谊是你永远怀念的。你希望有一天，把钱挣够了，也遍尝了人间的种种状态之后，还回到原点时代的纯真的两性之爱，回到原点时代的那种毫无功利目的的童真的友谊，这一切都是你的心理资源，是一套精神资源。我觉得这大概就是我们回乡的，如果说不是全部意义的话，至少是意义之一吧。

同时我们要理解无数种回乡的可能性，作为我们的背景支持，然后才能使我们这次回乡的探索，达到足够的深度，使我们不成为一个伪浪漫主义者。因为西方社会大概从十七八世纪开始，自从有了工业文明之后，这种回乡文学非常多，尤其是德国的浪漫主义作家，像黑塞、艾辛多夫等等，写过很多回乡文学。包括同时代的意大利很多作家，包括法国很多作家，写过很多回乡文学。一个农村的非常纯朴的少年，进了城了，就开始折腾了，有的成功了，有人失败。总的说来，灵魂是卖给魔鬼了。有些人善于自省，还是回到了故乡。其实《红与黑》某种程度上也是一种回乡。于连抛弃家乡的纯朴，最后把自己葬送。其实这种东西，换言之，就是寻找故乡。回乡是一个全人类的话题，不同的时代，不同的人，都在完成自己的回乡之旅。离乡之旅是一次奋斗，回乡之旅是一次寻找，哪个民族哪个时代都有。问题就在于我们做什么，我们为我们这个东西怎么定位？"

何苏六："这里面，一个是我们现在为什么要这样，我们在追忆一些东西。刚才马老师有一个特别好的词，就是寻找。事实上还有一个词，叫反思。一个追忆、一个寻找、一个反思这三个层次。当然最后这一个反思的东西事实上是我们一种积极的东西。寻找你找不到，我觉得肯定是找不到的。在这个片子里面，最核心的东西，肯定是找不到。这一点我觉得是我们这个片子里面比较震撼的东西。

所以，在手法上可能要用一些非常规的东西。马老师说的有时特别想拍一些特别戏剧化的东西，特别夸张的一些东西，比如说刚才马老师谈的，去真实再现一些小时候的东西。这些东西我觉得非常好。刚才提到有诠释力的东西。真正这个细节，我觉得跟其他的题材不一样，这个细节是能够解读到很多元的东西；这个细节，我也不奢望一般人能看得懂，或者真正看懂了而被打动，真正被打动的是要有这样体验的人。"

附录1：陈宏的45年

● 1964年

出生在邱少云的故乡重庆市铜梁县的一个小山村。

父亲是退伍军人，先在一个煤矿当会计，后成为一名小学教师；母亲是淳朴农民。

小时候，没人带，常住外婆家，外公外婆没有儿子，陈宏的母亲又是老大，作为老大的儿子，两位老人特别喜欢。经常跟着外公放牛，听外公讲故事：《三国演义》、《说唐》、《说岳》等。

15岁那年，父亲花60元买了一头牛，希望陈宏把牛养大，卖了钱娶媳妇。

● 1981年

进入铜梁农技校果树班读书。

上柑橘课的廖松波老师讲：拨开柑橘皮，看到橘子分成一瓣一瓣，同学们要学习柑橘的风格，懂得分享。

● 1984年

参军到内蒙古乌兰察布旗。

抱着想体验生活实现文学梦想的初衷走进军营。

有一个目的——写出最好的文章。

一篇1000多字的小小说，在广播台发了，收获6元稿费，一直舍不得花。

● 1985年

在石家庄陆军学院读书。该校号称亚洲西点军校。

军校严格、严谨。睡觉的姿势、盖被子的样式都有要求。

● 1987年

从石家庄陆军学院毕业，到内蒙古某部队当排长；不久到原来的团部当宣传干事兼报道组长；不久又被抽调到北京军区新华社军区分社，后又抽调到北京军区司令部直属电子对抗团，担任宣传干事兼报道组长。

● **1993年**

转业进入北京电视台，被分配到《北京您早》栏目组，这是全国第一家早间节目，比《东方时空》还早1年半。3个月后，创办并负责两个栏目：一个是日播专题栏目《社会大观》；另一个栏目叫《大社会·新生活》。后一个栏目获得1993年度北京市广播电视节目专题类一等奖，并一度成为北京地区收视率最高的栏目。

● **1995年**

参与创建北京电视台生活频道，并创办《都市生活》及《闯京城》两档栏目。

● **1996年**

纪念红军长征60周年之际，带领美国、乌克兰、秘鲁三个外国青年走长征路，创作出电视纪录片《新西行漫记》。该片共10集，每集20分钟，获北京市春燕杯奖，国务院新闻办、广电部彩虹奖。在欧洲播出引起较大反响。

● **1997年**

担任北京电视台对海外播出的第一档大型栏目《中国之窗》制片人。

● **1999年**

创作反映新中国外交历程的电视文献纪录片《新中国外交》，任总编导、总撰稿。该片首次全面、系统、深刻地再现共和国可歌可泣的外交历程，热情讴歌了新中国三代国家领导人的外交远见和个人魅力，着力刻画了一大批新中国外交官在这条特殊战线上斗智斗勇的风采。该片30集，每集30分钟。获中宣部"五个一"工程奖、中国广播电视新闻奖。

● **2000年**

创作反映台湾问题由来及其产生背景和发展趋势的电视文献纪录片《海峡风云》，任总编导、制片人。该片共7集，每集30分钟，全国30余家省市台播出，获春燕杯奖及中国视协纪录片学会奖。

参与创作纪念中国证券市场兴起10周年的《瞬间的跨越——中国证券十年风云录》及央视2000年春节特别节目，任总撰稿之一。

● **2001年**

参与申奥成功的电视直播工作，作为北京电视台申奥成功大型直播节目（24小时直播）国内组负责人，全程报道播出。

336

创作纪念抗美援朝胜利50周年献礼片《跨过鸭绿江》，任总编导、制片人。该片共5集，每集30分钟。

创作以西部大开发战略为背景的电视纪录片《西部的发现》，任总编导、制片人。该片共20集，每集30分钟，全国多家电视台播出，获春燕杯奖。

● 2002年

创作中宣部、广电总局确定的全国三部中共中央"十六大"重点献礼片《潮涌东方》，任总编导、总撰稿。该片反映1840年鸦片战争以来中国现代化进程。该片分两个版本，其中3集精编版（每集60分钟）在央视黄金时间播出；15集版本（每集30分钟）在北京台及全国50余家省市台黄金时间播出。获春燕杯奖。

创作央视社教中心2002年春节特别节目《大话西部》，任总编导。该节目时长4小时，在当年央视春节特别综艺节目评比中名列前茅，后来还作为央视西部频道开播的特别节目。

● 2003年

拍摄反映教育战线抗击"非典"的大型纪录片《校园保卫战》，任总编导。获全国音像制品一等奖。

创作30集大型文献纪录片《国事亲历》，至2005年杀青。该片获2006年中国优秀纪录片奖。

● 2004年

调任中国教育电视台总编辑助理兼节目中心主任。

作为项目负责人，组织中国纪录片界精英拍摄大型系列纪录片《我的太阳》，该片2004年至2007年共推出四部、250集，并获得中国十大纪录片奖及西班牙国际影视节特别奖。

组织大型文艺晚会《青春万岁》走进北大、清华、复旦、北师大、山大、湖大等10余所大学，并多次担任总导演，一直持续到2006年。

● 2005年

创建中国教育电视台大型活动暨纪录片制作中心，并兼任该中心主任，负责中国教育电视台大型纪录片项目生产制作及大型文艺晚会的生产制作。继续创作大型校园歌会《青春万岁》。

作为总编导组织拍摄中宣部大型政论片《青春中国》、《为了社会和谐》、《共建精神家园》，在中国教育电视台和中央电视台播出后引起了较大反响，《青春中国》还被评为中国十佳纪录片奖。

《五月的鲜花》大型直播综艺节目，举办地：武汉。担任策划、监制。

担任24集电视连续剧《非常24小时》第一部、第二部、第三部监制、策划。

● 2006年

兼任中国教育电视台三频道总监，主持了三频道以纪录片为主要节目形态的改版转型工作，并实现当年盈利，使其成为国内首家当年盈利的纪录片频道，取得频道社会效益和经济效益的双丰收。

作为总编导创作了大型文献纪录片《陈毅》，获2006年度中国十佳纪录片奖。

● 2007年

作为项目负责人组织制作大型纪录片《我的太阳——创新记》及《迁徙的人》。《我的太阳——创新记》，获第十五届北京影视春燕奖最佳长片电视纪录片奖、社会主义新农村建设小康电视节目工程奖。组织创作大型纪录片《迁徙的人》，反映共和国七次人口大迁徙。该片获第九届四川电视节国际电视节目"金熊猫"奖、最佳长纪录片奖、最佳导演奖、最佳摄影奖入围，同时获得2007年度中国纪录片国际选片会评委会大奖。

作为总导演组织拍摄中国教育电视台中共中央"十七大"献礼片《重托》。这是在国内媒体中唯一一部全面、系统深入反映党的"十六大"以来，以胡锦涛同志为总书记的新一届中央领导集体如何执政为民的大型专题片。该片播出之后反响强烈，得到了中宣部、广电总局、中央党史研究室等部门相关领导的肯定和赞许。2008年被中广协会纪录片工作委员会评为年度十佳纪录长片。

担任150集情景喜剧《先下后上》监制。

● 2008年

CETV-3频道获得由广电总局委托《中国广播影视》杂志举办的"TV地标2008"全国地面频道影响力调研——2008年度"最佳战略转型创新频道"称号，这是北京地区地面频道唯一获奖的单位。

作为监制的频道日播栏目《首播纪录》被中广协会纪录片工作委员会评为年度十佳纪录片栏目。

作为总策划的《我的太阳——大爱汶川》在国家广电总局主办的全国广播电视抗

震救灾优秀节目评选中荣获国家广电总局授予的"优秀节目"光荣称号，并在中国广播电视协会主办的"我们在一起"抗震救灾电视节目表彰嘉奖评选中获得"电视纪录片类嘉奖节目"。

作为总制片人的纪念汶川地震大型纪录片《14：28》在 2008 中国（青海）国际山地纪录片"玉昆仑"奖评选中荣获"社会类最佳纪录片奖"与"纪录片大奖提名奖"，并在中国广播电视协会主办的"我们在一起"抗震救灾电视节目表彰嘉奖评选中获得"电视纪录片类表彰节目"。

2008 年作为总制片人的大型纪录片《奥运留下什么》与奥运特别节目《教您正宗北京话》在由北京市奥组委、北京市广播局、北京市文联、北京市影视艺术家协会组织的欢庆 2008 奥运影像大赛中分获"最佳纪录片奖"与"优秀专题节目奖"。

担任 30 集电视连续剧《仁者无敌》监制；电影《高考 1977》策划。

●2009 年

12 月 1 日，中线传媒公司正式挂牌成立。陈宏担任总经理。

担任 30 集电视连续剧《勇者无敌》监制。

担任 30 集电视连续剧《红莓花儿开》监制。

担任电影《小人国》艺术指导。

附录2：陈宏电视心语

■ 我在外公满腹民间传说神鬼故事的王国长大，从小懂得因果报应、惩恶扬善，人文价值取向，怎么做人。听故事的孩子走自己的路，大都没有走偏。

■ 做导演的三大能力：

一、作为艺术的导演能力。对主题风格形态、思想内涵、社会观照点有把控的导演能力。

二、驾驭剧组的管人的能力。一些导演，很多片子没做好，不是因为艺术导演水平不行，而是不能成为剧组的精神领袖，指到哪里打到哪里。

三、社会资源的整合能力，除剧组之外的立项和通过审查、资金的运作等身兼几职的能力。

■ 中国人很少意识到，5000年的中国文化是一种多么震撼的力量。假如你是一个外国人，就知道这样深厚的历史会给一个民族带来多大的尊严。

■ 雄鹰可能飞得比鸡还低，但是鸡永远飞不了鹰那么高。从人类的高度看中国，中国对世界的价值决不是13亿人口的市场那么简单。中国的价值体现，文明上的尊严远远高于财富的占有，这是人类文化的集体潜意识。

■ 中国电视剧诞生于1958年，就是如今中国电视剧广袤星空的"原点"，同样也是新中国精神世界不断丰富的"原点"。在50年的膨胀中，基本动力就是民众的精神渴求。电视剧作为人们精神世界的折射，成为不同时代人们生活的晴雨表，体现了当时人们的生活方式和价值观。同时，电视剧的发展也成为中国社会发展进程的组成部分。

■ 竞争意识、责任意识、法律意识、科技意识、创新意识、环保意识、权益意识、契约意识等，在电视剧的故事中，通过人物个性揭示了出来。谁能忽视电视剧对人们的思想观念和道德意识的积极作用呢？它不仅反映了当代中国政治、经济、文化的分化和冲突，同时也对当代中国社会的时代风尚、价值观念、文化潮流产生着复杂而深刻的影响。

■ 生活的困顿，职场的压力，社会的琐屑，使一些人把愉悦快感的追逐当成了至高无上的目标，"娱乐至死"，"过一把瘾就死"。而电视台屈从于这种文化消费心理，千台一面，娱乐劲暴，盛极一时。但仅有娱乐是不够的。观众不可能总是深陷于娱乐麻醉而不可自拔，他们永远渴望着提升：触及灵魂深处和思想深处的大愉悦。

■ 中国电影的情况，可以说充满了悲剧色彩。为什么呢？一个13亿人的民族，如今每年只能生产80部电影新片，实在是太悲情了。而经济情况比我们落后的印度，每年盛产电影4万部。

■ 我说一个简单的例子：我们曾经争论过开电梯能不能创新，但事实上在开电梯的简单动作当中，同样存在着创新。比如说有一座大楼有媒体的人住，电视人都有一个特点，进电梯希望快一点，一进去就希望快速地上楼。但是我们设计的时候为了安全起见，有一个延时，开电梯的孩子发现了这个现象，每个人进去之后会不断用手触摸电梯的按钮。最后她进行了一些运算，得出了一个方法，当进电梯的人前脚进去之后，她就按关门的按钮，这样当等到乘梯的人后脚进去的时候门就关上了。这一前一后的按电梯的动作里，也存在着创新。

■ 我们了解良知对一个纪录片人的重要性。纪录是记录者的生命存在形式。纪录片的品格即是记录者的品格。我们纪录片人将时刻保持着真实的道德底线，常怀着追求真理的使命。我们不媚俗，不趋炎，独立思考，真实记录。我们用良知与勇气铸造坚强的人格，然后从容不迫地记录这个变革时代中的伤痛与忧思、光荣与梦想。

■ "买全世界，卖全世界"，"探索"选中的节目在中国电视台看来，个个都是大制作，它1小时节目成本高达10万至20万美元，大制作可以到100万美元。对于中国的小作坊，Discovery并不希望它发展成为一个国际化的大车间，于是向国内电视界抛出橄榄枝："如果你有能力做一个很好的节目，又想自己来经营这个节目，收入肯定不如你把这个节目卖给Discovery。"

■ 一分辛苦一分收获。在纪录片创作领域里，优秀的纪录片一般拍摄时间都比较长。宋继昌拍摄《摩梭人》，曾在当地与摩梭人共同生活了整整3个月；陈晓卿拍《龙脊》，在山里蹲了大半年；王海兵拍《山里的日子》，9进大巴山，拍摄时间1年半；康健宁和高国栋的《沙与海》，拍摄时间长达3年。而国外的一些纪录片，拍摄时间甚至长达十几年、几十年。这些纪录片的深度和艺术价值很大程度上得力于它们的拍摄时间。

辛苦的程度都是一样的，但得到的回报却迥然不同。在国内，纪录片很少体现出优质优价，很多纪录片制作"老兵"，能在这个领域坚持着，靠的完全是自己的兴趣与毅力。

■ 做人要直，为文要曲；做朋友要一心一意，做片子要"三心二意"。所谓"三心"，就是做出来的片子让人初看疑心——"哟，咋啦?"接着惊心——"哎呀，不得了啦!"最后是舒心——"嗯，蛮好的!"。所谓"二意"，就是做出来的片子让人在观看的全过程中感觉"有意思"，看完过后，回味起来觉得"有意义"。这是我的为人为片之道。

■ 无论是物质产品的生产还是文化产品的生产，资源都是第一位的。人类的物质生产对地球资源的消耗，使能源的争夺上升到了战争的形态。而文化产品的生产也不是无源之水。文化资源会枯竭吗? 答案是肯定的，形势是紧迫的。

文化资源最好的保护，就是科学而有序的开发。

■ 张衡赋"二京"，左思赋"三都"，均历时10年。刘勰慨叹："虽有巨文，亦思之缓也!"而陈毅元帅博学多才，兼资文武，要用电视为这样一位开国元勋的一生"立传"概括，创作者与电视对象间的距离，岂是"二京"、"三都"所用区区10年行程所能消弭的!

■ 一个人独自从事纪录片创作还是很有限的，你的精力有限，时间有限。如果有一种组织方式能把更多的人聚集起来，使纪录片成规模、成批量、成周期的生产，既能满足播出媒体的需要，又能使更多纪录片人梦想成真，那将是对中国纪录片的更大贡献！

■ 聊天是很好的一种方式，但是不是干聊。大家在一块交流性情、交流心得、交流情感，这块儿是不可缺的，这也是我融入社会的一种方式。就是通过这种方式看到了形形色色的人生，从中获得灵感，去寻找创作的题材或题材发掘的方向。

■ 把一天当成两天过。清醒的早晨：6点起床，洗个热水澡，伏案写作到9点，然后上班去；忙碌的上、下午：处理日常事务，开会，还是开会；快乐甚至充满激情的夜晚：19点到24点，以朋友为主的餐叙、酒会、茶聊以及偶尔的卡拉OK。这是思想的盛宴，友情的主餐。四个半天，刚好两天。

■ 很多人后来在追求事业，在一生的生活历程当中，他都和他的童年有关系。对我来讲，童年确实是我的所有的梦想、力量的来源。那片天地就是我的乐园，既是童年的乐园，也是走上人生旅途后的心灵的乐园。

■ 拍纪录片的人都很苦，甚至孤僻。我说做纪录片既然这么苦，要付出这么大代价，但是还是有人去拍摄它，去追求，那一定有为我们所不知的一面，有我们平常人找不到的那种快乐，大快乐，有它的大魅力。

■ 纪录片是客观、中立地纪录我们所拍摄的东西。那么别人，在其他文明、其他语言环境里面，同样是更容易看懂这些片子的。比起其他影视作品类型，纪录片更容易走向世界，为其他文明环境中的民族受众所接受。所以它也被称为"世界语"。

■ 电视市场的"领导者"，当然是拥有十几个全国性频道的"巨无霸"央视；电视市场的"追随者"，主要是那些实力逐渐增加的地方广电集团；我们教育台，既不是电视市场"领导者"也不是"追随者"，而是"挑战者"。

■ 市场的大势是所谓弱者更弱，强者恒强。无论是人力、资源、资金，总是向获益最高、风险最小的方向流动。教育台作为一家挑战者，要发展要壮大，就要逆势而为，至少不会是顺势而为。

■ 没有绝对的强者，也没有绝对的弱者，强弱是相对而言的，也是可以转化的。原因很简单，电视属于眼球经济的核心产品，而眼球经济属于创意经济，大家比拼的不仅是财大气粗，而重要的是创意。

■ 剧组就是个临时的大家庭，有其必然的阶段性、聚合性、即时性、动态性。出了"情况"该不该管，如何管，的确要因人因事因时因势而定。有些小事，不管则已，一管就很容易变成大事；也有些大事，不管反而会变成小事；有些事，只需招呼一下、示意一下就没事了；有些事，可能需要拿到大会小会上反复说才行。总之，是敲山震虎还是隔山打牛，是杀鸡骇猴还是斩草除根，是春风徐徐还是急风暴雨，得失利弊，分寸权衡，根在"老马"的活的灵魂——具体问题具体分析。

附录3：陈宏参加学术活动一览表

时　　间	地　　点	项　　目	活　　动
1996 年 4 月	新西兰	考察、拍片、研讨会	研讨
1998 年 10 月	英国伦敦	BBC 考察活动	研讨
2000 年 11 月	奥地利	考察、拍片、研讨	主题发言
2001 年 1 月	巴黎	考察、拍片、研讨会	主持、主题发言
2002 年	肯尼亚	考察、拍片、研讨会	主题发言
2004 年 2 月	日本	考察、拍片、研讨会	研讨
2005 年	北京	中国广播电视协会两年一届的中国广播影视大奖评审	评委
2005 年	北京	中国电视纪录片发展战略论坛	研讨
2006 年	北京	传媒与文艺北京文艺论坛	研讨
2006 年 5 月	深圳	第 23 届中国电视金鹰奖纪录片类评选活动	评委
2006 年 8 月	新疆	中国电视纪录片十佳十优选片会	评委
2006 年 11 月	柬埔寨	星空传媒赴柬埔寨考察团	研讨
2006 年 12 月	广州	中国（广州）国际纪录片大会	评委
2007 年 5 月	昆明	中国广播电视协会电视学研究委员会 06、07 年年会	优秀栏目可持续发展研讨
2007 年 5 月	北京	中国文献纪录片 20 年（1986 ~ 2006）经典、精品、优秀作品推选	评委

续表

时　间	地　点	项　目	活　动
2010 年 7 月	海南三亚	中国电影电视技术学会现场会 2010 年度会议暨第三届中国影视技术发展高峰论坛	纪录片栏目化生存研讨
2007 年 9 月	扬州长征仪化	全国大中型企业电视台协会纪录片《我们的孩子》策划会	主题发言
2007 年 10 月	成都	四川电视节金熊猫奖国际节目评选活动	评委
2007 年 11 月	成都	四川电视节金熊猫奖国际节目颁奖活动	主题发言
2007 年	北京	中国广播电视协会两年一届的中国广播影视大奖评审	评委
2007 年	北京	国家广播电影电视总局主办广播电视传媒影响力展示及论坛	讨论
2007 年	北京	首届中国情景喜剧年会暨《情景喜剧剧场》启动仪式	研讨
2007 年	意大利	考察、研讨会	研讨嘉宾
2008 年 5 月	北京	中广协会纪录片工作委员会纪录中国选片会	评委
2008 年 6 月	北京	加拿大班夫国际影视节评委	评选自然类纪录片奖项
2008 年 7 月	南昌	中国电视纪录片创新论坛	主持论坛
2008 年 8 月	满洲里	中国视协文艺委员会 2008 年年会	研讨

续表

时 间	地 点	项 目	活 动
2008 年 9 月	胜利油田	全国大中型企业电视台协会，台长电视业务研讨会	主题发言
2008 年 9 月	青海	中国（青海）世界山地纪录片节	评委
2008 年 10 月	江苏盐城	中广协会纪录工作委员会纪录中国颁奖典礼活动	代表评委会讲评参评作品：《人是一棵有思想的芦苇》
2008 年	澳大利亚堪培拉	国际电视节	主题演讲
2009 年 10 月	北京	全国大中型企业电视协会纪录片《我们的孩子》审片会场	主题发言
2009 年 10 月	四川广安	四川电视节金熊猫奖国际节目评选活动暨首届国际大学生影视作品奖	评委首届世界大学生作品奖评选执行主席
2009 年 11 月	北京	CNEX 纪录片工作论坛	题案评审，并与影人张艾嘉共同监制纪录片《中国门》
2009 年 11 月	成都	2009（第十届）四川电视节	分别参加主题论坛，台湾纪录片论坛及英国富曼集团与文化中国合办的"中国导演行动"论坛并发表演讲
2009 年	北京	全国奥运题材影视作品评选活动暨全国首届大学生影像作品选	评委
2009 年 12 月	北京	2008～2009 年中国电视纪录片十佳十优作品评选	评委

时　间	地　点	项　目	活　动
2009 年	北京	中国广播电视协会两年一届的中国广播影视大奖评审	评委
2009 年	新加坡	亚洲电视节	主题论坛演讲
2010 年 1 月	云南腾冲	"人文中国"纪录片论坛暨 2008～2009 年中国电视纪录片十佳十优颁奖盛典	制播分离下纪录片产业链的现实问题
2010 年 8 月	北京	中国国际科教影视奖评选活动	评委
2010 年 9 月	苏州	中国国际科教影视展评暨制作人年会	主题演讲
2010 年 9 月	中国台湾	考察、研讨会	研讨
2010 年 12 月	广州	中国（广州）国际纪录片大会	主题论坛并题案评审
2010 年 12 月	北京	搜狐视频 2010 全球华人纪录片互联网盛典	评委
2010 年 12 月	北京	全国高校一分钟影像大赛评选活动	评委
2010 年 12 月	钟山	中国电视金鹰奖纪录片类评选活动	评委
2010 年 12 月	北京	中国纪录片发展高峰活动暨中国传媒大学中国纪录片研究中心成立仪式	研讨
2011 年 2 月	北京	北京市电视艺术家协会 首届十佳剧本暨十佳新秀剧作评选活动	评委

时　间	地　点	项　目	活　动
2011 年 7 月	西安	广电总局艺委会飞天奖电视艺术创作国际论坛	研讨
2011 年 8 月	北京	国家大剧院纪录奖评析会	研讨
2011 年 8 月	北京	国家广电总局扶持中国纪录片奖评选	评委

后记：刚刚开启的电视史

再恢弘的历史也是由个体的社会行动构成的。电视史亦然。

2009年，在我的导师、著名的电视理论家欧阳宏生教授的指导下，我和肖尧中博士开始研究一批宏大叙事的纪录片作品《新中国外交》、《潮涌东方》、《国事亲历》、《陈毅》等。

随着研究的推进，了解的深入，我们发现，在一部部气势恢弘的纪录片背后，纪录片人陈宏个人的经历和故事，本身就如一部实行市场经济体制以来的中国电视史；而他本人，在某种意义上，也是一群人——那一群伴随、见证、推动市场经济体制下的中国传媒业的发展历程的中国电视人。

这个发现，使我们萌生了一个大胆的想法——把陈宏简约为一个符号，写作一部《一个人的电视史》。也许，作为电视人之个案的陈宏，在经典而严格的社会学实证路线的层面上，其典型性和代表性还有诸多可待商榷的地方；这也正如陈宏自己所说的那样，在数以万计的中国电视人中，他不过只是一个分子。但是，一个不能忽略的现实是，数以万计的中国电视人，也正是由陈宏这样的辛勤劳作者们构成的。更为难得的是，陈宏跨入电视之门的时候，正是中国市场经济体制大幕徐启的时候。这也就意味着，他就是中国电视业在市场之力推进下快速发展的亲历者之一、推进者之一。解读他，也许会让更多的爱好者受益。这个想法得到了四川大学新闻传播研究所所长欧阳宏生教授的首肯，并将其作为所里的一个课题进行研究。

在我们看来，所有有志于成为电视人或正在成长的电视人都可以从陈宏的故事中收获弥足珍贵的从业经验和教训；研究者则可从中发现值得深入挖掘、深入研究的纪录片方法论；而所有怀揣梦想的成长者，则可从中看到一个人，如何在岁月洪流的坎坷人生中，坚持梦想，走向成功。至少，可以从中学到创作的一些技法和理念。

兼具浪漫、豪情、宽容、睿智、执著、理想主义、散淡、恬静、幽默等诸多气质的陈宏，很难用一个词语来形容。著名纪录片人刘效礼将军的"苦难风流"，或许是针对他的一个很经典的概括。

350

从一个乡间放牛娃成长为国家级电视台的台级领导、中国电视传媒界的精英，这个历程的每一步，都有鲜明的时代印记，有时代变迁给予的机遇之痕；但同时，更有着陈宏自身刻苦奋进、不懈向前的汗水和毅力。

解读陈宏，重温20世纪90年代以来中国电视史的风风雨雨，就有必要勾勒这个历史片段的电视演进历程。为此，我们特地为这个历史片段的每一年，遴选了一件电视大事进行解读。一年一件事，串起来就是一部浓缩的、中国电视业近20年来的"清明上河图"。这幅图的宏大和简略，与细致而精微的陈宏故事在张弛间相互印证、相得益彰。

这个研究持续了一年多，五次进京，数次闭关写作。虽然有不可避免的艰苦，但更多是洞悉电视史、电视人而带给我们的喜悦与兴奋。

这首先得感谢我的导师欧阳宏生教授。是他，带我走进了电视研究这个论域。我才有了机会去深入研究一个有着鲜明的典型性的电视人。在研究过程中，欧阳老师一直给予无微不至的学术指导，并亲自修改提纲，指导访谈、写作的方向。感谢中国纪录片学术委员会"中国电视纪录丛书"编委会的专家们，他们的青睐让本书成为丛书中的一本。

感谢陈宏先生，如果不是他五彩斑斓、激流勇进的电视人生，不是他对我们的研究提供各种便利，就不可能有这么一本书。特别是，如果不是他毫不吝啬地提供了数以百万计的严谨而恢弘、壮美而隽永的一篇篇"导演阐述"或"创作构想"供我们研读、剖析，如果不是他在成书前提供丰富多彩的图片，就不可能成就这本书。徜徉在这些阐述、构想的字里行间，真有浑然不觉是"我注六经"还是"六经注我"的感觉。

特别要提到的是，陈宏反复叮嘱我们，要做到"三实"：如实，取材的真实性；扎实，采访的严谨和周密；平实，叙述的风格要平和。不拔高，不虚夸，不回避。他说，他就是芸芸众生一小民，更何况，电视节目是合作的艺术，上有领导的统驭，下有团队的配合，内有组织的支撑，社会力量的支持，是真正的集体创作。因此，他三番五次地提醒我们要特别注意。

感谢马也、刘效礼、杨敬伟、江洁红等多位老师以及书中提到的所有朋友，因为你们的热心支持，我们的研究才得以完成；感谢《重庆商报》社各位领导对我学习的支持，特别是社长郭汉江先生、总编辑张宪民先生、副总编辑田鸿鸣先生对我时时的关怀与鼓励；感谢猪八戒网总裁朱明跃先生对我研究的倾力支持；感谢四川大学的谷猛兄弟，他为此书部分资料收集整理提供了无私帮助；感谢肖尧中博士的妻子曾燕女士，她为此书的完成付出了辛勤的汗水，不少资料都是她一个个字敲打进电脑。感谢我的家人对我学习、研究的宽容与支持，年迈的父母、贤惠的妻子、可爱的女儿都是我的强大后盾。

最后我们要感谢这个伟大的时代，一个电视繁荣昌盛的时代，因为时代的伟大，我们才敢肯定地说：这部电视史，才刚刚开启。

刘川郁

2011年12月